Informatik-Fachberichte 178

Herausgegeben von W. Brauer
im Auftrag der Gesellschaft für Informatik (GI)

Herbert Göttler

Graphgrammatiken in der Softwaretechnik

Theorie und Anwendungen

Springer-Verlag Berlin Heidelberg GmbH

Autor

Herbert Göttler
Institut für Mathematische Maschinen und Datenverarbeitung
(Informatik), Universität Erlangen-Nürnberg
Martensstraße 3, D–8520 Erlangen

CR Subject Classifications (1987): D.1.0, D.2.1-3, D.2.6, D.2.10,
D.2.m, D.3.4, E.1, F.4.2

ISBN 978-3-540-50243-2   ISBN 978-3-642-74024-4 (eBook)
DOI 10.1007/978-3-642-74024-4

CIP-Titelaufnahme der Deutschen Bibliothek.
Göttler, Herbert:
Graphgrammatiken in der Softwaretechnik: Theorie u. Anwendungen /
Herbert Göttler. – Berlin; Heidelberg; New York; London; Paris; Tokyo:
Springer, 1988
  (Informatik-Fachberichte; 178)
  Zugl.: Erlangen, Univ., Habil.-Schr., 1987
  ISBN 978-3-540-50243-2 (Berlin ...) brosch.

NE: GT

2145/3140 – 543210 – Gedruckt auf säurefreiem Papier

Vorwort

Die Grundlage zu diesem Buch ist meine bei der Technischen Fakultät
der Universität Erlangen-Nürnberg im Februar 1987 eingereichte Habilitationsschrift, die ich aufgrund weiterer Anregungen überarbeitet habe. Außerdem wurde das Literaturverzeichnis aktualisiert.

An dieser Stelle möchte ich all denen danken, die mitgeholfen haben, daß die Arbeit in dieser Form überhaupt entstehen konnte. Ich
denke dabei in erster Linie an meinen Chef, Prof. Dr. H.J. Schneider,
der mir den nötigen Freiraum gab, mich mit der Thematik beschäftigen
zu können. Aber auch meinen Kolleg(inn)en Ch. Feder, L. Geus, M.
Moerschbacher, H. Roderus, A. Tsakpinis, J. Weingärtner und A. Völk
bin ich zu Dank verpflichtet, die sich trotz eines eigenen hohen Ar-
beitspensums die Zeit für Diskussionen nahmen. Weitere wichtige Beiträge zur Verbesserung der Darstellung bekam ich von Prof. Dr. W.
Brauer (TU München) und von Prof. Dr. M. Nagl (RWTH Aachen). Zusätzlicher, besonderer Dank gebührt meinen Kollegen W. Behnsen für die
exakten Zeichnungen und T. Küppers für die Drucküberwachung. Last but
not least geht mein Dank an die Studenten, die in den Projekten mitge-
arbeitet haben und oft ein Engagement zeigten, das weit über das nor-
male Maß hinausging. Besonders dabei zu erwähnen sind K. Barthelmann,
W. Greska und G. Nieskens.

Sehr hilfreich waren auch die Kommentare von Prof. Dr. G. Nees vom
Institut für Mathematische Maschinen und Datenverarbeitung sowie von
Prof. Dr. H. v. Benda und M. Staufer vom Institut für Psychologie III
der Universität Erlangen-Nürnberg.

Falls Fehler und Ungereimtheiten in der Arbeit gefunden werden,
sind nicht die genannten Personen, sondern nur ich allein dafür verantwortlich.

Um das Durcharbeiten des vorliegenden Textes nicht unnötig zu erschweren, habe ich zum einen versucht, der Arbeit Lehrbuchcharakter zu
geben; zum anderen steht vor jedem der fünf Kapitel eine ausführliche
Inhaltsangabe. Es kann deshalb für eine erste Orientierung hilfreich
sein, das Buch zunächst an diesen Stellen durchzulesen, bevor man sich
intensiver mit den einzelnen Abschnitten beschäftigt.

Erlangen, Juli 1988   H. G.

Inhaltsverzeichnis

"Dornen und Disteln soll es Dir tragen...
Im Schweiße Deines Angesichtes sollst
Du ...."

(1. Moses 3, 18 u. 19)

1 Einleitung und Motivation

Zusammenfassung:

In diesem Kapitel wird erläutert, warum der Softwareentwicklungsprozeß als eine Folge von Modell-Transformationen gesehen werden kann. In der Istanalyse wird mit der Erarbeitung des ersten Modells eines zu automatisierenden Systems begonnen. Dieses Modell wird immer weiter umgeformt, verfeinert, präzisiert, bis es schließlich als ablauffähiges Programm vorliegt.

Abhängig davon, was als Darstellungsmittel eingesetzt wird, kann sich während des Entwicklungsprozesses die äußere Erscheinungsform des Modells stark verändern. Was aber als 'optimale Modellsprache' zur Beschreibung von Sachverhalten angesehen wird, ist oft Gegenstand kontroverser Diskussionen.

Es zeigt sich, daß mit heutigen Zwistigkeiten beim Finden geeigneter Modellsprachen im Bereich der Softwaretechnologie nur eine lange Tradition der 'Mutterwissenschaft' Mathematik fortgesetzt wird. Der Abschnitt 1.1 berichtet davon.

Der Abschnitt 1.2 schildert einige Ergebnisse psychologischer Forschung, die zeigen, wie wichtig der Einsatz von graphischen Methoden zur Unterstützung von Denkprozessen beim Menschen ist. So scheinen Bilder 'unmittelbarer' im Gedächtnis gespeichert zu werden als Text. Außerdem erlauben sie einen schnelleren Zugriff auf Informationen.

Im letzten Abschnitt dieses Kapitels werden Aspekte der Softwaretechnologie im Hinblick auf den Einsatz von graphischen Methoden diskutiert, die die menschliche Intuition und Kreativität unterstützen. Außerdem wird auf einige Diagrammtechniken eingegangen und auf Werkzeuge zur Erstellung von Diagrammeditoren.

*"Die Grenze meiner Sprache
ist die Grenze meiner Welt."*

(L. Wittgenstein)

1.1 Graphen, Diagramme und Notationen

Das Buch will Softwareingenieuren Hilfen für ihre Arbeit geben. Es beschreibt, wie man Graphgrammatiken für eine effizientere Programmentwicklung einsetzen kann.

Unter einem (mathematischen) *Graphen* wird gemeinhin eine Struktur verstanden, die sich anschaulich als eine Menge von Kreisen beschreiben läßt, in denen i. a. ein Text steht und zwischen denen Pfeile verlaufen, die meist auch eine Beschriftung tragen.

Schon jetzt sei darauf hingewiesen, daß diese Graphen - manchmal mit leicht geänderter Morphologie - im Rahmen der Softwareentwicklung (und nicht nur dort) sehr oft auftreten! Sie werden besonders dann eingesetzt, wenn es gilt, schwierige Sachverhalte zu veranschaulichen, z. B. eine Datenstruktur nebst der Wirkung eines Algorithmus auf sie. Etwas dogmatisch läßt sich sagen, daß es schlechterdings nichts gibt, was nicht durch Graphen darstellbar ist. Diese Erfahrung kann man salopp auch so ausdrücken: "Alles ist 'Graph' in der Softwaretechnik."

Unter einer gewöhnlichen Grammatik - sowohl für natürliche als auch für Programmiersprachen - versteht man ein System von Regeln, das beschreibt, wie syntaktisch richtige Objekte einer betrachteten Sprache ausschauen müssen. Ein solches Regelsystem kann man sowohl *synthetisch* als auch *analytisch* einsetzen: man stelle sich vor, daß im ersten Fall ein Computer so programmiert wird, daß er syntaktisch richtige deutsche Sätze "synthetisiert" (ihr semantischer Gehalt ist dabei völlig irrelevant; sie müssen nur 'deutsch klingen'). Im zweiten Fall "analysiert" der Rechner, ob eine eingegebene Zeichenkette ein deutscher Satz ist oder nicht.

Wenn man die beiden Konzepte "Graphen" und "Grammatiken" zusammenbringt, erhält man "Graphgrammatiken". Eine (spezielle) Graphgrammatik ist somit als Vorschrift zu sehen, die verwendet werden kann, Elemente einer Klasse von Graphen zu erstellen, oder die in einem Algorithmus einsetzbar ist, der entscheiden soll, ob ein vorgegebener Graph eine geforderte Eigenschaft besitzt. In diesem Buch werden Graphgrammatiken nicht als Mittel zur Analyse eingesetzt, sondern ausschließlich zur Synthese von Graphen. (Dieser Hinweis ist für Leser gedacht, bei denen sich aufgrund ihres Vorwissens an dieser Stelle die Assoziation zum "Wortproblem bei gewöhnlichen Formalen Sprachen" bildete.)

Man kann den hier beabsichtigten Umgang mit Graphgrammatiken noch allgemeiner ausdrücken: sie werden schlechthin zur *Manipulation von Graphen* benutzt. Wenn man sich an die schon oben erwähnte große Relevanz von Graphen erinnert, wird man bereits jetzt erahnen, was für ein mächtiges Werkzeug diese Kombination aus Graphen und Grammatiken bei weisem Gebrauch ist: mit Graphen lassen sich Sachverhalte aller Art anschaulich festhalten, und obendrein hat man die Konstruktion der Graphen formal fest im Griff!

Beim weiteren Lesen des Buches wird klar werden, weshalb man guten Gewissens von einer *Graphtechnologie* sprechen könnte. Wollte man aber die ganze Breite ihres Einsatzbereiches in einem Buch beschreiben, wäre das Ergebnis sehr voluminös. Im vorliegenden Band wird deshalb nur ein eingeschränktes Anwendungsgebiet genauer behandelt, das aber von sehr großer Bedeutung ist. Etwas langatmig ließe es sich umschreiben durch "Effiziente Entwicklung von syntaxgesteuerten Editoren für Diagrammsprachen auf der Basis (programmierter, attributierter) Graphgrammatiken." Es dürfte jedoch für die Leser nicht allzu schwer sein, einen Transfer der vorgestellten Konzepte auch auf andere Problemkreise durchzuführen, zudem im Abschnitt 3.1 solche Bezüge explizit hergestellt werden.

Wenn schon von den Lesern erwartet wird, sich geduldig mit dem dargebotenen Stoff zu beschäftigen, verdienen sie es auch, daß sie eine gute Motivation dafür bekommen, warum die Verwendung von Diagrammen so wichtig bei der Softwareentwicklung ist, und warum die Frage nach der

4

richtigen Notation von Sachverhalten so kontrovers diskutiert wird. Bei der letzten Frage ist noch zu untersuchen, ob sie sich völlig neu stellt, quasi als informatikspezifisches Phänomen. Auf das erste "warum" wird in den nächsten beiden Abschnitten eingegangen, auf das zweite im Rest von diesem. Es wird sich zeigen, daß man in der Geschichte der Mathematik viele Beispiele von erbitterten Diskussionen über "Sachverhalte und ihre adäquate Darstellung" finden kann. Analoge Zwistigkeiten in der Softwaretechnologie zwischen den verschiedenen Schulen sind nur die Fortsetzung einer alten Tradition.

"Notiones non notationes" forderte Gauß in einer seiner Schriften und wollte sinngemäß andeuten, daß zunächst nur das Konzept, die Idee, der mathematische Sachverhalt von Bedeutung ist. Notationen hingegen, also die Gesamtheit der zu Darstellungen verwendeten Symbole, haben nach seiner Ansicht nur einen untergeordneten Rang. Die Auffassung, daß das mathematische Konzept die höhere Priorität besitzt, ist sicher richtig, denn für etwas, was es nicht gibt, braucht man keine Notation.

Unter "Darstellung" soll künftig nicht nur der systematische Aufbau einer Abhandlung einschließlich etwaiger geschickt gewählter Beispiele verstanden werden, sondern auch die verwendeten Begriffe nebst ihren (graphischen) Notationen. Gerade die Mathematik gibt viele gute Beispiele, wie sich die Notationen derselben Sachverhalte durch die Jahrhunderte geändert haben. Falls Notationen als irrelevant anzusehen wären, gäbe es für dieses Phänomen keine Erklärung. /FREUDENTHAL/ (S. 28ff) schreibt, daß Mathematiker als eher konservativ eingeschätzt werden müßten und Innovationen (im vorliegenden Fall also neue Symbole) nur dann akzeptierten, wenn sie nicht länger vermieden werden könnten. Die Sprache der Mathematik zu perfektionieren, sei ein kontinuierlicher Prozeß.

/DAVIS&HERSH/ (S. 122ff) schließen sich dieser Meinung an und sehen eine Art Darwinismus im Gebrauch mathematischer Darstellungsmittel: Das "am besten geeignete" Zeichen wird sich durchsetzen. Sie zitieren u. a. die Differentialrechnung als Beispiel, bei der sich die Leibnitzsche Schreibweise der Newtonschen als überlegen erweist. In diesem Zusammenhang soll noch die von Mathematikern gerne kolportierte Anekdote angeführt werden, daß auf Grund des Prioritätenstreits zwischen Leibnitz- und Newton-Anhängern in England sich die "Punktnotation" gehalten, auf dem Festland aber die "d/dt"-Notation durchgesetzt hatte.

Die späteren Erfolge der 'Festlandsmathematik' auf dem Gebiet der Differential- und Integralrechnung seien darauf zurückzuführen.

Eingedenk solcher möglicher Konsequenzen aus der gegenseitigen Bedingung von Gestalt und Gehalt (hier ergibt sich sogar ein kunsttheoretischer Bezug) ist zu vermuten, daß es im Laufe der Geschichte mathematischer Veröffentlichungen Arbeiten gegeben hat, deren Bedeutung deshalb nicht richtig erkannt wurde, weil auf Grund ungeschickt gewählter Notationen der Sachverhalt den Lesern unklar blieb. Schon /FREGE/ (S. XI) schien dieses Problem geahnt zu haben, als er im Vorwort Klage über die mangelnde Anerkennung führte, die seine Arbeiten bei seinen mathematischen Zeitgenossen erfuhren, und in diesem Zusammenhang noch ein gewisses Verständnis für seine Leser aufbrachte: "Schon der erste Eindruck muß abschrecken: unbekannte Zeichen, seitenlang nur fremdartige Formeln".

Die soweit diskutierte Problematik ist nicht nur in der Mathematik, sondern auch in der Informatik von Bedeutung. Als einfaches Beispiel sei nur die geeignete Wahl der Identifikatoren in einem Programm angeführt, die für das Verständnis des Programms von immensem Wert ist. In seinem Vortrag "Notation as a tool of thought" anläßlich der Verleihung des ACM-Turing-Award 1979 zitierte /IVERSON/ (wie auch /DAVIS&HERSH/) aus /CAJORI/, der sich wiederum auf die Aussage von A. N. Whitehead beruft: "By relieving the brain of all unnecessary work, a good notation sets it free to concentrate on more advanced problems, and in effect increases the mental power of the race."

/IVERSON/ führt als Beispiel einer gelungenen Notation die Syntax der Programmiersprache APL an (was in Informatikerkreisen wohl umstritten sein dürfte). Außerdem zählt er eine Reihe von Kriterien auf, die eine (mathematische) Notation erfüllen muß, um das Akzeptanzproblem zu lösen: Sie muß
-- gestatten, Objekte, die in Problemen auftreten, einfach auszudrükken,
-- suggestiv sein,
-- erlauben, Details zu unterdrücken,
-- wirtschaftlich sein,
-- hilfreich zur Durchführung formaler Beweise sein.

Dies ist sicher keine abschließende Aufzählung. Als weiteres Kriterium läßt sich z. B. anführen, daß der Umgang mit der Notation sich einfach gestalten lassen muß. So ist nach /SCHNEIDER81/ (S.14) der Umgang mit einer Programmiersprache auch davon abhängig, ob die Eingabegeräte die gewählte Notation überhaupt verarbeiten können. Ein Grund, weshalb sich nicht die bereits angeführte Fregesche Notation mit ihrem zweidimensionalen Charakter in der Logik durchgesetzt hat, ist wohl auch darauf zurückzuführen, daß sie für ein Buch nicht so leicht zu setzen ist, wie etwa die von Russel und Whitehead in der "Principia Mathematica" eingeführten Zeichen.

Das Kriterium "einfacher Umgang" ist nicht in der Forderung von /IVERSON/ nach 'Wirtschaftlichkeit' enthalten, denn nach seinen Ausführungen gilt: "The utility of a language as a tool of thought increases with the range of topics it can treat, but decreases with the amount of vocabulary and the complexity of grammatical rules which the reader must keep in mind. ... Economy requires that a large number of ideas be expressible in terms of a relatively small vocabulary." Diese an sich gute Absicht darf man nicht zu weit treiben, weil es dann leicht zu einer semantischen "Überladung" der Zeichen kommt. /SCHNEIDER81/ (S. 165ff) weist darauf hin, daß im programmiersprachlichen Bereich Überladen eine gewisse Flexibilität bringt, aber andererseits Verwirrung stiften kann. Zwischen extensiver Überladung und dem Gebrauch von ad-hoc-Zeichen, für den die chinesische Schrift ein Beispiel ist, gibt es vermutlich ein Optimum. Dieses im programmiersprachlichen Bereich zu finden, ist sicher auch ein psychologisches Problem.

Nachdem bereits die steinalte Mutterwissenschaft Mathematik Schwierigkeiten mit Notationen hat, ist es nicht verwunderlich, daß auch die Tochter Informatik sich damit schwer tut. Da z. B. die Programmiersprachen alle im Turingschen Sinn universell sind, ist die zu verzeichnende Diversität (die gemeinhin "Problemorientiertheit" genannt wird) unter ihnen darin zu suchen, daß es mit einigen leichter ist, einen Sachverhalt adäquat zu notieren, als mit anderen. Natürlich gibt es auch konzeptuelle Unterschiede. Hat der Sprachentwerfer nicht die Möglichkeit vorgesehen, z. B. Nebenläufigkeit von Prozessen auszudrükken, fehlt eben auch eine Notation dafür. Konzepte und Notationen bedingen sich gegenseitig.

Ein Teilgebiet der Informatik, die Softwaretechnologie, leidet ganz besonders unter einer Vielzahl von nur oberflächlich definierten Begriffen und Notationen. Wenn man als ein Kriterium für einen etablierten Wissenschaftszweig die Existenz einer vereinbarten Terminologie nimmt, ist es um die Softwaretechnologie als seriöse Wissenschaft nicht gut bestellt. Ein Grund für das Fehlen eines einheitlichen Gebrauchs ist sicher darin zu sehen, daß sich das Gebiet so rasch entwickelt hat, daß noch nicht genügend Zeit für das Wirken des bereits zitierten Darwin-Effektes vergangen ist.

Nach einem zweiten Kriterium für die Akzeptanz als Wissenschaft schneidet die Softwaretechnologie etwas besser ab: Eine ganze Reihe von Konzepten ist schon entwickelt worden, die bei der Programmerstellung helfen sollen. Leider wurden aber die meisten noch nicht hinreichend auf ihre Eignung für den genannten Zweck untersucht. Da die Autoren bei der Darstellung ihrer Konzepte sich zum einen der bereits beklagten schwammigen Begriffe und eigener Notation bedienen und zum anderen ihre Vorschläge für eine bessere Programmentwicklung an ausgewählten Beispielen demonstrieren, sind aussagekräftige Vergleichsuntersuchungen, wie sie etwa /HOMMEL/ durchführte, recht selten.

Ein großer Teil der Konzepte für eine effizientere Softwareproduktion besonders in der Phase der Ist- und Sollanalyse - in der man also die Methoden des sogen. "Requirements-Engineering" einsetzt - empfiehlt den vermehrten Einsatz 'graphischer' Notationen. Warum das gut ist, wird in den nächsten beiden Abschnitten beschrieben. "Graphisch" soll verstanden werden im Sinne einer extensiven Verwendung der zweiten Dimension etwa eines Blattes Papier, wohingegen reiner Text eher eindimensionalen Charakter hat (auch wenn er auf einer vollgeschriebenen Seite in Zeilen gegliedert ist und in Buchform sogar in die dritte Dimension geht).

Wer einmal mit einem Verfahren wie SADT ("Structured Analysis and Design Technique") gearbeitet hat, wird bald merken, wie zeitaufwendig es ist, die geforderten Diagramme zu erstellen, also mit der von SADT vorgeschlagenen Notation umzugehen. Hier wird die Erfahrungstatsache besonders deutlich, daß für manche Softwareingenieure eine Entwicklungsmethode nur so gut ist wie das sie unterstützende Werkzeug. Um die Brauchbarkeit einer Softwareentwicklungsmethode ausreichend beurteilen zu können, ist es aber unabdingbar, in möglichst vielen Problembereichen mit ihr gearbeitet zu haben. Ad-hoc-Implementierungen von Unterstützungswerkzeugen sind sehr zeitaufwendig; auf dem Markt angebotene Systeme zu kaufen, ist sehr kostspielig.

Was tun?!

Angesichts des genannten Dilemmas scheint es nötig, sich Gedanken um einen Implementierungsrahmen zu machen, innerhalb dessen Werkzeuge für den Umgang mit einer möglichst großen Klasse von Softwareentwicklungsmethoden schnell hergestellt werden können. Die Verfahren, die graphische Notationen für Sachverhalte verwenden, verdienen dabei vermehrte Aufmerksamkeit, weil aufgrund der vielfältigen Morphologie der Notationen die Anforderungen an einen solchen allgemeinen Implementierungsrahmen besonders hoch sind und Ergebnisse auch auf den nichtgraphischen, also 'eindimensionalen' Fall übertragbar sein werden.

Die vorliegende Arbeit macht einen Vorschlag für einen solchen allgemeinen Implementierungsrahmen. Sie stellt also ein 'Metawerkzeug' vor, mit dessen Hilfe sich recht schnell zumindest Werkzeugprototypen für Methoden im Bereich der Softwareentwicklung erstellen lassen. Beherrscht man dieses Metawerkzeug, kann man die Methoden und ihre Notationen miteinander vergleichen und auf Eignung untersuchen. Es wird sich (leider) auch zeigen, daß es keinen Königsweg gibt, um zu dem Metawerkzeug zu gelangen. Eine Reihe von Konzepten muß eingeführt werden, die noch nicht als Standardtechniken in der Informatik gelten.

*"Ein Bild sagt mehr als
1k Wörter."*

(Ein Hacker)

1.2 Psychologische Aspekte graphischer Darstellungen

Es ist eine empirische Tatsache, daß sich komplexe Probleme durch Verwendung graphischer Hilfsmittel sehr oft überschaubarer repräsentieren lassen. Die Darstellung von Sachverhalten durch Diagrammtechniken gewinnt deshalb immer mehr an Bedeutung. Eine Vielzahl psychologischer Untersuchungen über die kognitiven Fähigkeiten des Menschen versucht zu ergründen, warum in vielen Bereichen eine Diagrammdarstellung einer alphanumerischen überlegen ist. Die Ergebnisse dieser Forschungen sind auch bedeutsam für die Gestaltung der Modellsprachen in der Softwareentwicklung.

Wie wichtig Diagrammtechniken sind, läßt sich an einfachen Beispielen demonstrieren: Untersucht man etwa die Kurse einer Aktie auf gewisse Trends, ist eine gute Darstellung für diesen Zweck ein Kurs/-Zeit-Diagramm, aus dem man z. B. Höchststände herauslesen kann. Dieselbe Antwort aus einer Zahlenkolonne der Aktienkurse zu entnehmen, ist sicher weitaus umständlicher. Offensichlich lassen sich derartige Datenmengen durch Diagramme so aufbereiten, daß sie schnell, gleichsam auf einen Blick, erfaßt werden können. Sicher liegt es nicht zuletzt daran, daß durch das Diagramm bereits eine 'geeignete Vorverarbeitung' der Datenmenge geschehen ist und bei seiner Erstellung eine Art 'Informationsenergie' hineingesteckt wurde.

Das Phänomen, daß die Verwendung visueller Hilfsmittel auch für die Arbeit eines Mathematikers von Bedeutung ist, wurde durch bekannte

Personen der mathematischen Welt untersucht. Beispielsweise fand schon /HADAMARD/ heraus, daß die Mehrzahl der von ihm befragten Mathematiker beim Denken keine (Text)Symbole verwenden, sondern vorwiegend visuell vorgehen würden. /POLYA/, der an die Existenz einer systematischen Vorgehensweise bei der Lösung von mathematischen Problemen glaubt, schreibt (S. 135): "Figures and symbols are closely connected with mathematical thinking, their use assists the mind." Weitere Untersuchungen wurden u. a. von /SCHOENFELD/ durchgeführt. Bei allen Vorbehalten gegen die mitunter trügerische Anschauung, die zu inadäquaten Schlußfolgerungen führen kann, rät er, für die Phase der Problemanalyse Diagramme zu verwenden: "Draw a diagram if at all possible." Dies ist eine Empfehlung, die man auch auf die Programmentwicklung übertragen kann, obwohl die Bedeutung diagrammatischer Darstellungen in der Psychologie des (mathematischen) Problemlösens noch umstritten zu sein scheint. So schreibt /WICKELGREN/ (S. 187): "Verbal symbolic representation is probably somewhat more important than visual diagrammatic representation in problem solving and in abstract thinking in general."

Im folgenden werden einige allgemeine, neuere Ergebnisse psychologischer Forschungen angegeben, die die Besonderheiten eines 'Denkens in und mit Bildern' erhellen sollen.

In /MAYER/ findet man Untersuchungen über das Denken als 'Such- und Abrufprozeß'. In diesem Zusammenhang wird interessant, welche Struktur das Gedächtnis haben könnte. So werden z. B. Netzwerkmodelle vorgeschlagen, die auf der Annahme beruhen, daß Gedächtnis aus einer Sammlung von Elementen besteht, welche untereinander in bestimmter Weise verknüpft sind. Gibt man dem Gedächtnis einen Begriff als 'Einstieg', kann das Umfeld zu diesem Anhaltspunkt relativ einfach abgerufen werden, quasi als Ausgabe des an dem Begriff hängenden 'Teilnetzes'.

/STAUFER/ (S. 119) und besonders /MILLER/ weisen auf die begrenzte Kapazität des Kurzzeitgedächtnisses hin. Man kennt aus eigener Erfahrung, z. B. beim Merken einer Einkaufsliste, daß es schwierig ist, ohne mentale Hilfsmittel wie Aufschreiben oder Verwendung von Techniken, wie sie etwa /FURST&FURST/ empfiehlt, mehr als sieben Dinge gleichzeitig in Erinnerung zu behalten.

Ist z. B. bei der Programmentwicklung ein zu lösendes Problem u. a. dadurch schwierig, daß man mit vielen Objekten gleichzeitig arbeiten muß, wird man demnach eine Methode finden müssen, die zuläßt, daß die Objekte dem Denkprozeß möglichst dauernd zur Verfügung stehen oder zumindest schnell gefunden werden können. Sind die problemrelevanten Objekte und ihre Beziehungen rein alphanumerisch beschrieben, ist zunächst ein nicht unerheblicher Dekodiervorgang durchzuführen. Ein Grund dafür liegt in der optischen Gleichförmigkeit von Text. Bis eine relevante Stelle auftaucht, müssen oft viele irrelevante Zeichen überlesen werden. Man kann sich durch Hervorheben der wichtigen Textstellen helfen, indem man sie farbig anstreicht. Auf diese Weise läßt sich der bereits diskutierte eindimensionale Charakter von Text umgehen und der 'sequentielle Zugriff' zu den Objekten wird durch einen 'wahlfreien' ersetzt. Das Auge kann dann bequemer von einer markierten Stelle zur anderen springen. Bei Diagrammen wird die bereits erwähnte Vorverarbeitung für das Auge explizit durchgeführt. Mit geeignet gewählten Symbolen und deren gegenseitige Lage, ggf. noch durch Farbe wird die menschliche Perzeption unterstützt.

Text wirkt immer gleichförmig. Diagrammatischen Notationen sind in ihrer Ausprägung jedoch keine Grenzen gesetzt. Man kann sehr kreative, problemadäquate Varianten erfinden. Dieser Vorteil birgt aber auch einen Nachteil in sich: Durch eine nicht allgemein vereinbarte Notation, die zwar suggestiv ist, kann eine Unschärfe bei ihrer Interpretation auftreten. Dieser Hinweis sollte jedoch nur zur Vorsicht mahnen, die Bedeutung von Notationen stets hinreichend zu präzisieren. Keineswegs sollte er aber vom Verwenden von Diagrammtechniken abhalten, denn rein textuelle Darstellungen von Sachverhalten - man denke nur an Gesetzestexte - sind auch nicht immer eindeutig. Die Berufsgruppe der Juristen lebt davon.

Andere Ausführungen von /STAUFER/ scheinen einen bildhaften Charakter des Gedächtnisses zu belegen. So gibt es z. B. Experimente (S. 113ff), bei denen Versuchspersonen bis zu zehntausend verschiedene Bilder gezeigt wurden. Danach wurden ihnen weitere vorgelegt und gefragt, ob sie diese Bilder bereits kennen würden. Es zeigten sich signifikante Gedächtniserfolge (90% richtige Antworten), die sich bei analogen Experimenten mit Texten nicht einstellten.

Diagramme scheinen der Art der Informationsverarbeitung des menschlichen Gehirns näher zu kommen als Text. Ob sie "wirklich die internen Bilder unserer Denkprozesse" (vgl. /MOLZBERGER/) sind, und in wie weit auch sie erst wieder decodiert werden müssen, muß noch untersucht werden.

Den Ausführungen von /STAUFER/ zufolge ist die optimale Gestaltung von Diagrammen (er behandelt den Einsatz von Piktogrammen) ebenfalls Gegenstand der Forschung. Es gibt allgemeine Gesetze der Gestaltspsychologie (S. 59), die zwar eingehalten werden sollten, wie das Gesetz der Nähe, der Gleichheit, der Orientierung, der Symmetrie, ihr Befolgen aber erlaubt trotzdem eine große Bandbreite der Darstellung.

Nach diesen Ergebnissen scheint die Verwendung von Diagrammen den Geist beim Denkprozeß zu entlasten, indem u. a. schneller ('wahlfrei') auf Informationen zugegriffen werden kann, die ggf. bereits in einer analogen Form ('graphisch') abgespeichert sind. Somit wird ermöglicht, daß sich der Problembearbeiter auf die wichtigeren Aspekte konzentrieren kann, etwa das Verknüpfen der semantischen Netzinformationen zu neuen Assoziationen.

Auch bei den Methoden, die im Bereich der Softwareentwicklung eingesetzt werden, bedarf es noch vieler Untersuchungen. Gegenwärtig werden die Probleme auf einer Vielzahl von Konferenzen diskutiert. Richtet man das Hauptaugenmerk auf die graphische Mensch/Maschine-Schnittstelle, muß erstens herausgefunden werden, wie eine bislang nur alphanumerische Kommunikation durch graphische Hilfsmittel verbessert werden kann, und zweitens muß geklärt werden, wie eine Rechenanlage zur Unterstützung einer inhärent graphischen Interaktion eingesetzt werden kann.

Einige Softwareerstellungsmethoden tragen dem Wissen um Denkprozesse schon Rechnung. Beispielsweise orientiert sich /ROSS/ an den Ergebnissen von /MILLER/ und verlangt für die von ihm entwickelte Methode SADT, daß in einem Diagramm Aktionen und Daten verschieden dargestellt werden und höchstens sechs bis sieben Aktionskästen treppenförmig arrangiert in einem Diagramm vorhanden sein dürfen.

/PESCHANEL/ stellt die große Bedeutung von Diagrammtechniken für die menschliche Kreativität heraus. Er verweist auf Ergebnisse von Gehirnforschungen, denen zufolge die linke Gehirnhälfte zu "sequentiell-kausalem-verbalem Denken" befähige. Die rechte ermögliche ein "nicht-kausales, parallel-extrem schnelles, bildhaftes (visuelles) Denken". Der westliche Kulturkreis betone das "links-seitige" Denken

über. Durch Diagrammtechniken jedoch - und darin pflichtet ihm /MOLZ-
BERGER/ bei - können verschüttete Kapazitäten des kreativen, "rechts-
seitigen" Denkens wieder freigesetzt werden.

Zum Abschluß dieses Abschnitts sei noch besonders betont, daß es
bei der Entwicklung von Diagrammethoden nicht um den vollständigen Er-
satz von verbal-textueller Repräsentation geht. Es gibt besonders im
mathematischen Bereich Sachverhalte, bei denen (z. Zt.) keine qualitativ bessere Darstellung durch Diagramme als durch traditionelle Notation bekannt ist. (Allerdings ist dabei anzumerken, daß Texte nur Spe-
zialformen von Diagrammen sind.) Die (echten) graphischen Techniken
sollten als eine Erweiterung mentaler Hilfsmittel aufgefaßt werden. Es
ist aber nicht ausgeschlossen, daß - analog zu Systemen der formalen
Logik - Kalküle entwickelt werden, deren Regelsysteme die bereits zitierte zweite (Darstellungs)Dimension voll ausnutzen werden. Im Kap.
2 wird vorgestellt, wie man in diesem Sinne mit Graphen in ihrer Diagrammdarstellung formal umgeht, so daß es sich erübrigt, auf die umständliche Mengenschreibweise zurückzugehen.

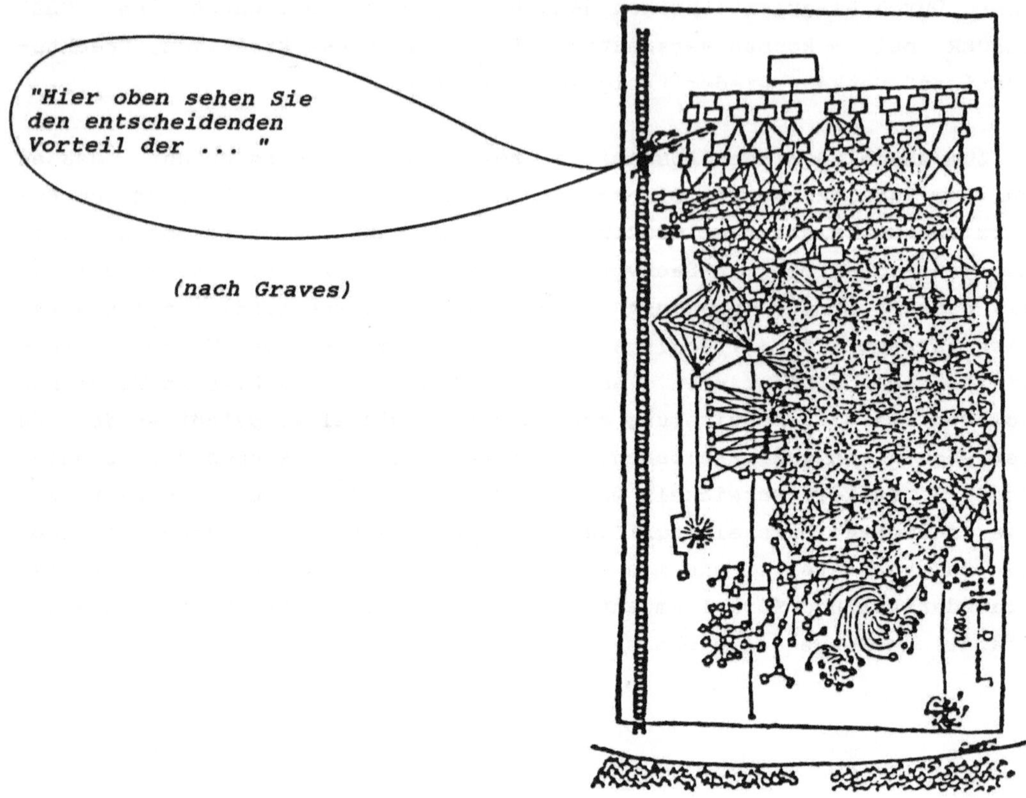

1.3 Softwaretechnologie und graphische Methoden

Als Geburtsjahr für den Begriff 'Software Engineering' wird allgemein das Jahr 1968 angesetzt. Das NATO Science Committee organisierte
die "NATO Software Engineering Conference" in Garmisch. /RANDELL/ zufolge trafen sich etwa fünfzig Experten, die sich mit Software be-
schäftigten. Es wurde nach neuen Methoden gesucht, um die als sehr
schmerzlich empfundene "Software-Krise" (die Erkenntnis, daß Softwareprojekte immer teuerer wurden und die Qualität der erzielten Produkte
dabei eher abnahm) bewältigen zu können. Seit dieser Zeit sind verschiedene Wandlungen im Denken über den Softwareentwicklungsprozeß
festzustellen.

Man ist abgekommen, über ihn als "The Art of Computer Programming"
(nach /KNUTH68a/) zu sprechen und sieht ihn mehr als handwerkliche
oder als ingenieurwissenschaftliche Tätigkeit, bei der weniger die
spontane 'künstlerische' Idee im Vordergrund steht, sondern eher die

Anwendung von (vielleicht erst noch zu entwickelnden) Methoden, die schließlich zum Ziel führt.

Die Folge dieser Einstellung war eine gewisse Überreaktion, bei der man glaubte, Programme - auch große, der realen Welt entnommene - würden sich entwickeln lassen wie eine mathematische Formel. Man müsse 'nur' mit einem Satz von beschreibenden Axiomen beginnen und sie in ein lauffähiges Programm transformieren, s. /PARTSCH&STEINBRÜGGEN/ oder die Bemühungen im Rahmen des CIP-Projektes ("Computer aided Intuition guided Programming") in /BAUER et al./. Leitfaden dieser Vorgehensweise ist das Paradigma der Übersetzung eines Programms einer höheren Programmiersprache in eines einer niederen. Wie 'hoch' das "höhere" getrieben werden kann, ist noch Gegenstand der Forschung. Ebenso ist noch ungeklärt, an welchem Punkt der "intuitive" Anteil an der Programmerstellung so groß wird, daß man nicht mehr von einer "automatischen Programmtransformation" sprechen kann.

Oben wurde das Wort "Qualität" benutzt. Kann man allein mit "automatischem Programmieren" 'Qualitätssoftware' produzieren, oder braucht man auch andere Techniken?

Um das zu beantworten, muß man wissen, was "Qualität" in diesem Zusammenhang überhaupt ist. Die DIN 55350 präzisiert Qualität als "die Gesamtheit von Eigenschaften und Merkmalen eines Produkts oder einer Tätigkeit, die sich auf die Eignung zur Erfüllung gegebener Erfordernisse beziehen".

Damit kann auch erläutert werden, was ein "Fehler" ist: die Abwesenheit von Qualität.

Über Softwarequalitätssicherung gibt es eine umfangreiche Literatur, vgl. z.B. /ASAM&DRENKARD&MAIER/. Die Terminologie ist nicht einheitlich. Im folgenden sind deshalb die wichtigsten Gütekriterien nebst einigen Anmerkungen aufgeführt (die nicht als formale Definition gemeint sind, da sie Begriffe beinhalten können, die auch nicht wesentlich präziser sind).

-- Funktionserfüllung oder Korrektheit

ist die Übereinstimmung zwischen Programm und festgelegter Funktion.

Hier fangen die Schwierigkeiten schon an. Wer legt das funktionale Verhalten fest? Wann ist es überhaupt endgültig niedergeschrieben?

-- Zuverlässigkeit

>   ist die Verfügbarkeit eines Systems für ein vorgegebenes Zeitintervall.

-- Effizienz oder Performanz oder Zeit- und Verbrauchsverhalten

>   Wie werden die Ressourcen, z.B. Speicher, tolerierbare Antwortzeiten, genutzt?

-- Portabilität

>   Wie gut ist das Programm auf eine andere Rechenanlage übertragbar?

-- Wartungsfreundlichkeit

>   Wie schnell können Fehler entdeckt und verbessert werden? Ist das Programm an neue Anforderungen anpaßbar?

-- Benutzungsfreundlichkeit

>   Neben der Funktionserfüllung ist dieses eines der diffusesten Kriterien. Es beurteilt nicht nur die direkte Interaktion zwischen Benutzer und System im Dialog, also etwa Benutzerführung unterteilt in Laien- und Fortgeschrittenenmodus, sondern auch Schulungsunterlagen, Zeit für das Erlernen, Adäquatheit der Funktionserfüllung, und die Robustheit bei Fehlbedienung.

Manche Autoren beziehen auch den Entwicklungsprozeß in die Qualitätsbeurteilung mit ein. "Im Kostenrahmen geblieben" ist für sie ebenfalls ein Zeichen der Qualität.

Die genannten Kriterien kann man nicht unabhängig voneinander sehen. Einige stehen sogar im Widerspruch zueinander, wie Portabilität und Effizienz. Es geht auch bei der Softwareentwicklung - wie so oft im Leben - nicht um die möglichst starke Ausprägung eines einzelnen Merkmals, sondern i. a. um ein 'globales Qualitätsoptimum'.

Statistiken belegen, daß etwa 2/3 der Fehler von Softwaresystemen auf eine ungenügende Problemanalyse zurückzuführen sind und 1/3 auf Codierfehler. Von den Fehlern aus der Problemanalyse wiederum werden nur etwa 1/3 vor der Auslieferung an den Kunden entdeckt. Das wird verständlich, wenn man sich vergegenwärtigt, daß es sich meist um Mängel bzgl. der Funktionserfüllung handelt. Dagegen werden 3/4 der Codierfehler durch die Tests innerhalb des Entwicklerteams gefunden.

Klar, Programmtransformation kann Fehler bei der Codierung vermeiden helfen, aber gegen Funktionsnichterfüllung oder Benutzerunfreundlichkeit der Systeme feit sie nicht. Zu der formalen Seite verbesserter Programmentwicklung muß noch ein Weiteres hinzukommen, was /FLOYD-&PASCH/ die "soziale Einbettung der Systementwicklung" nennen.

Bei der Systementwicklung muß der spätere Anwender in geeigneter, partnerschaftlicher Weise beteiligt werden. Es ist ihm oftmals nicht möglich, seine Wünsche rechtzeitig, vollständig und präzise genug zu formulieren. Der Einsatz von Prototypen (vgl. Unterabschnitt 3.1.5) als Diskussionsgrundlage zwischen Entwicklern und Auftraggebern hat sich als hilfreich erwiesen. (Eine Übersicht über Prototypingansätze gibt /HALLMANN/.) Die Zeit ist vorbei, als man blauäugig glaubte, Software rein phasenorientiert erstellen zu können: beginnend mit der Problemanalyse gehe man weiter zum Entwurf, und über die Codierungsphase schreite man fort, bis schließlich das fertige System dem zufriedenen Kunden übergeben werden kann. Die Phasen sind zwar noch immer rudimentär feststellbar, aber die Softwareentwicklung hat eher zyklischen als linearen Charakter.

Beim Umfang heutiger Programmsysteme ist es nicht mehr möglich, daß eine einzige Person die gesamte Software erstellt. "Soziale Einbettung" bedeutet deshalb auch die Berücksichtigung von Produktionsbedingungen, wie etwa die Arbeit in einem Team. Sie kann sich aber auch auf die Einbeziehung persönlicher Eigenheiten der Entwickler richten, z.B. Tageszeiten besonderer Kreativität, Vorlieben für graphisch/visuelle Methoden, usw.

Bereits in /WEINBERG/, dem diesbezüglichen Klassiker, werden diese

Sachverhalte als "programming as a social activity" (S. 45ff) bzw. "programming as an individual activity" (S. 118ff) erkannt.

In summa: Die Kunst, die der Informatiker beherrschen muß, ist die der "partizipativen Phänomenologie", was nichts weiter bedeuten soll als die strenge, objektive Erarbeitung und Beschreibung des 'Gegebenen', was i. a. im Team und zusammen mit einem externen Auftraggeber erfolgt.

Es muß noch genauer auf den oft gebrauchten Begriff "System" eingegangen werden, um dabei zu zeigen, was mit dem oben zitierten "Gegebenen" gemeint ist. Nach DIN 19226 ist ein System "eine abgegrenzte Anordnung von aufeinander einwirkenden Gebilden. Solche Gebilde können sowohl Gegenstände als auch Denkmethoden und deren Ergebnisse ... sein. Diese Anordnung wird durch eine Hüllfläche von ihrer Umgebung abgegrenzt oder abgegrenzt gedacht."

Ein Informatiker müßte eigentlich protestieren, wenn er als "Systementwickler" bezeichnet wird, denn das ist eine nicht vollständige und nur oberflächliche Beschreibung seiner Tätigkeit. Sicher, sein Produkt erfüllt die "System"-Definition. Alles ist irgendwie ein System. Durch die Frage nach dem Zweck des Systems kommt man jedoch darauf, was er eigentlich tut: er ist "Modellentwickler". Dies ist eine wesentlich anspruchsvollere Tätigkeit, denn es schließt sich die Frage "Modell von was?" an und damit auch die Problematik der Korrektheit des Bezugs von Modellen zueinander.

Ein Modell ist die Abstraktion eines Systems, von dem nur die relevanten Eigenschaften betrachtet werden. Die System-"Gebilde" werden zu Modell-"Objekten", die "Einwirkung aufeinander" zu Modell-"Relationen".

/LUFT/ geht völlig richtig auf die Bedeutung des genannten Modellierungvorganges in der Informatik ein und greift dabei die Schwierigkeiten der konstruktiven Einführung von Modellierungssprachen im allgemeinen und die der Ausräumung von Verständigungsproblemen im besonderen auf. Es wird zwischen "unanschaulichen Beschreibungs-Modellen" und "anschaulichen Gebilde-Modellen" unterschieden (nach dem in Abschnitt 1.2 Gesagten also zwischen 'links-hirn-hälftigen' bzw.'rechts-hirn-hälftigen' Beschreibungsmodellen). Die sehr apodiktisch wirkende Betonung der "weitaus größeren Relevanz von Beschreibungsmodellen" (S.

119) verkennt leider die im nächsten Kapitel behandelten Möglichkeiten exakter graph/ischer/theoretischer Methoden.

Ausgehend von einem zu automatisierenden System der objektiven Realität führt der Informatiker eine Kette von Modellkonstruktionen durch, bis er zu einem auf einer Rechenanlage ablauffähigen Modell (des Realitätsausschnittes) kommt. Informatiker unterscheiden sich in ihrer Güte dadurch, was sie vom Ausgangssystem modelliert oder übersehen haben. Das ablauffähige Modell muß sich also zum Original korrelieren lassen.

Aber nicht nur das! Jeder Übergang von einem zum anderen (Zwischen)Modell sollte eine Konsistenzprüfung zulassen. Bei vielen Modellbeschreibungen ist dies nicht möglich, weil 'syntaktische Brüche' die semantische Prüfung erschweren oder gar verhindern. Was fehlt ist eine Abstimmung der Werkzeuge aufeinander.

Die Welt der Softwaretechnologie hat nicht die Kohärenz anderer Ingenieurwissenschaften, wie z.B. der Automobilbau, bei dem die Anforderungen an das Produkt relativ gleichförmig bleiben. Dem Softwaretechniker kann es passieren, daß er flexibel in den verschiedensten Bereichen reagieren muß, was erhöhte Anforderung an die Kreativität stellt.

/PESCHANEL/ und /MOLZBERGER/ zitieren diverse Untersuchungen über "exzellente Programmierer". Sie fragen danach, was deren Meisterschaft ausmacht. Es scheint solchen Personen zu gelingen, bei der Softwareerstellung eine Synthese zwischen formalem, mechanischem Handeln und nichtformalem, kreativem Tun herstellen zu können. (Sie sind also "whole-brained" und arbeiten mit beiden Hirnhälften.)

Über v. Neumann wird berichtet, daß er symbolische Adressierung des Speichers beim Programmieren für überflüssig hielt. Er konnte sich die numerischen merken. Doch auch für einen genialen Menschen wie ihn dürfte das (verkürzt wiedergegebene) Whitehead-Zitat aus Abschnitt 1.1 gelten: "... a good notation ... increases the mental power ...". In diesem Sinne befürworten /MOLZBERGER/ und /PESCHANEL/ einen extensiven Einsatz graphischer Darstellungsmittel bei der Softwareerstellung. Es liegen bereits gute Erfahrungen vor. Um nur ein Beispiel zu nennen: /FISCHER/, S. 270, berichtet über den Einsatz von SADT in einem Softwarehaus: "Wir sind der Überzeugung, daß für wesentliche Arbeiten

(Anm.: bei der Softwareproduktion) die Graphik ein nicht ersetzbares Instrument ist."

Von ähnlichen Erfahrungen im Bereich Büroautomation berichtet /GÖTTLER85/.

Die gesamte angesprochene Problematik kann so auf einen Nenner gebracht werden: Um qualitativ hochwertige Software zu produzieren, müssen für jeden Entwicklungsschritt geeignete Modellbeschreibungssprachen bereitgestellt werden, die sowohl hinreichend formal sind als auch die Bedürfnisse nach Kreativitätsunterstützung, Anschaulichkeit, etc. befriedigen.

In der Systemanalyse werden einige wenige brauchbare Diagrammsprachen zur Ideenkommunikation und Modellbildung eingesetzt. Für die Phasen Entwurf und Codierung sind ebenfalls graphische Darstellungsmittel entwickelt worden. Zu einigen wie HIPO, Struktogramme, Petri-Netze, kann man auch Editoren erhalten. Darüber hinaus gibt es ein paar erwähnenswerte Aktivitäten zur Entwicklung rein visueller Programmiersprachen, wie etwa GRADES (s. /SENGLER/). Insgesamt aber sind Defizite festzustellen, und die Frage drängt sich auf, warum es so wenige Initiativen sind. Nach /SAMMET/ sind für das Jahr 1977 166 'etablierte', gewöhnliche Programmiersprachen zu verzeichnen. Sicher sind seit dieser Zeit wieder einige obsolet geworden, aber andere, z.B. ADA, sind hinzugekommen. Die Zahl der Diagrammsprachen ist von einer ähnlichen Größenordnung aber weit entfernt. Es scheint, als ob die Verwendung und das Wissen um die Nützlichkeit von graphischer Modellbeschreibungssprachen noch in den Kinderschuhen steckt.

Sicher liegt es nicht daran, daß das Gebiet erst neu eröffnet wurde. Ideen waren vorhanden, darunter erstaunliche, "historisch" zu nennende Beispiele, die den Weitblick der Urheber dokumentieren.

In /CHRISTENSEN/ ist die graphische Programmiersprache AMBIT/G beschrieben. Anhand von Beispielen, darunter ein Kompaktifizierungsalgorithmus (also nicht gerade ein triviales Verfahren), wird gezeigt, wie man mit AMBIT/G programmiert. Die notwendigen Zeigerumsetzungen werden als Pfeilpositionsveränderungen graphisch notiert.

/DENERT/ ersetzt "Programme schreiben" durch "Programme zeichnen" und entwirft zusammen mit /FRANCK/ und /STRENG/ die Programmiersprache PLAN2D.

In /SCHNEIDER70/ wird auf S. 40 sogar schon von "syntaxgesteuerter Diagrammkonstruktion" (spezialisiert auf Flußdiagramme) gesprochen.

Man kann sich auch auf /KNUTH68a/ berufen, der auf S. 256f für den Entwurf von Datenstrukturen und Algorithmen empfiehlt "... it is helpful to draw 'before and after' diagrams and to compare them to see ...".

Nach allem bisher Gesagten nochmals die Frage, weshalb Diagrammtechniken diese stiefmütterliche Behandlung erfahren. Über die Gründe kann man nur Vermutungen anstellen.

Sicher waren die (mittlerweilen fallenden) hohen Hardwarekosten für graphische Datensichtgeräte ein Grund für den Mangel an Akzeptanz.

Möglicherweise wurde (und wird?) die Bedeutung der Diagrammtechniken nur einfach verkannt. Allerdings können /CHANG&ICHIKAWA&LIGOMENIDES/ oder /GORNY&TAUBER/ als Hinweise gewertet werden, daß sich das Bewußtsein zu ändern scheint und die Bedeutung von Diagrammtechniken allmählich erkannt wird.

Vielleicht aber gibt es bloß noch nicht die richtigen Werkzeuge, die die Verwendung von Diagrammsprachen leicht machen (oder überhaupt erst ermöglichen)!?! Für den Umgang mit herkömmlichen Programmiersprachen hat man brauchbare Arbeitsumgebungen geschaffen. Es gibt Compiler, die Programme in eine ausführbare Form übersetzen, und man hat auch für manche Sprachen spezialisierte Editoren. Lange Erfahrungen haben das Gebiet zu einer gewissen Reife gebracht. Die Probleme sind so gründlich analysiert (und gelöst) worden, daß man zwar noch verbesserungsfähige aber doch recht praktikable Hilfsmittel wie Compiler-Generatoren entwickeln konnte. Die Implementierung zumindest eines Compiler-Prototyps oder eines syntaxgesteuerten Editors für eine gewöhnliche Programmiersprache ist längst kein so mühevolles Geschäft mehr wie dereinst.

Für Diagrammsprachen mußten solche Konzepte erst noch entwickelt werden. Erst in letzter Zeit sind dabei Fortschritte gemacht worden, so daß es nicht mehr nötig ist, für jede Diagrammsprache einen ad-hoc-

Editor zu schreiben. Arbeiten mit demselben Ziel, wie es das vorliegende Buch verfolgt, aber mit völlig anderen Konzepten, werden in
/SOMMERVILLE&WELLAND&BEER/, /SZWILLIUS/ oder /TICHY&NEWBERY/ beschrieben.

Im nächsten Kapitel werden die theoretischen Grundlagen für die bereits in 1.1 erwähnte Graphtechnologie vorgestellt, die nicht nur bei
der Implementierung von Editoren für eine möglichst große Klasse von
Diagrammsprachen, sondern auch als allgemeines 'Denkzeug' von Nutzen
ist. Vielleicht erringt diese Technik wenigstens für das Gebiet der
Diagrammsprachen einmal einen ähnlichen Stellenwert wie Compiler-Generatoren für gewöhnliche Programmiersprachen und steigert so die Expe-
rimentierfreude auf einem solchen zukunftsträchtigen Feld.

2 Formale Grundlagen

Zusammenfassung:

Mit einem Kalkül – graphisch oder alphanumerisch – zu arbeiten heißt, nach den syntaktischen Regeln des Kalküls aus einfachen Zeichen komplexe zu bilden. In graphischen Kalkülen, kurz "Diagramme" genannt, sind die einfachen Zeichen Kästen, Pfeile, Text, etc. Abstrahiert man von der Gestalt dieser einfachen Zeichen und spricht z. B. nur von "graphischen Objekten", die in geometrischen Relationen wie "liegt in" zueinander stehen, kann man die Diagramme 'in erster Näherung' als Graphen repräsentieren. Die Bestandteile eines Diagramms sind die Knoten, und die Relationen werden durch die Kanten dargestellt. Veränderungen des Diagramms drücken sich in Veränderungen des Repräsentationsgraphen aus und vice versa.

Graphgrammatiken haben sich als Mittel bewährt, strukturelle Veränderungen von Graphen zu beschreiben. Um die Analogie zwischen Ableitungsregeln gewöhnlicher Grammatiken und den Strukturänderungsregeln von Graphgrammatiken deutlich werden zu lassen, werden im Abschnitt 2.1 die wichtigsten Begriffe aus der Theorie der Formalen Sprachen kurz eingeführt und Hinweise auf mögliche Erweiterungen gegeben.

Der Abschnitt 2.2 geht auf den Ableitungsbegriff von Graphgrammatiken ein. Wichtigste Voraussetzung ist eine Definition für Strukturveränderungsregeln bei Graphgrammatiken. Hier gibt es nicht nur wie im Zeichenkettenfall eine linke Seite, die eine in einem Graphen zu ersetzende Teilstruktur kennzeichnet, und eine rechte Seite, die einen einzusetzenden Graphen beschreibt, sondern auch eine dritte Komponente, die eindeutig festlegt, wie der Rest des Graphen

nach Herausnahme der linken Seite mit der eingesetzten rechten Seite zu verbinden ist. Für die praktische Verwendung
von Graphoperationen ist neben einer exakten theoretischen
Fundierung auch eine effiziente Implementierbarkeit wichtig.
Auf diese Aspekte wird in 2.2 ebenfalls eingegangen.

Graphgrammatiken allein reichen aber nicht aus, wenn mit
ihnen ein Implementierungsrahmen für graphische Softwareentwicklungsmethoden gestaltet werden soll. Die Repräsentationsgraphen werden deshalb noch mit Attributen assoziiert,
die die nur 'ungefähren' geometrischen Relationen präzisieren. Damit wird z. B. die Plazierung von verwendeten Kästchen festgelegt. Die Probleme, die sich bei der Verwendung
von "attributierten Graphgrammatiken" auftun, schildert der
Abschnitt 2.3. Ganz besonders geht er ein auf die Übergabe
der Attributwerte zwischen einem Graphen und einer Graphoperation.

Eine einzelne Benutzeranweisung zur Manipulation eines
Diagramms kann eine so komplexe Strukturveränderung des Repräsentationsgraphen verlangen, die mit einer einzigen, noch
überschaubaren attributierten Graphoperation nicht mehr realisiert werden kann. Es erweist sich manchmal als notwendig,
eine Benutzeranweisung durch mehrere Graphoperationen zu modellieren, die in einer vorgegebenen Reihenfolge - also
'programmiert' - durchlaufen werden müssen. Der Abschnitt
2.4 behandelt diese Problematik.

*"Was Du ererbst von Deinen
Vätern, erwirb es, um es zu
besitzen!"*

(J. W. v. Goethe)

2.1 Attributierte Grammatiken

Beim Bemühen, für die Behandlung von graphischen Softwaretechniken
einen allgemeinen Rahmen zu definieren, sollen die dazu notwendigen
formalen Hilfsmittel schrittweise eingeführt werden. Es wird sich zeigen, daß die Strukturinformation eines Diagramms durch einen Kalkül
dargestellt werden kann, der einer Idee nachempfunden ist, die sich im
programmiersprachlichen Bereich bewährt hat. Dort wird eine kontextfreie Grammatik als Beschreibungsmittel für die Struktur von Zeichenketten benutzt und um einen Mechanismus erweitert, der es gestattet,
Eigenschaften (Attribute) der Zeichen in der betrachteten Zeichenkette
festzulegen.

Diese Idee geht auf /IRONS/ zurück und wurde von /KNUTH68b/ ent-
scheidend weiterentwickelt: Syntax wird als das Medium aufgefaßt, an
das man die Semantik 'hängen' kann. Dabei wird mit jedem Symbol, das
in einer mittels einer formalen Grammatik abgeleiteten Zeichenkette
auftaucht, eine 'Bedeutung assoziiert'. Es kann z.B. für eine auszuführende Aktion oder für eine zu geltende Relation stehen; es kann
aber auch ein Objekt bezeichnen.

Nicht zuletzt ist diese Vorstellung am natürlichsprachlichen Handeln orientiert. Tritt in einem Satz etwa das Wort "Schreibtisch" auf,
so will der Sprecher/Schreiber eigentlich nicht bloß die Folge 'S',
'c', 'h', 'r', 'e', 'i', ... erzeugen, sondern beim Hörer/Leser eine
(manchmal auch nur diffuse) Vorstellung von einem Objekt hervorrufen,

das als Büroarbeitsplatz dient. Die einzelnen Zeichen eines Satzes -
"Schreibtisch" soll in diesem Zusammenhang als ein (Super)Zeichen angesehen werden - stehen also nicht für sich selbst, sondern es ist
eine Bedeutung mit ihnen assoziiert, die i. a. auch von den Bedeutungen der Kontextzeichen beeinflußt sein kann. Die Assoziierung nennt
man "Attributierung".

Es wird sich als notwendig erweisen, Verallgemeinerungen der o.g.
Idee einzuführen. Zu diesem Zweck sollen die notwendigen Definitionen
aus dem Gebiet der Formalen Sprachen kurz wiederholt werden, um eine
gemeinsame terminologische Basis zu erarbeiten. Damit werden auch die
Parallelen zu den in späteren Abschnitten dieses Kapitels behandelten
Graphgrammatiken deutlich. Ausführlichere Darstellungen über "Attributierte Grammatiken" findet man etwa in den Büchern von /RECHENBERG&
MÖSSENBÖCK/ oder /WAITE&GOOS/, an denen sich die folgenden Anmerkungen
orientieren. Die einzuführenden Notationen haben sich für die Anwendung auf Graphgrammatiken bewährt.

Zunächst einige gebräuchliche Abkürzungen:
-- Eine endliche, nichtleere Menge heißt "Alphabet", z.B. $\{a,b,c\}$.
-- Die Elemente eines Alphabets heißen auch "Symbole".
-- a^n ist die "Kette" aus n gleichen Symbolen. Z.B. ist a^3=aaa.
-- ε ist die "leere Kette", d. h. sie besteht aus null Symbolen.
-- $a^+=\{a^n \mid n\geq1\}$. So ist $a^+=\{a,aa,aaa,...\}$.
-- $a^*=\{a^n \mid n\geq0\}$. Damit ist $a^*=\{\varepsilon\}\cup a^+$.
-- V^+ repräsentiert die (abzählbar unendliche) Menge aller nichtlee-
   ren Ketten über den Elementen von V. Ist $V=\{a,b,c\}$, dann ist
   $V^+=\{a,b,c,aa,ab,ac,ba,bb,bc,ca,cb,cc,aaa,aab,aac,\ aba,...\}$.
-- V^* steht für $V^+\cup\{\varepsilon\}$.
-- Elemente aus V^*, V^+ werden mit Buchstaben aus dem hinteren Teil
   des lateinischen Alphabets, s,t,u,v,w,x,y,z, bezeichnet.

Grammatik:
Eine Grammatik G ist ein Quadrupel $G=(N,T,P,S)$, wobei N, T und
P Alphabete sind, also nichtleere, endliche Mengen. Dabei repräsentiert N die "Nonterminalsymbole", T die "Terminalsymbole", P
die "Produktionen" (auch "Ableitungsregeln", "Syntaxregeln", "Er-
setzungsregeln" genannt). $S\in N$ ist das "Startsymbol" (manchmal auch
als "Satzsymbol" bezeichnet).

Weiterhin soll gelten: V=NUT, P$\subseteq$V$^+$×V*. Statt (v,w) für eine Ersetzungsregel zu schreiben, wird auch die Notation v -> w verwendet. Üblich ist dabei die Sprechweise: "v wird abgeleitet zu w", oder "v ist definiert als w". V heißt auch "Vokabular" (von G).

Gibt es mehrere "Alternativen" w, x, y, die aus v abgeleitet werden können, wird auch v -> w | x | y geschrieben, was als "v ist definiert als w oder x oder y" zu lesen ist.

Mittels einer Grammatik lassen sich, vom Startsymbol S ausgehend, Zeichenketten erzeugen. Der Erzeugungsvorgang wird auch 'Ableitung' genannt.

Ableitung:

Sei G eine Grammatik. Eine Zeichenkette w heißt "in G aus v "direkt abgeleitet" oder "w ist eine direkte Ableitung von v in G", bezeichnet v -» w, gdw. eine Regel s -> t existiert, mit: v=xsy und w=xty.

v "produziert" w oder w ist aus v "ableitbar", bezeichnet v -»* w , gdw. eine Folge von direkten Ableitungen existiert, mit: $V = v_0 -» v_1 -» v_2 -» \ldots -» v_n = w$.

Ist n>=1, wird v -»+ w geschrieben.

Gilt S -»* w , dann heißt w eine "Satzform". S selbst ist eine solche.

Die Menge aller Satzformen einer Grammatik G, die nur terminale Symbole haben, heißt "Sprache von G", bezeichnet L(G). Ein Element aus L(G) ist ein "Satz".

Ein Nonterminal A heißt "terminalisierbar", gdw. es in eine terminale Kette abgeleitet werden kann, d.h. A -»+ x , mit x$\in$T$^+$.

Ein Nonterminal A ist "erreichbar", gdw. es in einer aus S ableitbaren Satzform vorkommt, d.h. S -»* xAy .

Diejenigen Nonterminale einer Grammatik G, die nicht erreichbar oder nicht terminalisierbar sind, tragen zur Sprache L(G) nichts bei und sind demnach "überflüssig".

Eine Grammatik, die keine überflüssigen Symbole enthält, heißt "reduziert".

Der "Ableitungsbaum" für eine Zeichenkette w∈L(G) zeigt, über welche Schritte S −»* w ausgeführt wurde.

Beispiel (nach /KNUTH68b/): Die folgende Grammatik erlaubt die Ableitung von Dualbrüchen, die entweder aus einer Liste von Ziffern aus {0,1} besteht (und somit eine natürliche Zahl repräsentiert), oder aus zwei Listen, die durch einen Dezimalpunkt getrennt sind (echter Dualbruch):

```
G = ({D,L,Z},              <Nonterminale>
     {0,1,.},              <Terminale>
     {Z -> 0 | 1 ,         <Produktionen>
      L -> Z ,
      L -> LZ ,
      D -> L ,
      D -> L.L},
      D )                  <Startsymbol>
```

Die Zeichenkette 1101.01 hat den in Fig. 1   dargestellten Ableitungsbaum.

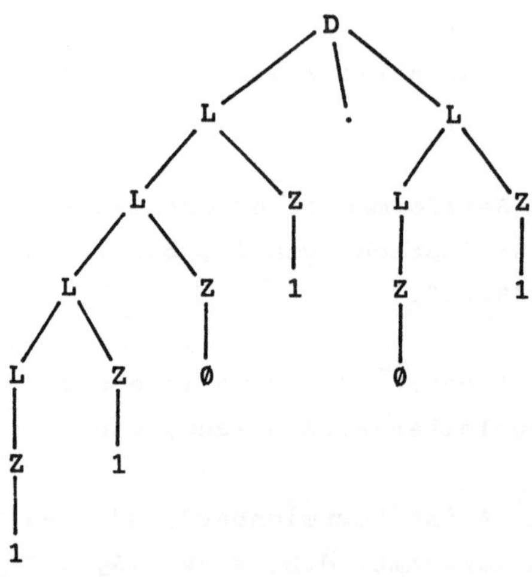

Fig. 1

Bisher wurden in der Definition für "Ableitung" keine Einschränkungen über die Gestalt der Produktionen gemacht. Klassische attributierte Grammatiken werden aber mittels "kontextfreier" Grammatiken definiert, bei denen die linke Seite einer Produktion nur aus einem Nonterminalsymbol bestehen darf. Es gibt einen guten Grund, sich auf diese Grammatiken zu beschränken. Sie sind einfach zu handhaben, ausdrucksfähig genug und obendrein ist auch das "Wortproblem" bei ihnen prinzipiell entscheidbar. D. h. es gibt Verfahren, die es gestatten festzustellen, ob eine gegebene Zeichenkette aus einer bestimmten Grammatik abgeleitet werden kann oder nicht. Genügen die Grammatiken noch weiteren Anforderungen, sind die Entscheidungsverfahren sogar recht effizient.

Im Rest des Abschnitts sollen nicht alle Details über 'attributierte Grammatiken' behandelt, sondern nur anhand des einfacheren Zeichenkettenfalls der Sachverhalt "Kopplung zusätzlicher (semantischer) Information an Zeichen" verdeutlicht werden. Bei der Erweiterung auf den Fall der Graphgrammatiken wird der Sachverhalt wieder auftreten.

Einer attributierten Grammatik liegt eine kontextfreie Grammatik G zugrunde. Jedem Symbol X aus dem Vokabular von G wird eine Menge $A(X)$ von "Attributen" zugeordnet. Sie repräsentieren die mit X assoziierten Werte. Ein Attribut a eines Symbols X wird mit $X.a$ bezeichnet. Es ist hilfreich, sich $X.a$ als eine Variable im programmiersprachlichen Sinn vorzustellen, bei der es noch Vorschriften bedarf, um die Werte zu bestimmen. Sei $p \in P$ eine Produktion. Für die in p auftretenden Symbole aus $N \cup T$ werden Berechnungsregeln angegeben. Tritt ein Symbol an mehreren Stellen auf (z.B. das L in $L \rightarrow LZ$), werden die verschiedenen Inkarnationen durch einen Index kenntlich gemacht. Die Werte der Attribute werden durch berechenbare Funktionen bestimmt, die "Attributierungsregeln" $R(p)$, mit $R(p) = \{X_i.a \leftarrow f(X_j.b, \ldots, X_k.c)\}$ für eine Produktion $p = X_\bullet \rightarrow X_1 \ldots X_n$. Neben den Attributierungsregeln kann es auch noch "Bedingungen" $B(p)$ geben, die für die Attribute der Symbole einer Produktion p gelten müssen. Die Bedingungen sind aussagenlogische Ausdrücke über der Menge der mit der Produktion assoziierten Attribute und finden im Abschnitt 2.3 eine analoge Verwendung wie die "Zusicherungen" bei der Programmverifikation.

Attributierte Grammatik:

Eine "attributierte Grammatik" ist ein Quadrupel $AG=(G,A,R,B)$. Dabei ist $G=(N,T,P,S)$ eine reduzierte kontextfreie Grammatik. $A=\bigcup_{X \in T \cup N} A(X)$ ist die endliche Menge der Attribute. $R=\bigcup_{p \in P} R(p)$ ist die endliche Menge der "Attributierungsregeln" und $B=\bigcup_{p \in P} B(p)$ die endliche Menge der "Bedingungen". Außerdem wird noch gefordert, daß aus $A(X) \cap A(Y) \neq \emptyset$ folgt, daß $X=Y$ ist. Für jedes Auftreten von X im Ableitungsbaum eines Satzes von $L(G)$ lassen sich die Attribute von X auf höchstens eine Weise berechnen.

Die Bedingung, daß die Attributmengen von verschiedenen Elementen aus dem Vokabular disjunkt sein müssen, findet man in manchen Lehrbüchern. Sie ist aber für das Prinzip nicht notwendig, sondern hat nur notationelle Gründe. Beispielsweise könnte das Attribut 'type' durchaus unter einem semantischen Aspekt mit zwei Symbolen X und Y assoziiert sein. Hier müßte man nach obiger Definition etwa 'type1' und 'type2' schreiben. Nimmt man das Symbol mit hinzu, kann man Eindeutigkeit durch $X.type$ und $Y.type$ erreichen.

Beispiel (Fortsetzung): Zu der o. g. Grammatik zur Ableitung von Dualbrüchen werden jetzt noch Attributierungen angegeben, mit deren Hilfe aus den Dualbrüchen die äquivalenten Dezimalbrüche errechnet werden können.

$Z \to 0$	$Z.wert \gets 0$	(Der Wert, der mit Z bei der Ableitung in das Zeichen '0' assoziiert wird, ist die (dezimale) 0)
$Z \to 1$	$Z.wert \gets 1$	(analog für '1')
$L \to Z$	$L.Wert \gets Z.wert$	(Das Attribut von L ist absichtlich aus den o. g. formalen Gründen zur Unterscheidung mit großem Anfangsbuchstaben geschrieben.)
	$L.stellen \gets 1$	
$L_1 \to L_2 Z$	$L_1.Wert \gets 2*L_2.Wert+ Z.wert$	($L_1.Wert$ errechnet sich, wie zu erwarten ist, aus den füh-

renden Binärstellen plus der
aktuellen Stelle.)

L_1.stellen <-
    L_2.stellen + 1   (Bei jeder Anwendung der Pro-
duktion kommt eine Binärstelle
hinzu.)

$D \to L$ D.WErt <- L.Wert   (Hier wird der Wert einer
Dualzahl ohne Bruchteil be-
rechnet.)

$D \to L_1.L_2$ D.WErt <- L_1.Wert +   (Zum Wert des Ganzteils
    L_2.Wert/2**L_2.stellen   des Dualbruches kommt noch der
Bruchanteil hinzu.)

Wird der linke untere Teil des Syntaxbaums aus Fig. 1 noch mit
den Attributen dekoriert, ergeben sich die in Fig. 2 dargestellten
Rechenvorschriften. Hier wird durch die Position im Syntaxbaum die
Zusammengehörigkeit der Auswertungsergebnisse und durch die ge-
strichelten Linien der Substitutionsvorgang zum Ausdruck gebracht.

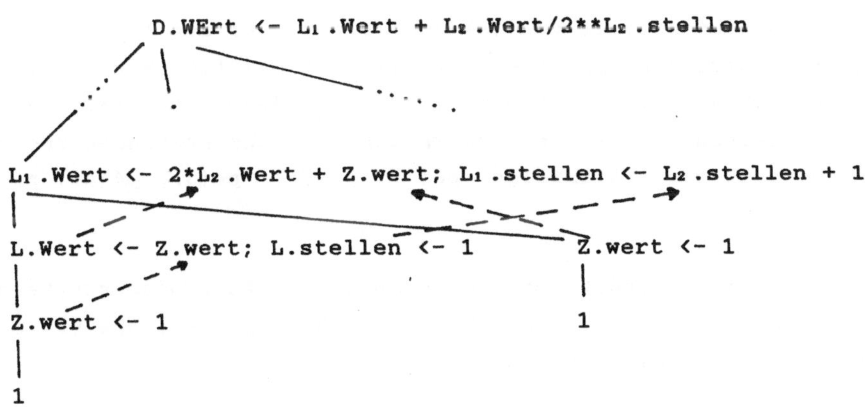

Fig. 2

Um die Vorgänge explizit zu machen und um zu demonstrieren,
wie später der Mechanismus für den Fall der attributierten Graphgrammatiken bei der noch zu beschreibenden Implementierung aus-

schaut, werden die Produktionen in der aufgeführten Reihenfolge
mit p1,...,p6 durchnumeriert. Wird die Produktion pj beim i-ten
Ableitungsschritt angewandt, wird dies durch pj(i) notiert. Mit
diesen Kennzeichnungen als Präfixen läßt sich die folgende Wertzuweisung aufstellen, die sich durch die Anwendung der Produktion
p6 auf das Startsymbol D ergibt:

$$p6(1).D.WErt \leftarrow p6(1).L_1.Wert + p6(1).L_2.Wert/2{**}p6(1).L_2.stellen$$

Da das Präfix für jedes Attribut auftaucht, soll es der Übersichtlichkeit wegen nur am Anfang der Zeile geschrieben werden,
also

(a)   p6(1): $D.WErt \leftarrow L_1.Wert + L_2.Wert/2{**}L_2.stellen$

Angenommen, der Ableitungsbaum wurde dadurch erstellt, daß die
Ableitung des Nonterminals zuerst durchgeführt wird, das am weitesten links (unten) steht. In diesem Fall wäre es das L_1, das aus
der Regel D -> $L_1.L_2$ entstanden ist. Durch Anwendung von p4 als
zweiten Schritt ergibt sich:

(b)   p4(2): $L_1.Wert \leftarrow 2{*}L_2.Wert + Z.wert$

Die Verbindungsstelle von (a) und (b) ist aus der Anwendung der
Produktion abzulesen: $p6(1).L_1.Wert$ ist mit $p4(2).L_1.Wert$ zu identifizieren. Analog verfährt man mit den anderen in Fig. 1 ange-
führten Ableitungen. Zu den am weitesten links stehenden Zweigen
gehört demnach die Präfixfolge p6(1), p4(2), p4(3), p4(4), p3(5)
und p2(6).

Auf diese Weise erhält man eine Menge von Attributauswertevorschriften, i. a. vereinigt mit der Menge von Bedingungen, die bei manchen Anwendungen noch hinzukommen.

Man kann somit attributierte Grammatiken als *Erzeugungsmechanismen
für Rechenvorschriften* ansehen. Es ergeben sich Anweisungen wie in (a)
und (b), die zunächst in beliebiger Reihenfolge aufgelistet sein können. Eine systematische Vorgehensweise wäre, die Auswertevorschriften
und Bedingungen zunächst in der Reihenfolge aufzuschreiben, wie die
mit ihnen assoziierten Produktionen angewandt wurden.

Dabei wird aber bald deutlich, daß sich die Attribute gewöhnlich dann nicht in der Reihenfolge auswerten lassen, in der die Auswertevorschriften aufgelistet sind. Es kann vorkommen, daß bei der Auswertung einer Vorschrift Werte erforderlich sind, deren Berechnung erst noch folgt. Faßt man die Attributauswertung als ein Programm auf, wäre eine PASCAL-ähnliche, imperative Programmiersprache, bei der die Anweisungen in der angegebenen Reihenfolge abzuarbeiten sind, nicht geeignet. Man müßte erst explizit eine Umordnung so vornehmen, daß der Wert eines Attributs zur Verfügung steht, wenn er bei der Berechnung eines anderen Wertes benötigt wird. Dazu mehr im Unterabschnitt 4.3.6. Attributauswertung mit dem regelbasierten PROLOG wäre besser geeignet, denn das Programm könnte sich den Weg durch das Dickicht der Auswertevorschriften selbst suchen (vorausgesetzt natürlich, es gerät nicht in eine Endlosschleife). Allerdings sind PROLOG-Programme bei einer solchen Anwendung sicher zu langsam. Eine Programmiersprache wie LISP stellt einen Kompromiß zwischen den beiden Extremen dar. Deshalb wurde eine LISP-Implementierung für die attributierten Graphgrammatiken gewählt (vgl. Abschitt 4.3).

Die angeführte Problematik läßt sich sehr schön mit dem "Attributabhängigkeitsgraphen" demonstrieren. Er wird konstruiert, indem von einem Attribut X.a ein Pfeil zum Attribut Y.b gezeichnet wird, wenn X.a in der rechten Seite der Berechnungsvorschrift für Y.b steht. Der Attributhängigkeitsgraph läßt sich aus den Attributabhängigkeiten der einzelnen Produktionen erstellen.

Es ist trivialerweise notwendig, daß der Attributabhängigkeitsgraph keine Zyklen aufweist. Ist die Grammatik so konstruiert, daß alle Attribute an allen Knoten in allen möglichen Ableitungsbäumen berechnet werden können, ist die Grammatik "wohlgeformt". Ob die Grammatik wohlgeformt ist, läßt sich für den allgemeinen Fall nur durch ein aufwendiges Verfahren feststellen. /JAZAYERY&OGDEN&ROUNDS/ beweisen, daß das 'Zirkularitätsproblem' relativ zur Größe der Grammatik vom zeitlichen Aufwand her intrinsisch exponentiell ist, d. h. es gibt keinen Algorithmus mit akzeptabler Laufzeit, der entscheiden kann, ob eine beliebige attributierte Grammatik zirkulär ist.

Der Attributabhängigkeitsgraph läßt sich als Repräsentierung der partiellen Ordnung auffassen, die den Auswertevorschriften bzgl. Reihenfolge zugrunde liegt. /KNUTH68a/ (Bd. 1, Kapitel 2.2.3) beschreibt, wie durch 'topological sorting' die partielle Ordnung in eine lineare

34

eingebettet werden kann. Nach einer solchen Umsortierung, bei der das
definierende Auftreten vor dem angewendeten erzwungen werden kann,
steht der Wert bei Bedarf zur Verfügung.

Das Zirkularitätsproblem läßt sich mit weniger Aufwand lösen und
die Effizienz der Regelauswertung steigern, wenn man die absolute
Freiheit einschränkt, die man bei der Attributierung in den Produktionen zunächst hat. Man wählt die Attributabhängigkeiten so, daß sich
mit der Anwendung der Produktion gleich die Auswertereihenfolge ergibt. Ein Teil der Arbeiten auf dem Gebiet der attributierten Grammatiken beschäftigt sich mit der Frage, wie dafür die Attributabhängigkeiten innerhalb der einzelnen Produktionen zu wählen sind. Die analoge Problematik wird bei den Graphgrammatiken wieder auftreten.

Man kann die Attribute unter dem Gesichtspunkt einteilen, ob ihr
Wert im Syntaxbaum 'von unten nach oben' berechnet wird oder umge-
kehrt. Im ersten Fall, wenn also das Attribut eines Symbols X nur aus
den Attributen der aus X abgeleiteten Symbole berechnet wird, spricht
man von "synthetisierten" Attributen; im zweiten Fall, z.B. bei einer
Produktion X -> uYv , spricht man von einem "geerbten" Attribut, wenn
ein Attribut von Y aus Attributen von X, u, v bestimmt wird. Bei den
Graphgrammatiken wird eine entsprechende Analogie Schwierigkeiten machen.

Bislang wurden nur kontextfreie attributierte Grammatiken betrachtet. Ein kleines Beispiel soll verdeutlichen, daß das Konzept der Attributierung von Symbolen einer Grammatik nicht nur auf den kontextfreien Fall angewandt werden kann. Dabei ist beabsichtigt, einen Vor-
geschmack darauf zu geben, wie später mittels attributierter Graphgrammatiken Diagramme erstellt werden können.

Für das folgende wird angenommen, daß ein Verfahren beschrieben
werden soll, wie man konstruktiv synchron (!) zwei Kreise aus Geraden-
stücken auf einem Kurvenschreiber mit zwei Stiftehaltern zeichnet.

Was eigentlich recht einfach klingt, ist ein komplexer Vorgang, der
genauer betrachtet werden muß, da die dazu notwendigen Überlegungen
grundlegend für die gesamte vorliegende Arbeit sind: Auf dem Papier
wird eine Reihe von Strichen erzeugt. Das ist ein physikalisch-techni-
sches Geschehen, bei dem Materie (Tinte) mit anderer Materie (Papier)
in Verbindung gebracht wird. Elektrisch angetriebene Schrittmotoren

führen die Bewegungen aus. Auf einer höheren Abstraktionsebene ist dieser physikalisch-technische Vorgang nicht mehr von Bedeutung. Die Materiekonglomerate werden zu geometrischen Objekten. 'Als solche' sind sie aber nur ansprechbar (und deshalb 'existent'), wenn sie bezeichnet werden. /KAMLAH&LORENZEN/ drücken diese Notwendigkeit so aus (S. 44): "'Die Welt' hingegen 'besteht' nicht aus Nukleonen und Elektronen, und sie besteht schon gar nicht aus 'Gegenständen', als seien diese so etwas wie die 'Atome' unserer Welt. Vielmehr nur wo menschliche Rede ist, werden Gegenstände von anderen Gegenständen unterschieden.". 'Rede' besteht in erster Linie aus Syntax, und es bedarf einer Syntax für die Benennung (Existentmachen?) der auf dem Papier erzeugten geometrischen Objekte, damit man mit ihnen umgehen kann.

Es ist jetzt nur noch ein kleiner Schritt, den Vorgang der geschilderten Kreiserzeugung auf einer logischen Ebene mit einer Grammatik zu beschreiben.

Zwei graphische Objekte K1 und K2 sind also auf eine Zeichnung Z zu bringen. Dies kann mit der Produktion Z -> K1 K2 zum Ausdruck gebracht werden. Die Mittelpunkte der Objekte sollen relativ zu einem gegebenen Koordinatensystem z.B. bei (5,5) bzw. (15,5) liegen. Dazu wird ein Attribut M für K1.M <- (5,5) und K2.M <- (15,5) benötigt. Jeder Kreis wird von einem Startpunkt aus Teilstücken zusammengesetzt. Ein Inkrement korrespondiert zu einer Produktion K1 K2 -> t_1 K1 K2 t_2 . Für die korrekte Positionierung der t als Vektoren wird als Attribut ihr Anfangspunkt A eingeführt und durch folgende Gleichungen bestimmt, bei denen r der (vordefinierte) Radius ist; phi ist der Winkel, der um eine Konstante delta inkrementiert wird, und anfangs den Wert 0 hat; "+" steht für komponentenweise Addition:

```
t₁.A <- K1.M + (r*cos(K1.phi),r*sin(K1.phi));
t₂.A <- K2.M + (r*cos(K2.phi),r*sin(K2.phi));
K1.phi <- K1.phi+delta;
K2.phi <- K2.phi+delta;
```

Als Abschlußproduktion kann man die für die Kreise stehenden nichtterminalen Symbole K1 K2 noch löschen, also K1 K2 -> ε. Man beachte, daß ';' in den Anweisungen für die Berechnung von t_1.A, t_2.A, K1.phi und K2.phi angibt, daß die Vorschriften sequentiell ausgeführt werden müssen.

Die Sprache dieser Grammatik sind Kreisbögen mit dem Radius r um
(5,5) und (15,5), s. a. Fig. 3. Die Ableitungen lassen sich - wie es
Fig. 4 zeigt - als "Hyperbäume" (siehe /BERGE/) darstellen.

Fig. 3

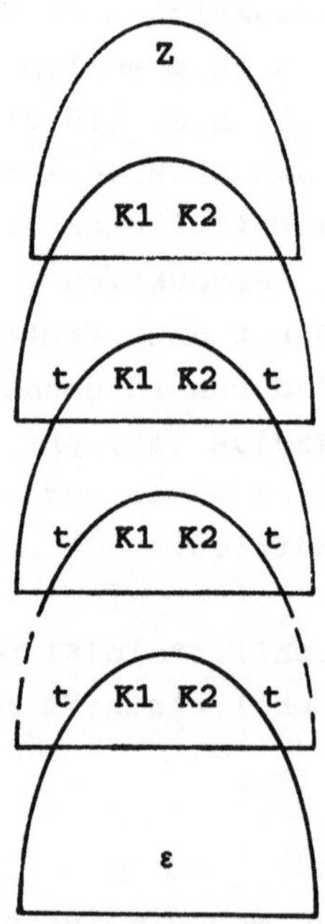

Fig. 4

Man kann die Erzeugung der Kreisbögen auch durch eine kontextfreie
Grammatik beschreiben. Dann sind die einzelnen Geradenstücke in einer
nichtdeterministischen Weise erzeugbar, was der Vorschrift der syn-
chronen Erzeugung widersprechen würde. Deshalb gibt die angegebene
Grammatik das, was zu tun ist, besser wieder, denn sie besagt, daß es
zwei Objekte sind, K1 und K2, die gleichzeitig zu manipulieren sind.

*"Vor den Erfolg setzten den
Schweiß die unsterblichen Götter."*

(nach Hesiot)

2.2 Effiziente Graphgrammatiken

Seit der ersten Veröffentlichung von /CHOMSKY/ vergingen nur wenige Jahre, bis Grammatiken, wie sie im Abschnitt 2.1 beschrieben werden, für die Definition der Syntax von Programmiersprachen verwendet wurden. Nach /SCHNEIDER81/ (S. 23) leisteten die Sprachen der ALGOL-Familie den stärksten Beitrag hierzu, besonders die formale Definition von ALGOL 60 (im Jahre 1960). Mittlerweilen ist der Einsatz von Grammatiken eine Standardmethode bei der Beschreibung der Syntax von Zeichenketten geworden. Es dauerte aber fast ein Jahrzehnt, bis der Gedanke des Generierens von Zeichen durch Ersetzungssysteme vom eindimensionalen Fall der Zeichenketten auf Graphen verallgemeinert wurde. Die wichtigsten Prinzipien hierzu werden im folgenden zusammengestellt.

Zwei Publikationen kennzeichnen den Anfang des Übergangs von gewöhnlichen Grammatiken zu Graphgrammatiken. /PFALTZ&ROSENFELD/ prägten den Begriff der 'web grammars' und unabhängig von dieser Arbeit entstand gleichzeitig /SCHNEIDER70/, wo der Ableitungsbegriff für einen Graphen mittels Produktionen erstmals exakt für allgemeine Graphklassen definiert wurde.

Die Literatur zu diesem Thema schwoll beachtlich an. Der Stand bis etwa 1979 ist in /NAGL79/ zusammengefaßt. Seither gab es noch drei internationale Konferenzen zu diesem Thema, vgl. /CLAUS&EHRIG&ROZENBERG/, /EHRIG&NAGL&ROZENBERG83/ und /EHRIG&NAGL&ROZENBERG87/.

Angesichts der umfangreichen Publikationstätigkeit zum Thema Graphgrammatiken und Verwandtes - die Literaturübersicht in /EHRIG&NAGL&
ROZENBERG83/ nennt fast 500 Titel (Stand 1982) - mag es verwundern,
daß sie nach mehr als 15 Jahren nicht die breite Akzeptanz erfahren
haben wie die gewöhnlichen Grammatiken. Zwei Gründe scheinen dafür
verantwortlich zu sein: Erstens ist der Umgang mit Graphgrammatiken
weitaus schwieriger als mit gewöhnlichen; Definitionen, Theoreme und
Beweise sind meist komplizierter. Zweitens wurde derzeit im Anwendungsbereich noch kein überzeugender Durchbruch mit Graphgrammatiken
erzielt. Das mag auch daran liegen, daß es z.B. keine effiziente Implementierung von Graphgrammatiken gab, etwa für die 'Wirkung' einer
Produktion auf einen Graphen. Es ist auch keine Anwendung bekannt, bei
der Graphgrammatiken als geistiges Hilfsmittel bei der Problemlösung
dienten, und der unvoreingenommene, zwar nicht zu den Jüngern der
Graphgrammatikgemeinde gehörende aber gutwillige Betrachter davon zu
überzeugen war, daß sie zweckdienlicher als irgendeine andere Methode
wären. Die vorliegende Arbeit wird (hoffentlich) einen Beitrag zur
Verbesserung der Akzeptanz leisten und auch Skeptiker davon überzeugen, daß der Aufwand zum Erlernen des Umgangs mit Graphgrammatiken eine gute Investition ist.

Bevor die formalen Definitionen für Graphgrammatiken angegeben werden, soll ein Beispiel die Problematik veranschaulichen. Wir nehmen
zunächst der Einfachheit halber an, daß Graphen, wie sie die Fig. 1
zeigt, aus 'Knoten' und 'Kanten' bestehen, die durch Kreise bzw. Pfeile repräsentiert werden. Die Knoten und Kanten tragen 'Markierungen',
die meist durch Buchstaben dargestellt sind. Um die einzelnen Objekte
eines Graphen benennen zu können, werden 'Bezeichner' verwendet. In
den meisten Fällen sind es Zahlen. Es werden aber nur die Knoten explizit bezeichnet; Bezeichnungen von Kanten ergeben sich implizit.

Wie bei gewöhnlichen Grammatiken zu sehen ist, gibt es keine Ver-
ständnisprobleme, wenn man sagt: "Ersetze in der Zeichenkette 'abc'
das 'b' durch 'de'!", was 'adec' als Resultat hat. Gewöhnlich macht
man sich bei diesem eigentlich trivialen Vorgang aber nicht klar, daß
sich an der Topologie der Rumpfzeichenkette 'a c' etwas geändert hat:
In der abgeleiteten Zeichenkette sind die beiden Buchstaben weiter
voneinander entfernt; sie sind nun durch zwei Zeichen getrennt. Man
führt beim Ableiten von Zeichenketten genau genommen ein ständiges
Platzschaffen und Zusammenschieben von Zeichenfolgen durch. (Das Aufschreiben der abgeleiteten Zeichenkette von links nach rechts ist

nicht der Ersetzungsvorgang, sondern nur das Notieren des Endergebnis-
ses. Wenn man diesen Gedanken zu Ende denkt, handelt es sich bei 'a'
in 'abc' und 'adec' zwar um das 'gleiche', aber nicht um das 'selbe'
'a'.)

Gerade diese Fragestellung, wie man von inem Graphen Teile weg-
nimmt und neue hinzufügt, so daß das Ergebnis eindeutig ist, wird zur
inhärenten Problematik bei Graphersetzungssystemen. Dazu betrachte man
Fig. 1. Dort soll der mit a markierte und mit 1 bezeichnete Knoten aus
dem Graphen g herausgenommen und durch den Graphen in Fig. 2 ersetzt
werden. Wie fügt man, s. Fig. 3, den hinzugekommenen Graphen mit dem
Restgraphen zusammen?

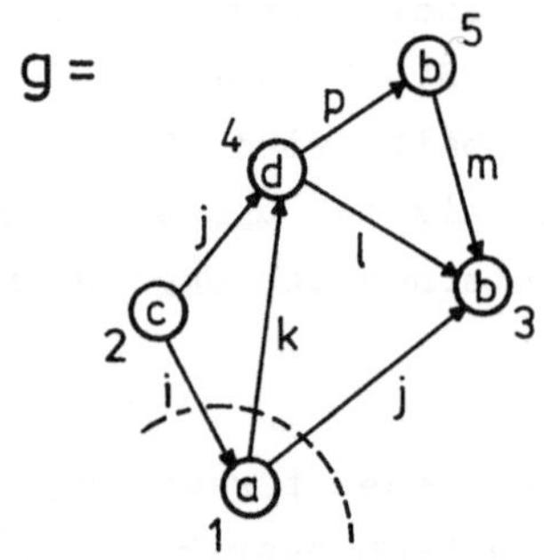

Fig. 1

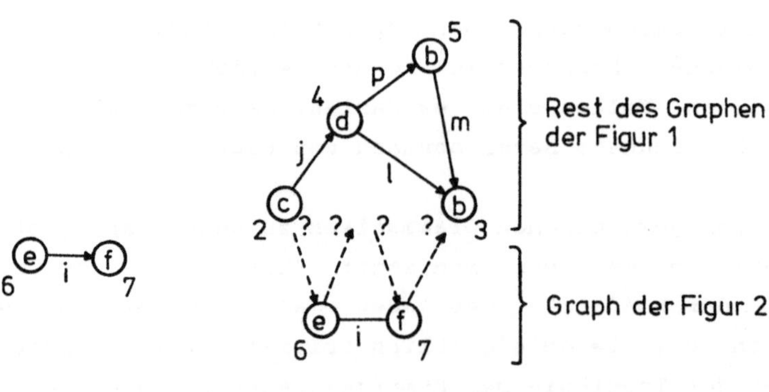

Fig. 2   Fig. 3

Eine Graphersetzungsregel muß also wenigstens drei Komponenten um-
fassen: Erstens die 'linke Seite', die bestimmt, welcher Teil des zu

verändernden Graphen ersetzt werden soll, zweitens die 'rechte Seite', die angibt, was zum Restgraphen neu hinzukommen soll, und drittens eine Komponente, die festlegt, wie die beiden Teile zusammengefügt werden sollen (später "Einbettungsvorschrift" genannt).

Für die Darstellung einer Graphersetzungsregel dient - wie könnte es anders sein - auch ein Graph. Es wird zunächst das Zeichen Y als 'Konnektor' (oder 'Separator') verwendet, um die drei erwähnten Teile sichtbar zu machen; vgl. dazu auch Fig. 4. Diese Notation wurde bereits in /GÖTTLER77/ eingeführt.

Im Prinzip könnte jeder Graph als Graphersetzungsregel dienen. Seine Wirkung bei einer Ableitung ist davon abhängig, wie seine Knoten den drei Teilen zugeordnet werden. Es gibt allerdings eine Einschränkung: Ein Graph darf nicht so auf die drei Komponenten des Konnektors verteilt werden, daß Kanten zwischen der linken und der rechten Seite des Y auftreten können! Die Regel r, die in Fig. 4 dargestellt ist, wird nun auf den Graphen in Fig. 1 in folgender Weise 'angewendet', was schließlich den Graphen g' in Fig. 5 zum Ergebnis hat.

Wenn man im Graphen g die linke Seite von r *nicht* findet, ist man fertig. Der (alte) Graph g ist das Ergebnis der Ableitung.

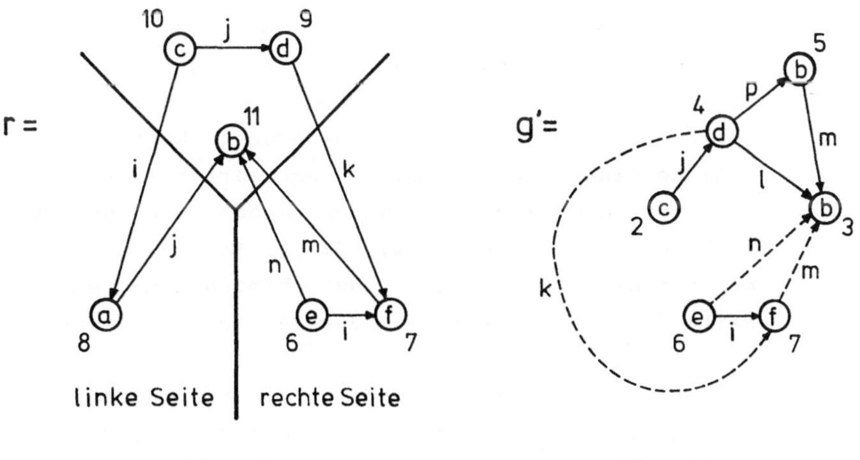

Fig. 4   Fig. 5

Wenn man im Graphen g die linke Seite von r findet, also im Beispiel den Knoten 8 mit der Markierung a, konstruiert man den abgeleiteten Graphen g' so:

(1)   Man nehme den 'Restgraphen' von g, einen Graphen, der gleich g ist, bis auf den Knoten 1 (allgemein: bis auf einen zur linken Seite von r isomorphen Teilgraphen) sowie den Verbindungskanten zwischen Knoten 1 und den anderen Knoten.

(2)   Nun fügt man zu dem bereits partiell gebildeten g' die rechte Seite von r hinzu. Damit liegt ein nicht zusammenhängender Graph vor mit mindestens zwei 'Zusammenhangskomponenten'.

Ist Schritt (3) nicht ausführbar, ist man fertig. g' hat die Gestalt nach Schritt (2), also die Vereinigung vom Restgraphen und der rechten Seite von r.

(3)   Man betrachtet jetzt unabhängig voneinander die Kanten von r, die durch den rechten Aufstrich des Y geschnitten werden. In Fig. 4 sind es die mit k, m, und n markierten Kanten. Die Interpretation von r verlangt folgende Aktionen:

(3k)   Betrachte g in Fig. 1 und suche einen Knoten, der sowohl mit d markiert als auch vom Knoten 1 aus erreichbar ist, indem man von 1 ausgehend einen einlaufenden Pfeil mit Markierung i sucht, der von einem Knoten mit der Markierung c ausgeht. Im Beispiel ist das der Knoten 2. Von dem so gefundenen Knoten gehe man entlang einer solchen mit j markierten Kante, die in einem mit d markierten Knoten endet. So gelangt man schließlich zum Knoten 4. Dieser Knoten wird mit dem mit f markierten Knoten 7 der hinzugenommenen rechten Seite durch eine Kante mit der Markierung k verbunden.

(3m)   Man geht zurück zu g und sucht einen Knoten, der mit b markiert und mit dem Knoten 1 durch eine mit j markierte Kante verbunden ist. Dies ergibt den Knoten 3. Zu diesem Knoten wird eine mit m markierte Kante vom mit f markierten Knoten 7 hinzugefügt.

(3n)   Für die mit n markierte Kante in r wird eine analoge Suche wie in (3m) durchgeführt. Damit erhält man wieder

den Knoten 3, zu dem vom mit e markierten Knoten 6 eine
Kante mit der Markierung n gezogen wird.

Es ist wichtig zu beachten, daß bei Graphgrammatiken die Anwendung
einer Produktion auf einen Graphen (meist) so definiert ist, daß die
Ersetzung eines zur linken Seite von r äquivalenten Untergraphen von g
stets stattfindet, wenn es mindestens ein Vorkommen eines solchen Untergraphen gibt. Sind mehrere vorhanden, wird eine nichtdeterministi-
sche Auswahl getroffen. Die Verbindungskanten zwischen dem Restgraphen
und der neu hinzukommenden rechten Seite werden aber nur dann gezogen,
wenn die Bedingungen erfüllt sind, wie sie die Beispiele im Schritt 3
erläutern. Treten Knoten wie der mit b markierte und mit 3 bezeichnete
im Restgraphen mehrfach auf, werden alle so gefundenen mit dem entsprechenden Knoten der hinzugefügten rechten Seite verbunden.

(Es sei gleich vorweggenommen: Die Untergrapheigenschaft wird nicht
gefordert; es genügt, daß die linke Seite Teilgraph ist. Mehr darüber
später.)

Sei $f:A\longrightarrow B$ eine Funktion von A nach B. Unter dem 'Graphen von f'
versteht man gewöhnlich die Teilmenge $\{(a,f(a)) \mid a\in A\}$ des kartesi-
schen Produkts $A\times B$, die durch f ausgezeichnet wird. Da die Verwendung
dieses Begriffs im folgenden Verwechslungen mit dem bereits informal
eingeführten ergeben könnte, wird er besser nicht benutzt. Die o.g.
Menge soll 'Spur von f' heißen (Abk.: sp(f)) und charakterisiert anschaulich die Repräsentierung einer reellen Funktion in einem kartesi-
schen Koordinatensystem. (Im allgemeinen Fall würde demnach sp(r) ei-
ner n-stelligen Relation $r\subseteq A_1\times A_2\times\ldots\times A_i\times\ldots\times A_n$ die durch r ausgezeich-
neten n-Tupel benennen und somit für r selbst stehen.) $sp_i(r)$ bezeich-
ne die Teilmenge von A_i, die durch r betroffen ist, also
$$sp_i(r)=\{x \mid x\in A_i \ \wedge \ (a_1,a_2,\ldots,x,\ldots,a_n)\in r \ \wedge \ a_j\in A_j\}.$$

Die vorstehende, heuristische Konstruktion wird im folgenden formal definiert. Zunächst der Kernbegriff:

Graph:

Ein Quadrupel $g=(B,I,K,M)$ heißt "markierter Graph" oder auch
nur kurz "Graph" gdw. B eine endliche Menge von "Knotenbezeichnern" (meist nur kurz "Knoten" genannt), M eine endliche Menge
von "Markierungen", $K\subseteq B\times B\times M$ die Menge der (markierten) "Kanten"
sowie $I:B\longrightarrow M$ eine Funktion ist, die den Knoten eine Markierung

zuordnet. Für die Markierungen soll außerdem gelten $M=sp_2(I) \cup sp_3(K)$.

Für kein $k \in K$ ist $k=(b,b,m)$ mit $b \in B$ und $m \in M$.

Die einzelnen Komponenten eines Graphen g werden sowohl durch Indexschreibweise, wie B_g oder I_g, als auch durch 'funktionale' Notation, wie $K(g)$ oder $M(g)$, benannt.

Die Graphen, die in der vorliegenden Arbeit auftreten, sind 'schlingenfrei', d. h. es gibt keine Kante, die denselben Knoten als Ausgangs- und Endknoten hat. Dies bringt für die Definitionen im folgenden gewisse Vereinfachungen und ist keine gravierende Einschränkung für die in dieser Arbeit betrachteten Anwendungen. Die oben definierten Graphen sind gerichtete Graphen und werden manchmal auch Digraphen (= directed graphs) genannt. Ihre Knoten und Kanten sind markiert. Die Markierung eines Knotens wird bei graphischen Darstellungen, wie es z.B. Fig. 5 zeigt, meist in den Kreis hineingezeichnet, der den Knoten repräsentieren soll, und kann quasi als 'Inhalt' des Knotens aufgefaßt werden. Die Markierung einer Kante k werde in Analogie zur Markierung eines Knotens der Einfachheit halber mit $I(k)$ bezeichnet. Falls nur eine Markierung vorhanden ist oder aus dem Kontext hervorgeht, um welche es sich handelt, wird sie in Darstellungen meist weggelassen. Zwischen zwei Knoten können mehrere Kanten verlaufen, allerdings mit verschiedenen Markierungen. Die letzte Bedingung in der Graphdefinition soll die Kompatibilität zwischen den für die Markierung der Knoten und Kanten verwendeten und in M angegebenen Markierungen gewährleisten. M wird durch I und K ausgeschöpft.

Manchmal ist es nötig, den Ausgangsknoten ('Quelle') oder den Endknoten ('Ziel') einer Kante anzusprechen.

Quelle/Ziel:
     Sei g ein Graph, $q,z:K(g) \longrightarrow B(g)$, sowie $k \in K$. q bzw. z bezeichnen "Quelle" bzw. "Ziel" von k gdw.
     $k=(q(k),z(k),I(k))$.

Beispiel: Der Graph in Fig. 2 hat folgende 'lineare' Notation:
     $B=\{6,7\}$,
     $sp(I)=\{(6,e),(7,f)\}$,
     $K=\{(6,7,i)\}$,

```
M={e,f,i} (und nicht etwa z.B. {e,f,i,g}).
q((6,7,i))=6,
z((6,7,i))=7,
I((6,7,i))=i.
```

Die Schreibweise für Graphen drückt aus, daß nur 'zusammenpassende' Knotenbezeichner und Kanten nebst ihren Markierungen zu einem Graphen zusammengefaßt werden können. Mit Hilfe des Operators 'con' wird aus zwei beliebigen (endlichen) Mengen E und F ein Graph 'konstruiert', wenn sie die Syntax für markierte Knoten bzw. Kanten erfüllen. Dies ist nur möglich, wenn die Elemente von F Tripel und ihre beiden ersten Komponenten aus E sind. Es muß noch darauf hingewiesen werden, daß die Knotenmenge E von primärer Bedeutung ist. Falls bei Elementen $k \in F$, also in der künftigen Kantenmenge, in der 1. und 2. Komponente Bezeichner auftreten, die nicht Elemente von E sind, fallen diese Elemente k weg. Die kompatiblen Anteile von E und F werden gleichsam 'herausgefiltert'.

con:

Seien E und F endliche Mengen wie oben angegeben, $m:E \longrightarrow D$, D endlich. Dann bezeichnet con(E,F) einen Graphen mit folgenden Eigenschaften:

$$B(con(E,F))=E,$$
$$I(con(E,F))=m,$$
$$K(con(E,F))=F \cap (E \times E \times sp_3(F)),$$
$$M(con(E,F))=sp_2(m) \cup sp_3(K(con(E,F))).$$

Ist g ein Graph und $b \in B(g)$, dann ist con(B(g)\{b},K(g)) also der Graph, bei dem der Knoten b und diejenigen Kanten k nicht vorhanden sind, bei denen b=q(k) oder b=z(k) ist. Man kann den Sachverhalt auch anders ausdrücken: Ein Graph 'verkleinert' sich bei Wegnahme eines Knotens um diesen und um alle Kanten, deren Quelle oder Ziel er ist. Er 'vergrößert' sich durch die Hinzunahme eines markierten Knotens, vorausgesetzt die Bezeichner der vorhandenen und des hinzugenommenen Knotens sind verschieden voneinander. Die Hinzunahme einer Kante ist bei der Verwendung von con unwirksam, wenn nicht ihre Quelle und ihr Ziel bereits in der Knotenmenge liegen.

Das genaue Auseinanderhalten von Markierung und Bezeichnung sowie die Betonung der Rolle der Bezeichner wird erst bei der Behandlung der Implementierung von Graphgrammatiken besonders deutlich. Intuitiv könnte man annehmen, daß Bezeichner überflüssig sind, wenn man sich die Graphen gezeichnet vorstellt. Dann ist aber durch die Plazierung der Knoten auf dem Papier eine implizite Bezeichnung vorgenommen worden ("der Knoten links oben", "der da", etc.), über die ein Knoten identifiziert werden kann.

Teilgraph/Untergraph:

Ein Graph f ist "Teilgraph" eines Graphen g (Abk.: f≤g) gdw.
(1) $B(f) \subseteq B(g)$,
(2) $I_f(b) = I_g(b)$ für alle $b \in B(f)$,
(3) $K(f) \subseteq K(g) \cap (B(f) \times B(f) \times M(g))$.

(M(f) ergibt sich aus B(f), I(f) und K(f) von selbst.)

Gilt statt (3) die Bedingung (3'), so ist f ein "Untergraph" von g (Abk.: f⊑g):
(3') $K(f) = K(g) \cap (B(f) \times B(f) \times M(g))$.

Ein Teilgraph f≤g zeichnet somit eine Teilmenge der Knotenmenge von g aus und behält die Markierungen bei. In die Kantenmenge des Teilgraphen f müssen aber nicht alle Kanten aufgenommen werden, die zwischen Knoten aus der gemeinsamen Knotenmenge im Graphen g verlaufen. Bei einem Untergraphen hingegen müssen alle diese Kanten dabei sein.

Beispielsweise ist der Graph f=({3,4,5},{(3,b),(4,d),(5,b)}, {(4,3,1),(5,3,m)},{b,d,1,m}) ein Teilgraph des Graphen g in Fig. 1. Nimmt man noch die Kante (4,5,p) mit in die Kantenmenge von f auf und erweitert M(f) um p, wird f zum Untergraphen.

Bei einem Graphen interessiert oft nur die Struktur und man abstrahiert von den Knotenbezeichnern. Man kann dann zu einer Äquivalenzklasse von 'isomorphen' Graphen übergehen, die sich nur durch die Bezeichnung ihrer Knoten unterscheiden.

Isomorphie:

Ein Graph g ist "isomorph zu einem Graphen g'" (Abk.: g≈g'), gdw. es eine Bijektion f:B(g)-->B(g') gibt mit
(1) $I_g(b) = I_{g'}(f(b))$ für alle $b \in B(g)$,
(2) $(a,e,i) \in K(g)$ gdw. $(f(a),f(e),i) \in K(g')$.

I. a. kann es mehr als einen Isomorphismus zwischen isomorphen Graphen geben. Die Menge aller Isomorphismen zwischen zwei

Graphen g und g' wird mit ISO(g,g') bezeichnet, die Menge der Isomorphismen zwischen g und allen Untergraphen von g' mit ISOU(g,g'), die Menge der Isomorphismen zwischen g und allen Teilgraphen von g' mit ISOT(g,g').

(Die Definitionen weichen von den in /GÖTTLER77/ gegebenen etwas ab, da die dort gemachten Unterscheidungen im folgenden irrelevant sind.)

Die Begriffe Teil- und Untergraph sowie Isomorphie lassen sich auch kombinieren. Demnach wird künftig auch von isomorphen Teil- und Untergraphen gesprochen werden.

Das Beispiel von Fig. 1 - Fig. 5 zeigt, daß nun die Struktur von Graphen mittels definierbarer Operationen verändert werden kann. Diese Operationen sind die 'Graphproduktionen', manchmal auch 'Graphmanipulationen' genannt. Wie bereits erwähnt, werden diese Strukturveränderungsvorschriften ebenfalls als Graphen dargestellt.

Um kommende Definitionen möglichst einfach zu halten, wird ein weiterer graphtheoretischer Begriff eingeführt.

Verbindungskanten:
Seien f und g Untergraphen eines Digraphen h. Die "Verbindungskanten" von f und g ist die Menge
$$VK(f,g)=\{k \mid k \in K(h) \land ((q(k) \in B(f) \land z(k) \in B(g)) \lor$$
$$(q(k) \in B(g) \land z(k) \in B(f)))\}.$$
VK kann auch über die Knotenmengen bestimmt werden, also $VK(B(f),B(g))=VK(f,g)$.

Trivialerweise ist $VK(f,g)=VK(g,f)$.

Graphproduktion:
Ein Graph r heißt "Graphproduktion" oder "Graphableitungsregel" oder "Graphmanipulation" gdw. $B(r)$ in drei disjunkte Mengen B_L, B_R und B_E so aufgeteilt wird, daß
(1) $B(r)=B_L(r) \cup B_R(r) \cup B_E(r)$,
(2) $VK(B_L(r),B_R(r))=\emptyset$,
(3) $|B_L(r)| \geq 1$.

Der Untergraph $con(B_R(r),K(r))$ heißt "rechte Seite von r" (Abk.: rS(r)), der Untergraph $con(B_L(r),K(r))$ "linke Seite von

r" (Abk.: 1S(r)) und der Untergraph con(B$_E$(r),K(r)) heißt "Einbettungsvorschrift" von r (Abk.: Einb(r)).

Die Kantenmenge VK(1S(r),Einb(r)) heißt "alte Kanten von r"
(Abk.: aK(r)), die Kantenmenge VK(rS(r),Einb(r)) heißt "neue
Kanten von r" (Abk.: nK(r)).

In der Fig. 4 ist aK(r)={(10,8,i),(8,11,j)}, nK(r)={(6,11,n),
(7,11,m),(9,7,k)}.

Die Knoten von r werden somit auf drei Bereiche aufgeteilt, bei denen zumindest B$_L$(r) nicht leer ist. Wichtig ist die Einschränkung, daß
zwischen B$_L$(r) und B$_R$(r) keine Kanten verlaufen dürfen; zwischen den
anderen Bereichen können beliebige (und damit auch keine) Verbindungen
bestehen. Jeder Graph läßt sich je nach Knotenaufteilung auf mehrfache
Art als Graphproduktion auffassen.

Fig. 4 stellt mit festgelegter Knotenaufteilung eine solche Graphproduktion dar. Die alten Kanten sind die vom linken Ast des Konnektors Y geschnittenen Kanten; entsprechend sind nK(r) die vom rechten
Ast gekreuzten Kanten. Wenn man die informal beschriebene Erstellung
des Graphen g' in Fig. 5 noch einmal Revue passieren läßt, wird die
Terminologie einsichtig: Die 'alten Kanten' zeichnen bei der Anwendung
einer Graphproduktion r auf einen Graphen g zum Herleiten eines Graphen g' (einige von den) Kanten von g aus, die mit einem zur 'linken
Seite' von r isomorphen Teilgraphen von g verbunden sind und bei der
Konstruktion von g' wegfallen. Durch die 'neuen Kanten' werden diejenigen beschrieben, die als Verbindung zwischen dem Restgraphen und der
neu hinzukommenden rechten Seite von r gegenüber g bei der Bildung von
g' noch aufgenommen werden müssen.

Um die Wirkung einer Graphproduktion genauer beschreiben zu können,
sind einige weitere Definitionen nötig, die sich auf das Verbinden des
Restgraphen mit der neu hinzugekommenen rechten Seite beziehen. Zuvor
soll noch an zwei Begriffe aus der Graphentheorie erinnert werden.

Ein (ungerichteter) "Weg" zwischen zwei Knoten b_1 und b_2 eines Graphen g ist eine Folge w=<b_1,k_1,b_2,k_2,...,b_{n-1},k_{n-1},b_n> mit
b_1,...,$b_n \in$B(g) und k_1,...,$k_{n-1}\in$K(g), wobei die Knoten über die Kanten
passend miteinander verbunden sind, also

$(\forall i \in \{1,\ldots,n-1\})((q(k_i)=b_i \wedge z(k_i)=b_{i+1}) \vee (z(k_i)=b_i \wedge q(k_i)=b_{i+1}))$
gilt. Die Menge aller Wege zwischen b_1 und b_n wird mit $W(b_1,b_n)$ be-
zeichnet. Insbesondere ist jeder Weg auch ein Teilgraph.

Die "Zusammenhangskomponente" des Knotens $b \in B(g)$ eines Graphen g
ist der Untergraph $ZK(b,g)$, der durch die Knoten b' von g ausgezeichnet wird, die über einen Weg $w \in W(b,b')$ von b aus erreichbar sind. Die
zugehörigen Kanten und die Markierungsfunktion werden mit übernommen,
also $ZK(b,g)=con(\{b' \mid W(b,b')\neq\emptyset\},K(g))$.

Anschlußknoten:

Sei r eine Graphableitungsregel und $k \in nK(r)$. Der mit $A(k)$
bezeichnete Knoten heißt "Anschlußknoten von k" gdw. $A(k) \in B_E(r)$
und entweder $A(k)=q(k)$ oder $A(k)=z(k)$ ist.

In Fig. 4 ist der Knoten 11 der Anschlußknoten der Kanten (6,11,n)
und (7,11,m); der Knoten 9 ist der Anschlußknoten von (9,7,k).

Anschlußbedingung:

Die "Anschlußbedingung" einer neuen Kante k ist der Teilgraph $anb(k)$ der Graphproduktion r, für den folgendes gilt:
$anb(k)=$
$con(\{b \mid b \in B(ZK(A(k),Einb(r)))\} \cup$
$\quad \{b \mid b \in B_L(r) \wedge (\exists k' \in aK(r))$
$\qquad\qquad ((b=q(k') \wedge z(k') \in B(ZK(A(k),Einb(r)))) \vee$
$\qquad\qquad (b=z(k') \wedge q(k') \in B(ZK(A(k),Einb(r))))))\},$
$\quad K(r)\backslash K(lS(r)))$.

Diese Definition läßt sich so interpretieren: Man findet die Knotenmenge von anb(k), indem man zunächst innerhalb der Einbettungsvorschrift die Knoten der Zusammenhangskomponente vom Anschlußknoten von
k betrachtet. Dann kommen noch die Knoten der linken Seite hinzu, die
Quelle oder Ziel einer alten Kante sind, die mit der auf Einb(r) ein-
geschränkten Zusammenhangskomponente von A(k) verbunden ist. Als Kanten werden nur die der Zusammenhangskomponente von A(k) in Einb(r) genommen und die genannten alten Kanten, die mit dieser Zusammenhangskomponente verbunden sind. Die Fig. 6, in der wegen der Übersichtlichkeit die Knotenbezeichner und die Markierungen weggelassen wurden, erläutert den Sachverhalt.

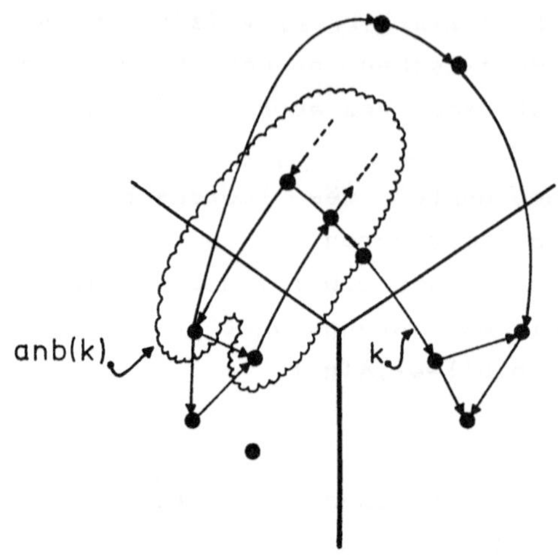

Fig. 6

Jetzt sind alle Begriffe beieinander, um zum Kern dieses Kapitels
zu kommen, der formalen Definition der "Anwendung einer Graphproduktion f auf einen Graphen g an der Stelle s". Es ist hilfreich, sich
diesen Sachverhalt erst mit einem 'Stecknadel/Gummischnur-Mechanismus'
klarzumachen, bevor das Prinzip durch technische Details im Formalismus etwas untergeht: Die Graphproduktion f wird an den Knoten durch
Stecknadeln repräsentiert, die wie die Knoten markiert sind. Zwischen
den Stecknadeln verlaufen Gummischnüre, um die Kanten darzustellen. Im
Graphen g wird ein Teilgraph s gesucht, der zur linken Seite von f
isomorph ist. Davon kann es keinen, genau einen oder mehrere geben.
Bei den Knoten des gewählten Teilgraphen werden die Stecknadeln der
linken Seite so festgesteckt, daß sowohl ihre Markierungen mit denen
der angespießten Knoten übereinstimmen als auch alle Gummischnüre in
Markierung und Richtung parallel zu Kanten des Teilgraphen verlaufen.
Bei linken Seiten mit gewissen Symmetrieeigenschaften ist es durchaus
möglich, daß man für das Einstechen Wahlmöglichkeiten hat. Legt man
aber die Stelle durch das Anspießen der Knoten mit den Stecknadeln
einmal eindeutig fest, wird damit ein Isomorphismus $\delta \in \mathrm{ISOT}(\mathrm{lS}(f),g)$
(bzw. $\delta \in \mathrm{ISO}(\mathrm{lS}(f),s)$) definiert. Nun kommen die noch freien Stecknadeln dran. Bis auf den Anteil, der durch das Fixieren der lS(f) be-
reits verbraucht ist, repräsentieren sie die Anschlußbedingungen der
diversen neuen Kanten.

Die Anschlußbedingungen der neuen Kanten werden jetzt unabhängig voneinander betrachtet. Ohne Schnüre zu zerreißen, wird versucht, die Stecknadeln der Anschlußbedingung einer neuen Kante k so in die restlichen Knoten von g einzustechen, daß wiederum die Markierungen und Kantenrichtungen mit den Stecknadel- und Gummischnüremarkierungen sowie Gummischnürerichtungen übereinstimmen. Gelingt eine solche Zuordnung nicht, ist man für dieses k fertig. Gelingt sie jedoch, wird damit in g ein Knoten festgelegt, der dem Anschlußknoten A(k) entspricht. Zu oder von diesem Knoten wird - wie es f eben vorschreibt - eine Kante zur rechten Seite von f gezogen, um die g mittlerweile erweitert worden ist. (Zum Auffinden der Anschlußbedingung wird dieser Teil aber nicht betrachtet!) So oft, wie die Anschlußbedingung einer neuen Kante festgeheftet werden kann, wird eine Verbindungskante gezogen, i. a. also auch mehrere. Dies wird in der Menge NEU der folgenden Definition zum Ausdruck gebracht.

Zuvor sei noch an den aus der Graphentheorie bekannten Begriff "Restgraph" oder "Komplementgraph" $g \backslash s = con(B(g) \backslash B(s), K(g))$ von s in g erinnert.

Anwendung:

Sei f eine Graphproduktion und g ein Graph mit $B(g) \cap B(f) = \emptyset$; s sei ein Teilgraph von g, der zur linken Seite von f isomorph ist; sei $\delta \in ISO(lS(f), s)$; für $k \in nK(f)$ sei F(k) die Menge aller Teilgraphenisomorphismen der mit anb(k) vereinigten linken Seite von f in g, deren Restriktion auf lS(f) identisch ist mit δ, also

$$F(k) = \{\mu_k \mid \mu_k \in ISOT(con(B(lS(f)) \cup B(anb(k)), K(f)), g) \ \wedge$$
$$restriktion(\mu_k, B(lS(f))) = \delta\}.$$

Die "Anwendung" einer Graphproduktion f auf einen Graphen g an der Stelle δ (Abk.: $anw(f, g, \delta)$ ist der Graph g', für den folgendes gilt:

$$g' = con(B(g \backslash s) \cup B(rS(f)), K(g \backslash s) \cup K(rS(f)) \cup \underset{k \in nK(f)}{\bigcup} NEU(k)), \text{ wobei}$$

$$NEU(k) = \{k' \mid (\exists \mu_k \in F(k))$$
$$((k = (A(k), z(k), m) \implies k' = (\mu_k(A(k)), z(k), m))$$
$$\wedge \ (k = (q(k), A(k), m) \implies k' = (q(k), \mu_k(A(k)), m)))\}.$$

Es darf auch $anw(f, g, s)$ geschrieben werden, wenn Eindeutigkeit vorliegt, oder auch $anw(f, g)$, wenn f nur an einer einzigen Stelle eindeutig auf g angewandt werden kann. Zusätzlich wird

> festgelegt, daß anw(f,g)=g ist, wenn ISOT(1S(f),g)=∅ ist, also
> kein zur linken Seite von f isomorpher Teilgraph aus g heraus-
> nehmbar ist. Manchmal wird auch salopp gesagt: "g' wurde aus g
> (mittels f) abgeleitet."

Will man wiederholt eine Graphproduktion f auf einen Graphen g anwenden, muß durch Umbezeichnen vor jedem Schritt B(g)∩B(f)=∅ gewährleistet sein.

Bevor es mit den Graphgrammatiken weitergeht, soll kurz ein Bezug
zu anderen Arbeiten hergestellt werden.

In /GÖTTLER77/ wird die Wirkung der eingeführten Graphmanipulationen detailliert diskutiert und auf parallele sowie zweistufige Anwendungen erweitert. Da die Produktionen, die Graphen verändern, selbst
Graphen sind, ist es leicht einzusehen, daß man nun in Analogie zu gewöhnlichen zweistufigen van Wijngaarden-Grammatiken eine Menge von
'Graphmetaproduktionen' hat, die auf eine zweite Menge von 'Graphhy-
perproduktionen' angewandt werden können. Auf diese Weise werden im
Prinzip erst unendlich viele 'gewöhnliche' Graphproduktionen zur Erzeugung von Graphen bereitgestellt.

In der angesprochenen Arbeit /GÖTTLER77/ wird auch das bei Graphgrammatiken üblicherweise verlangte Vorhandensein eines zur 1S(f) isomorphen Untergraphen für anw gefordert. Für die Zwecke, die in der
vorliegenden Arbeit verfolgt werden, ist dies aber eine lästige Bedingung. Wenn künftig die Struktur eines Graphen nach gegebenen Vorschriften geändert werden soll, wird - anschaulich gesprochen - die
relevante Stelle im Graphen 'festgespießt'. Daß man die ohnehin vorhandenen Kanten noch dabei angeben muß, wäre nur schwer zu motivieren.
Wenn man allerdings die Kanten als Sicherung dagegen betrachtet, daß
die Graphproduktion aus Versehen an einer falschen Stelle angewendet
wird, ist das etwas anderes. Dann ist es sinnvoll, mehr Struktur festzulegen, was ja nicht ausgeschlossen wird. In toto: Statt zu sagen:
"Die Kanten von 1S(f) müssen 'genauso' in g vorkommen", genügt die
schwächere Anforderung: "Mindestens die angegebenen Kanten von 1S(f)
müssen zwischen den angespießten Knoten verlaufen."

Die bereits zitierten Arbeiten von /PFALTZ&ROSENFELD/ und /SCHNEI-
DER70/ sind nur mehr von historischem Interesse. Die Mächtigkeit der
dort eingeführten Graphproduktionen ist sehr beschränkt. Vereinfacht

dargestellt und auf die obige Definition bezogen wären als Anschlußbedingungen nur einknotige Graphen zugelassen.

Der in diesem Abschnitt eingeführte 'graphische Ansatz' ist am besten mit dem von /NAGL74/ entwickelten 'mengentheoretischen Ansatz' zu vergleichen, einem sehr mächtigen Kalkül zur Beschreibung der Einbettung eines Graphen in einen anderen. In /NAGL74/ besteht eine Graphproduktion explizit aus drei Teilen, der linken und rechten Seite, die gewöhnlich auch graphisch notiert werden, und der Einbettungsvorschrift in Form einer Operatorenkette, die angibt, wie man von der linken Seite ausgehend die Anschlußknoten für die Verbindung mit der rechten Seite findet. /NAGL79/ diskutiert weitere Vorschläge zur Definition von Graphproduktionen.

Graphgrammatiken sind bezüglich des gewöhnlichen Berechenbarkeitsbegriffs auf triviale Art universell: Kontextsensitive Grammatiken (mit Löschung) sind äquivalent zu Turingmaschinen. Eine gewöhnliche Produktion wird zu einer Graphproduktion, indem die einzelnen Zeichen als Markierungen von Knoten aufgefaßt und mit einer Kante verbunden werden. Linke und rechte Seiten werden auf die entsprechenden Seiten des Konnektors Y aufgeteilt. Im Einbettungsteil wird durch geeignete Anschlußbedingungen gewährleistet, daß die 'Kettengraphen' bei der Anwendung einer Produktion nicht zerrissen werden. Gemäß der Churchschen These sind Graphgrammatiken sicher nicht mächtiger als Turingmaschinen oder kontextsensitive Grammatiken. Also läßt sich mit Graphgrammatiken ein gewohntes Berechenbarkeitsmodell einführen.

Wenn man mit Graphgrammatiken schon alles darstellen kann, was berechenbar ist, erhebt sich auch die Frage, wie gut das geht, insbesondere dann, wenn der Anspruch erhoben wird, sie nicht nur theoretisch zu untersuchen, sondern auch in einem Anwendungsgebiet einzusetzen. Grammatiken als generative Systeme sind sicher nicht für alle denkbaren Anwendungen geeignet. Beispielsweise verwendet man auch keine kontextsensitiven Grammatiken, um Arithmetik zu betreiben, obwohl es sich dabei im Prinzip auch um Zeichenkettenersetzungen handelt. Bei Graphgrammatiken ist die Situation ähnlich. Sollen Strukturveränderungen von Graphen beschrieben werden, bietet sich ihr Einsatz geradezu an. Sind andersgeartete Aspekte zusätzlich zu beschreiben, wird man um Erweiterungen nicht herumkommen. Deshalb werden im nächsten Abschnitt 2.3 die attributierten Graphgrammatiken vorgestellt. Sie gestatten,

54

neben den Strukturveränderungen eines Graphen quantitative Beziehungen
in gewohnter Weise auszudrücken.

Den Ersetzungsmechanismus so zu implementieren, wie er bis jetzt
eingeführt wurde, wäre unklug. Er ist inhärent ineffizient. Woran das
liegt, ist anhand der Fig. 7 leicht zu demonstrieren. Dort sind der
Übersichtlichkeit halber nur die relevanten Markierungen der beteiligten Graphen angegeben und nur die wichtigsten Knoten bezeichnet. Angenommen, es soll eine zweite Kante zwischen Knoten 1 und 2 des Graphen
g konstruiert werden. Dazu wird die Produktion p benötigt. Nach der
obigen Definition müssen die entsprechenden Knoten erst aus dem Graphen g entfernt und dann wieder - mit Kanten - resubstituiert werden.
Der Einbettungsteil von p besagt letztlich, daß dies identisch zu geschehen habe. Also muß beispielsweise jede Kante, für die Knoten 2
Quelle oder Ziel ist, auf den Knoten 3 übertragen werden. Es wird somit die Kontextstruktur zerstört und dann identisch restauriert. Wird
diese Prozedur auf einer Rechenanlage implementiert, ist sie unnötig
zeitraubend. Analoges gilt auch für das Löschen einer Kante. Dazu muß
man nur die Graphproduktion von Fig. 7 von rechts nach links lesen.

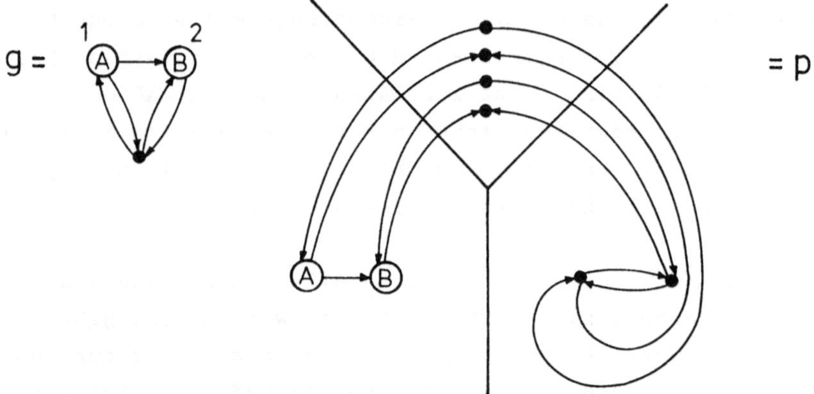

Fig. 7

Der Ansatz von /EHRIG&PFENDER&SCHNEIDER/ zur Beschreibung von
Graphproduktionen könnte diesen Spezialfall eleganter lösen, da es
sich nicht um einen ausgeprägten Ersetzungsmechanismus, sondern mehr
um einen 'Verklebemechanismus' handelt, bei dem der Kontext 'geschont'
wird. Doch gerade das kann in vielen anderen Fällen von Nachteil sein.
Deshalb soll hier nicht weiter auf diesen Ansatz eingegangen werden.

/EHRIG&NAGL&ROZENBERG87/ enthält Übersichtsbeiträge zu den anderen genannten Versionen, wie Graphersetzungsregeln definiert werden können.

Zwei andere Arbeiten beschäftigen sich nach /GÖTTLER77/ mit graphischen Notationen für Graphproduktionen.

/BRENDEL79/ führt eine Variante ein, wie sie in Fig. 8 (in leicht korrigierter Form) als Beispiel dargestellt ist. Die drei Anteile einer Graphproduktion sind in ein Diagramm integriert. Wie zu erwarten ist, soll die linke Seite P_l durch die rechte P_r ersetzt werden. Das Beispiel zeigt, daß es bei diesem Ansatz wie bei einem mengentheoretischen Venn-Diagramm einen Durchschnitt gibt, mit der Interpretation, daß er zwar durch den Ersetzungsprozeß herausgenommen, aber schließlich resubstituiert wird. Die dicke Kante des Beispiels gibt die Einbettung an und besagt, daß die ganze 'Kantenumgebung' des zur Quelle der dicken Kante korrespondierenden Knotens im zu verändernden Graphen auf den mit D markierten Zielknoten der rechten Seite übertragen werden soll. In dem zitierten Ansatz wird es zwar nicht getan, aber hier könnte man augenfällig demonstrieren, wie unnütze Aktionen umgangen werden könnten.

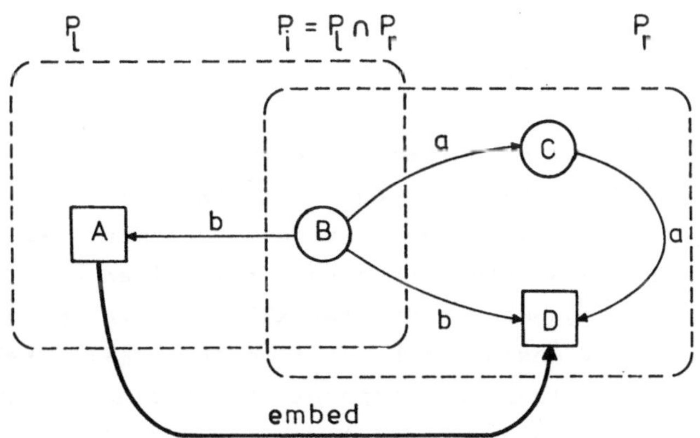

Fig. 8

In /GRABSKA82/ wird der Ansatz von /GÖTTLER77/ direkt aufgegriffen. Es werden Transformationsregeln angegeben und notwendige sowie hinreichende Bedingungen untersucht, wie man die linke Seite einer Produktion so in den Einbettungsteil überführen kann, daß die monierten, bei einer Implementierung zeitraubenden Resubstitutionen von Knoten unterbleiben können. Es werden dann also nur noch 'relevante' Knoten ersetzt.

Die angesprochene Problematik kann man an gewöhnlichen kontextsensitiven Grammatiken demonstrieren. Man könnte auch hier die übliche Definition so variieren, daß man z. B. bei einer Produktion
lXr -> lYzr mit dem Muster der linken Seite die Stelle erst sucht, an der die Substitution erfolgen soll. Wirklich ersetzt wird nur das X durch Yz.

Nachdem durch die eingehende Betrachtung der Y-Notation für Graphproduktionen das Bewußtsein (hoffentlich) hinreichend geschärft ist, soll im folgenden eine Änderung der vorgestellten Definition für Graphproduktionen die gewünschte Effizienz bei einer Implementierung bringen, ohne jedoch die Ausdrucksfähigkeit einzuschränken. Wie zu sehen war, liegt das Problem darin, daß eine Notation für einen Graphersetzungsmechanismus mehrere Aufgaben zu erfüllen hat. Sie muß zum einen gestatten, die Strukturen anzugeben, die ersetzt bzw. erzeugt werden sollen. Zum anderen muß es möglich sein, in irgendeiner Form sowohl die genauere Auszeichnung einer Umgebung der Stelle zu beschreiben, wo die Produktion eine Ersetzung bewirken soll, als auch festzulegen, wie das Erzeugte mit dem Restgraphen zu verbinden ist.

Die Fig. 9 gibt einen Eindruck von der künftigen Gestalt einer Graphproduktion. Diese Darstellung soll "X-Form" zur Unterscheidung von der 'alten' "Y-Form" genannt werden. Da es in dieser Arbeit nicht um die klassischen Fragestellungen von Grammatiken geht, wie "Was ist die Sprache der vorgegebenen Grammatik?", sondern um das Problem, wie man mit Graphen zwar anschaulich, aber auch formal exakt 'operiert', wird die X-Form im folgenden "Graphoperation" genannt, analog etwa zur Arithmetik, in der sich durch die Anwendung des Operators + aus zwei Zahlen 3 und 4 die Zahl 7 ergibt. (Es handelt sich sowohl bei der X-- wie auch bei der Y-Form jedoch um unäre Operatoren.)

Zunächst einmal soll wieder nur eine intuitive Vorstellung für die Wirkung der X-Form angegeben werden. Dabei wird ein Bezug zur (exakt definierten) Bedeutung der Y-Form hilfreich sein: Bei der Anwendung der X-Form wird der Teilgraph von g gesucht, der isomorph ist zum Graphen, der aus der Vereinigung der Teile 'Gelöschtes' (Abk.: Gel(p))

und 'determinierte Umgebung' (Abk.: detU(p)) von p besteht. Dann wird
der zu Gel(p) isomorphe Teil gelöscht und Erz(p) hinzugefügt. Wie bei
der Y-Form wird mittels der 'indeterminierten Umgebung' (Abk.:
indU(p)) die Einbettung von Erz(p) durchgeführt. Die determinierte Umgebung von g (Abk.: detU(g)) kann als eine Gel(g) und Erz(g) gemeinsame Teilstruktur (vgl. a. /BRENDEL79/) angesehen werden. Bezogen auf
den Y-Ansatz ist lS(p)=Gel(p)UdetU(p) und rS(p)=Erz(p)UdetU(p).

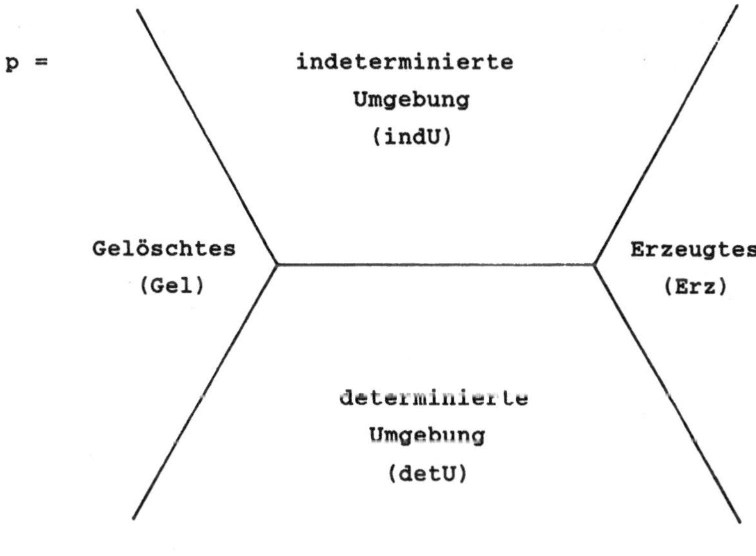

Fig. 9

Daß detU im Durchschnitt liegt, hat den gewünschten Vorteil, daß es
nicht explizit resubstituiert werden muß; es hat aber im Verhältnis
zur Y-Form den Nachteil, daß bezogen auf Gel keine eventuell gewünschte Kantenvernichtung und bezogen auf Erz keine Kantenerzeugung zwischen detU und indU stattfindet.

Bei den in der Vergangenheit untersuchten Anwendungsbeispielen des
Kap. 5 zeigte es sich, daß es wünschenswert wäre, diese Fähigkeit des
Y-Ansatzes mit zu übernehmen und in den strukturverändernden Graphoperationen ausdrückbar zu machen, ohne die Effizienz der X-Form darunter
leiden zu lassen. Deshalb wird erlaubt, daß die Kanten zwischen detU
und indU einer Graphoperation mit einem 'Zusatz' versehen sein können.
Der eine - in Fig. 10 gestrichelt dargestellt (mnemonisch '-' für
'weg') - beschreibt Kanten, die nur dann durch die Anwendung der Produktion gelöscht werden sollen, wenn die zugehörige Zusammenhangskom-

ponente und die 'neutralen', also nicht mit Zusatz versehenen Kanten
in g vorhanden sind. Der andere Zusatz - mnemonisch '+' für 'dazu' -
beschreibt Kanten, die erzeugt werden sollen, wenn es die bestimmende
Zusammenhangskomponente und die neutralen sowie die '-'Kanten gibt.

Ist eine Graphoperation p so konstruiert, daß zwischen zwei Knoten
von detU und indU sowohl eine erzeugende ('+') als auch eine gleichgerichtete und gleichmarkierte löschende Kante ('-') vorhanden ist,
bleiben die korrespondierenden Kanten im durch p zu verändernden Graphen somit letztlich erhalten. Dies ist aber eine unsinnig konstruierte Graphoperation, denn eine neutrale Kante hätte die gleiche Bedeutung gehabt.

Fig. 10 gibt ein Beispiel für die Anwendung einer Graphoperation p
auf einen Graphen g mit dem Ergebnis h. Die Anwendungsstellen sind aus
den Knotenbezeichnern ersichtlich.

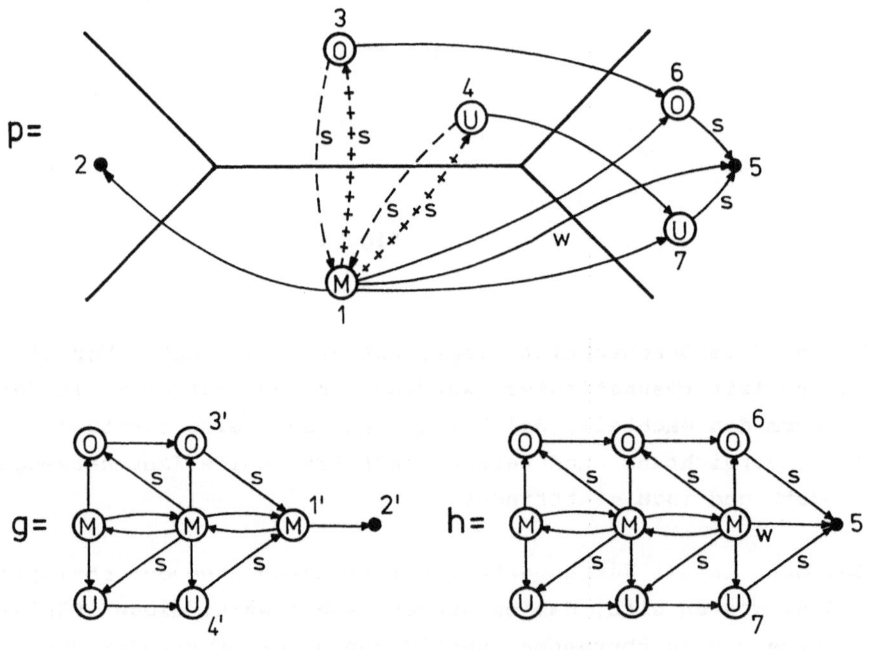

Fig. 10

Nach diesen eher heuristischen Ausführungen kommen die noch ausstehenden Definitionen, um die Wirkung einer Graphoperation auf einen
Graphen beschreiben zu können.

Graphoperation:

Ein Graph p heißt "Graphoperation", gdw. es paarweise disjunkte Mengen B_L , B_R , B_O und B_U so gibt, daß

(1) $B(p)=B_L(p) \cup B_R(p) \cup B_O(p) \cup B_U(p)$,

(2) $VK(B_L(p),B_R(p))=\emptyset$,

(3) $|B_L(p) \cup B_U(p)| \geq 1$,

(4) es eine partielle Abbildung $T:VK(B_O(p),B_U(p)) \longrightarrow \{+,-\}$
     gibt. Mit T^+ werden die Kanten mit '+'-Bild bezeichnet,
     mit T^- die mit '-'-Bild.

Die entsprechenden Untergraphen sollen wie in Fig. 9 bezeichnet werden.

Zur Formalisierung der 'Wirkung' einer beliebigen Graphoperation p auf einen Graphen g hat man zwei Möglichkeiten: Man könnte zunächst eine eigene Definition präsentieren, ohne Bezug auf die Y-Form zu nehmen. Dann könnte man eine Konstruktion angeben, wie sie im folgenden dargestellt und durch Fig. 11 illustriert wird, bei der aus den Bestandteilen von p eine Graphproduktion r erstellt wird. Daran anschließend wäre es möglich, der ebenso erstaunten wie beeindruckten Leserschaft ein 'Theorem' der Art "wirk(p,...)=anw(r,...)" mit etwas Mühe und einigen Fallunterscheidungen zu beweisen. Die zweite Möglichkeit verzichtet auf diese Effekthascherei und führt die Definition der X-- gleich auf die Y-Form zurück.

An dieser Stelle sei nochmals darauf hingewiesen, daß es das erklärte Ziel dieses Abschnitts ist, keinen Bruch zwischen Theorie und späterer Implementierung aufkommen zu lassen, der mit einem "... aber aus Effizienzgründen müssen Graph*produktionen* anders implementiert werden ..." motiviert wird. Nicht zuletzt sind es solche Diskrepanzen, die oft den Gebrauch formaler, theoretischer Grundlagen beim sog. "real programmer" in Miskredit bringen.

Die Fig. 11 erläutert das Prinzip der notwendigen Konstruktion. Die Graphoperation p ist dort in ihren Teilen schematisch dargestellt. Man sieht, daß zur Bildung einer Graphproduktion r, die die Bedeutung von p beschreibt, eine Kopie von detU(p) in lS(r) und rS(r) aufgenommen wird. Dabei müssen die Knoten entsprechend umbezeichnet werden, um Namenskonflikte auszuschalten. Die '-'-Kanten kommen zu den aK(r), die zu erzeugenden '+'-Kanten zu nK(r). Die Verbindungskanten I, II, III,

IV und V findet man in r auch wieder. Da die Verbindungen von detU vor und nach der gedachten Ersetzung mit dem Rest des Graphen, auf den p angewendet wurde, gleich bleiben sollen, muß durch entsprechende Einbettungen Vorsorge getroffen werden: Für alle Knotenmarkierungen sowie für alle Kantenmarkierungen, die auftreten können, und für alle Knoten aus detU sowie für jede Richtung (ein- oder auslaufend) muß es in Einb(r) einen Anschlußknoten geben. Das ist in r durch die als dicke Punkte gezeichneten Knoten und '....' angedeutet. Wie dies genau zu konstruieren ist, wird noch gezeigt.

Die dicken Punkte in ihrer Gesamtheit garantieren eine vollständige, umgebungskonstante (Wieder)Einbettung des detU(p) entsprechenden Anteils von r in den Restgraphen von g. (Das wird aus der noch zu beschreibenden systematischen Konstruktion von B_E (r) ersichtlich.) Damit ist eigentlich die Angabe der Kanten V als nK(r) überflüssig. Nach der Definition der Y-Form macht es aber auch nichts aus, sie - aus didaktischen Gründen - dabei zu haben. Strenggenommen werden sie zweimal gebildet, aber die Menge NEU in der Anwendungs-Definition läßt ein Paar gleichmarkierter und gleichgerichteter Kanten zu einer einzigen 'schrumpfen'.

Mit den '+'-Kanten geschieht, was in der intuitiven Beschreibung der X-Form bzgl. Fig. 9 und 10 bereits geschildert wurde; sie werden durch r gebildet, *wenn* die Kanten III, IV, V *und* die '-'-Kanten vorhanden sind. (Die Kanten IV sind dabei trivialerweise da, denn sonst hätte man die Produktion r überhaupt nicht anwenden können.) Über die '-'-Kanten wurde bisher gesagt, daß sie *nur dann* wegfallen sollen, *wenn* die Kanten III, IV, V vorhanden sind. (Das über IV bzgl. der '+'-Kanten gesagte trifft natürlich auch hier zu.) Bei Anwendung von r fallen sie im ersten Schritt zunächst einmal *immer* weg, denn sie werden wie gewöhnliche Kanten aus aK(r) behandelt. So wie die Y-Form definiert ist, kann man ja nur Kanten in Abhängigkeit von geltenden Bedingungen (sprich: Vorhandensein von Strukturen) generieren, aber *nicht* entfernen.

Die '-'-Kanten fallen 'zunächst einmal immer' durch das Entfernen von lS(r) weg. Durch die für das identische Einbetten des detU(p)-Anteils notwendigen als dicke Punkte dargestellten Knoten werden sie jedoch wieder restauriert! Ein genaues Studium der Anwendung-Definition würde zeigen, daß diese Knoten auch in die Teile des Restgraphen von g hineingreifen können, die mit dem als Kästchen symbolisierten Teil von r beim Ziehen der Einbettungskanten korrespondieren.

Man kann also die störenden '-'-Kanten auf direktem Wege nicht loswerden, aber man kann sie durch einen simplen Trick kenntlich machen, der der Idee von "verbotenen Kanten" aus /NAGL74/ nachempfunden ist: Zusätzlich zu jeder mit m markierten '-'-Kante, die durch die identische Einbettung mittels der bereits erwähnten dickpunktigen ad-hoc-Knoten realisiert wird, erzeugt man eine parallele Kante mit einer speziellen Markierung, z.B. (m,-). Diese Forderung soll mit der durch "=" repräsentierten Doppelkante in Fig. 11 dargestellt werden. In der formalen Beschreibung der Konstruktion für r muß man einfach die Kantenmarkierung von m auf (m,-) umsetzen.

Um die intuitive definierte Wirkung von p vollständig festzulegen, muß noch vereinbart werden, daß nach der Bildung von anw(r,g,δ) schließlich alle gleichsinnigen Kantenpaare (b,b',m) und (b,b',(m,-)) entfernt werden müssen.

Der Übergang von einer Graphoperation p zu einer 'quasiäquivalenten' Graphproduktion r wird formal am einfachsten dadurch beschrieben, daß als Zwischenschritt zwei geeignete Graphoperationen gebildet werden, die dann durch Knoten- und Kantenvereinigung r ergeben.

Zuvor wird noch ein weiterer Begriff eingeführt.

Graphoperationsisomorphie:
Zwei Graphoperationen p und p' heißen "isomorph unter dem Isomorphismus i", gdw.
(1) die zugrundeliegenden Graphen unter i isomorph sind,
(2) die vier Bereiche einander zugeordnet werden, also
$i(B_X(p))=B_X(p')$ für $X \in \{L,R,O,U\}$.

Um die Transformation einer Graphoperation p nach einer quasiäquivalenten Graphproduktion durchzuführen, werden nun zwei zu p isomorphe Graphoperationen gebildet, leicht modifiziert und dann zu r zusammengefaßt.

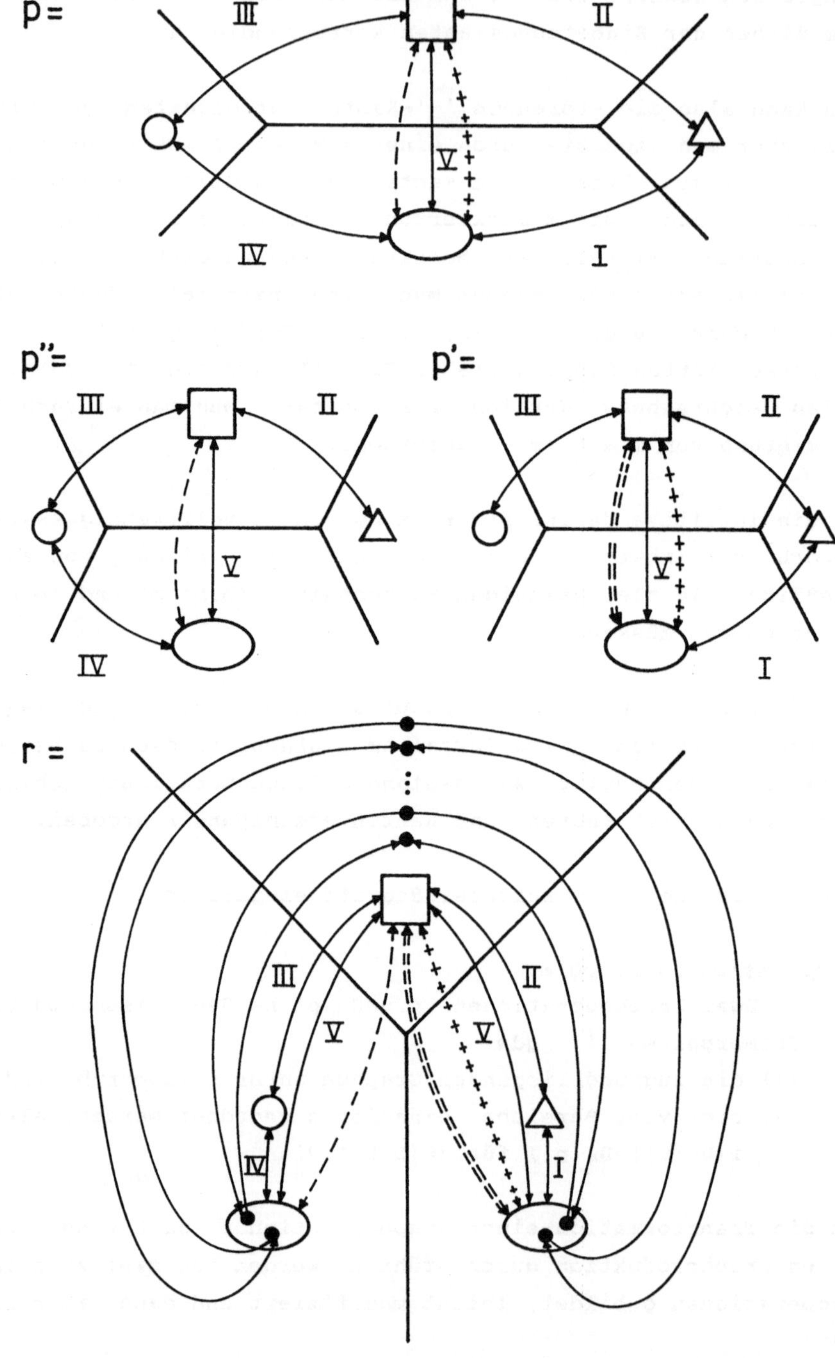

Fig. 11

quasiäquivalente Graphproduktion:

Sei p eine Graphoperation. Die Graphproduktion r heißt "quasiäquivalent" zu p (Abk.: r=quä(p)), gdw. r folgendermaßen gebildet wurde:

Es seien p_1 und p_2 zwei zu p isomorphe Graphoperationen mit i_1 bzw. i_2 als vermittelnden Abbildungen so gewählt, daß die Bezeichnermengen B_X mit $X \in \{L,O,R\}$ für p_1 und p_2 identisch sind, i_1 und i_2 sind bzgl. dieser Mengen Identitäten sowie $B_U(p_1) \cap B_U(p_2) = \emptyset$. Bilde nun zwei weitere Graphoperationen p' und p". Die zu $T^+(p)$ bzw. $T^-(p)$ isomorphen Kanten von p' bzw. p" werden in Analogie mit $T^+(p_1)$, $T^+(p_2)$, $T^-(p_1)$ bzw. $T^-(p_2)$ bezeichnet.

p' wird aus p_1 gebildet, indem die Kanten $VK(B_L(p_1),B_U(p_1)) \cup T^-(p_1)$ entfernt werden. Dann kommt für jede mit m markierte Kante - vgl. a. die Bemerkung im Anschluß an diese Definition - aus $VK(B(detU(p_1)),B(indU(p_1))) \cap T^-(p_1)$ eine gleichgerichtete und mit (m,-) markierte Kante hinzu!

Analog gehe p" aus p_2 hervor, indem die Kanten $VK(B_R(p_2),B_U(p_2)) \cup T^+(p_2)$ weggenommen werden.

(p' ist somit zu p in Fig. 11 bis auf die IV-- und die Ummarkierung der '-'-Verbindungskanten isomorph, p" ist zu p isomorph bis auf die I-- und '+'-Verbindungskanten.)

Zur Konstruktion von r werden die Knoten- und Kantenmengen von p' und p" vereinigt. (Die über p_1 und p_2 hervorgegangenen identischen Anteile fallen dabei zusammen.) Es kommen allerdings noch die Knoten und Kanten hinzu, die den Teil von r identisch einbetten müssen, der aus detU(p) entstanden ist. Dabei kann jeder Knoten dieses Teils im Graphen g, auf den p oder r angewendet werden, über ein- oder auslaufende Kanten, die beliebig markiert sind, mit beliebig markierten Knoten verbunden sein. Das können i. a. soviele sein, wie das Kreuzprodukt aus B(detU(p)) (= Knotenbezeichner von detU(p)), $sp_3(K(g))$ (= Kantenmarkierungen von g), $sp_2(I(g))$ (= Knotenmarkierungen von g) und einer beliebigen, zweielementigen Menge mächtig

ist. Die zweielementige Menge differenziert zwischen ein- und
auslaufenden Kanten.

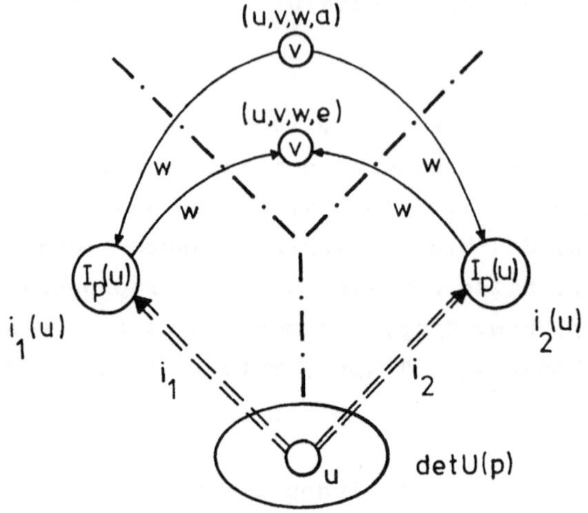

Fig. 12

Für ein $u \in B(detU(p))$, $v \in sp_2(I(g))$, $w \in sp_3(K(g))$ wird ein
Graph $G(u,v,w)$ wie ihn die Fig. 12 zeigt gebildet, also:

$$G(u,v,w) = (\{i_1(u), i_2(u), (u,v,w,e), (u,v,w,a)\},$$
$$\{(i_1(u), I_p(u)), (i_2(u), I_p(u)), ((u,v,w,e), v),$$
$$((u,v,w,a), v)\},$$
$$\{(i_1(u), (u,v,w,e), w), (i_2(u), (u,v,w,e), w),$$
$$((u,v,w,a), i_1(u), w), ((u,v,w,a), i_2(u), w)\},$$
$$\{I_p(u), v, w\}).$$

Für alle u, v und w aus den entsprechenden Mengen werden die
Graphen $G(u,v,w)$ gebildet und zu einem Graphen

$$EG = con(\underbrace{\qquad\qquad}_{\substack{u \in B(detU(p)) \\ v \in sp_2(I(g)) \\ w \in sp_3(K(g))}} B(G(u,v,w)), \underbrace{\qquad\qquad}_{\substack{u \in B(detU(p)) \\ v \in sp_2(I(g)) \\ w \in sp_3(K(g))}} K(G(u,v,w)))$$

zusammengefaßt. EG kommt zusätzlich zu p' und p" bei der Konstruktion von r hinzu. Somit ist der r zugrundeliegende Graph
zu definieren als:

    r=con(B(p')∪B(p")∪B(EG),K(p')∪K(p")∪K(EG)).

Durch die Festlegung von B_L(r) und B_R(r) ergibt sich alles andere über r als Graphproduktion:

    B_L(r)=B(Gel(p'))∪B(detU(p')),
    B_R(r)=B(Erz(p"))∪B(detU(p")).

Die Angabe, daß die Kanten aus VK(B(detU(p_1)),B(indU(p_1)))∩T⁻(p_1) umzumarkieren sind, mag merkwürdig erscheinen. An dieser Stelle hätte " T⁻(p_1) " auch genügt. Die hier definierte Konstruktion für ein quä(p) wird aber später an anderer Stelle nocheinmal benötigt, wo diese Präzisierung relevant wird. (Um es vorwegzunehmen, es geht dann um die Wirkung einer attributierten (!) Graphoperation.)

Gegenüber der Y-Form hat die X-Form nicht nur unter einem Implementierungsaspekt Vorteile; sie ist auch übersichtlicher und konziser. Ein Vergleich sei noch erlaubt. Die Verwendung der EBNF ("extended Backus-Naur-Form") statt der BNF bringt ähnliche Vorteile. Man spart Symbole und Regeln ein.

Jetzt ist alles nötige zusammen, um die 'Wirkung' einer Graphoperation beschreiben zu können.

Wirkung:

Sei p eine Graphoperation, r eine zu p quasiäquivalente Graphproduktion, g ein Graph und δ ein Untergraphenisomorphismus, der Gel(p) mit detU(p) in g abbildet, also:
δ∈ ISOT(con(B(Gel(p))∪B(detU(p)),
            K(Gel(p))∪K(detU(p))∪VK(Gel(p),detU(p))),g).

Die "Wirkung" wirk(p,g,δ) der Anwendung der Graphoperation p auf g an der Stelle δ ist der Graph g' mit
g'=anw(r,g,δ)\{k_1,k_2 | k_1=(b,b^,m) ∧ k_2=(b,b^,(m,-))} .

Mit den Graphoperationen wurde ein recht mächtiges Werkzeug geschaffen, das ermöglicht, strukturelle Veränderungen eines Graphen einfach zu notieren und *effizient* (für eine Implementierung) zu verwenden!

Wem der Weg bis zur Definition von 'Wirkung' zu mühsam erscheint, sollte sich vor Augen halten, daß das für ein müheloses Operieren mit Zahlen notwendige Erlernen des kleinen Einmaleins auch nicht einfach war, und die exakte, konstruktive Begründung etwa der Multiplikation durch Rückführung auf die Kardinalität des Kreuzproduktes zweier Mengen ebenfalls einen erheblichen definitorischen Aufwand erfordert. Hätte man die Definition von "Graphoperation" und "Wirkung" gleich an den Anfang des Abschnitts 2.2 gestellt, ohne den 'Umweg' über "Graphproduktion" und "Anwendung" zu gehen, wäre es schwierig gewesen, die Entscheidungen, die zur vorgestellten X-Form geführt haben, ausreichend zu motivieren.

Was noch zu tun bleibt, ist die Angabe einer Definition, die die Abschnittsüberschrift rechtfertigt. Da in der gesamten Arbeit die klassischen Grammatikfragestellungen wie Typ (kontextfrei, kontextsensitiv, usw.), Abschlußeigenschaften von (Graph)Sprachen, etc. im Hintergrund bleiben, empfiehlt sich eine Graphgrammatikdefinition, die nur auf die (effiziente) Erzeugung von Graphen durch Graphoperationen abzielt (also im Sinne von 'Graph-Semi-Thue-Systemen').

Graphgrammatik:

Das Paar GG=(GO,SG) heißt "Graphgrammatik", gdw. SG ein (Start)Graph und GO eine Menge von Graphoperationen ist.

"Ohne Fleiß kein Preis."

2.3 Attributierte Graphgrammatiken

Zum besseren Verstehen des folgenden lohnt sich eine Bestandsauf-
nahme: Im ersten Kapitel wurde dargelegt, daß Information, um sie kom-
munikationsfähig zu machen, notwendig an Notation gebunden ist. Notationen sind prinzipiell frei wählbar. Damit sie aber ihren Zweck optimal erfüllen können, müssen psychologische Aspekte menschlichen Denkens berücksichtigt werden, über die der zweite Abschnitt des Kapitels
berichtete. Im dritten wurde vorgestellt, weshalb für die Produktion
von qualitativ hochwertiger Software Diagrammtechniken als Modellbeschreibungssprachen vonnöten sind. Um die Struktur von Zeichenketten
als komplexe Notationen festzulegen, haben sich die im Abschnitt 2.1
eingeführten Grammatiken bewährt. Es wurden aber schon dort Hinweise
darauf gegeben, daß die reine Verwendung von Zeichenkettengrammatiken
schwerfällig ist. Werden Sachverhalte durch Graphen beschrieben, die
es leicht machen, Objekte durch Knoten darzustellen und Relationen
über den Objekten durch Kanten zwischen den Knoten, bietet sich die
Verwendung von Graphgrammatiken als geeigneter Kalkül an, die im letzten Abschnitt behandelt wurden. Doch auch die Ausdrucksfähigkeit von
Graphgrammatiken hat ihre Grenzen hinsichtlich einer sinnvollen Anwendung. Wo die Beschränkungen beim praktischen Einsatz liegen und wie
man sie hinausschieben kann, wird im folgenden erläutert.

Es ist z.B. sehr mühsam, mit Graphgrammatiken Zählprozesse zu beschreiben. Ein aus /GÖTTLER82/ übernommenes, leicht abgeändertes Bei-

spiel kann diese Problematik erläutern: Angenommen, es sollen Diagramme gezeichnet werden, deren Syntax informell etwa so zu beschreiben ist: "Die Diagramme bestehen aus rechteckigen Kästchen, die mit einer Linie von der Länge einer Einheit verbunden sind. Die Kästen und Verbindungslinien eines Diagramms sollen waagrecht gezeichnet werden. Die Höhe eines Kastens ist eine Einheit; die Breite ist gleich der Summe der Breite der Kästen, die unmittelbar links von ihm sind."

Wenn man das leere Diagramm (also nichts ist gezeichnet) und ein Einheitsquadrat noch mit hinzunimmt, würde sich bei einer Rechenanlage wegen der vagen Formulierung nichts und vor dem geistigen Auge des Lesers aufgrund eines Vorverständnisses vielleicht die in Fig. 1 gezeigte Menge von Diagrammen bilden. Da die Breite der Kästen wie Fibonacci-Zahlen wachsen, soll diese Diagrammenge 'Fibonacci-Diagramme' genannt werden.

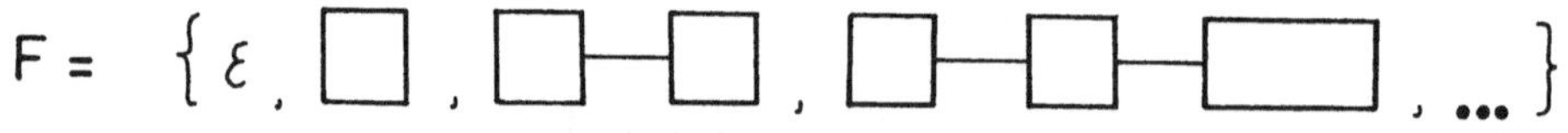

Fig. 1

Die Diagramme besitzen zweifelsohne Struktur und sollten sich somit mittels einer Graphgrammatik erzeugen lassen. Dabei muß aber in irgendeiner Weise die Information über die Kästchenform festgehalten werden. Die Fig. 2 zeigt eine Möglichkeit, wie dies durch zusätzliche 'Strukturknoten' zu bewerkstelligen wäre.

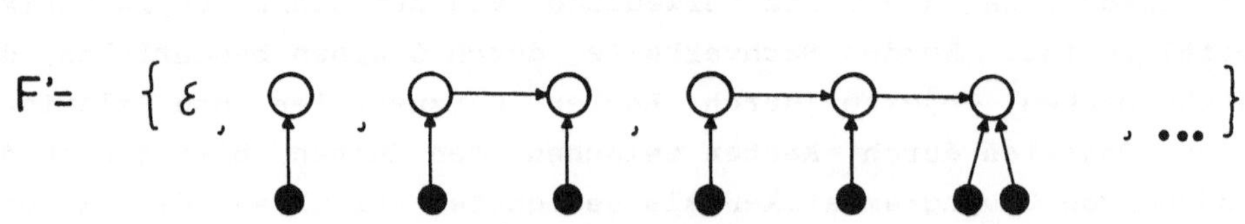

Fig. 2

Die Operationen einer Graphgrammatik, die Graphen der Art wie in Fig. 2 als Sprache hat, sind höchst unübersichtlich. Vereinfachungen würden sich ergeben, wenn man auf Zweistufige Graphgrammatiken (s. /GÖTTLER77/) übergeht. Doch auch sie würden den Sachverhalt nicht in einer 'gewohnten' Weise ausdrücken. "Gewohnt" ist der Einsatz der bekannten Rekursionsformel für Fibonacci-Zahlen zur Bestimmung der Länge aller Kästen:

$$b_1 = \emptyset, \quad b_2 = 1, \quad b_{i+2} = b_{i+1} + b_i \quad, \quad \text{mit } i > \emptyset.$$

Wo ließe sich aber diese Information im formalen Rahmen der Graphgrammatiken unterbringen?

Eine systematische Vorgehensweise zur Lösung des Problems mit Graphgrammatiken wäre folgende: Zunächst ist unschwer zu erkennen, daß graphische Objekte erzeugt werden müssen. Diese Aufgabe kann man einer geeigneten Graphgrammtik überlassen. Die Fig. 3 zeigt die wichtigste Graphoperation znK ('zeichne neues Kästchen') für diesen Zweck. Der als Dreieck markierte Knoten 1 stellt gewissermaßen einen Zeichenstift dar. Die Wirkung von znK ist die Vermehrung des aktuellen Graphen, auf den znK angewandt wird, um einen Knoten 2, der als Verbindungslinie zu interpretieren ist, und um einen Knoten 3, der für das zu zeichnende Kästchen steht. Die Graphoperation lösch der Fig. 3 nimmt den Zeichenstift weg. Die Festlegung, daß der Knoten 1 in Gel(znK) kommt, ist willkürlich. Man hätte ihn auch in detU(znK) unterbringen können.

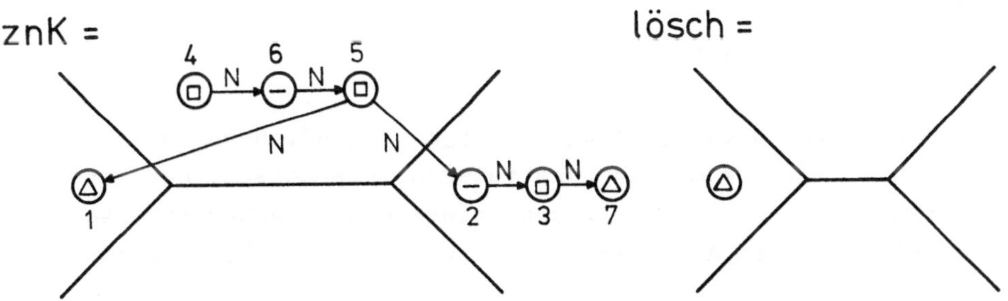

Fig. 3

Die Objekte können nun mittels der Graphoperationen geschaffen werden. Streng genommen sind es aber nur Repräsentanten für die Objekte. Die eigentlichen Objekte der Diagramme besitzen noch besondere Eigenschaften bzgl. ihrer Breite oder ihrer Plazierung. Diese Eigenschaften sollen mit 'Attributen' zum Ausdruck gebracht werden, deren Wert durch

Berechnungsvorschriften festgelegt wird. Da die Breite eines Kästchens abhängig ist von der Breite seiner unmittelbaren Vorgänger, ist es unumgänglich, diese Vorgänger in der Graphoperation mit anzugeben. Die Vorgängerkästen werden jedoch nicht ersetzt, sind 'Umgebung', und werden deshalb in indU(znK) aufgeführt. Für die Breite eines neu zu zeichnenden Kästchens 3 in Fig. 3 ergibt sich die Vorschrift

```
3.breite <- 4.breite + 5.breite ;
```

Die Höhe eines Kästchens ist konstant als 1 vorgegeben, also

```
3.höhe <- 1 ;
```

Zur Plazierung der Kästchen und Verbindungslinien sind noch weitere Angaben nötig. Man könnte z.B. die linke untere Ecke eines Kästchens als Bezugspunkt nehmen und die x-Koordinate von 3 durch die x-Koordinaten von 4 und 5 ausdrücken. Wenn die Länge der Verbindungslinien konstant gleich 1 sein soll, ergibt sich als Vorschrift für die x-Koordinate der linken unteren Ecke des Objektes 3:

```
3.x_koord_luE <- 5.x_koord_luE + 5.breite + 1 ;
```

Die y-Koordinate der linken unteren Ecken soll als konstant angesehen werden, z. B.:

```
3.y_koord_luE <- 5 ;
```

Mit den Attributen x_koord_luE, y_koord_luE, höhe und breite ist ein Kästchen vollständig zu konstruieren. Die notwendigen Angaben für die Verbindungslinien unterliegen einfachen Berechnungsvorschriften. Die Koordinaten des Anfangspunktes einer neuen Verbindungslinie ergeben sich so:

```
2.x_koord_ap <- 5.x_koord_ap + 5.breite ;
2.y_koord_ap <- 5.5 ;
```

Bei jeder Anwendung der Graphoperation znK werden ein Objekt vom Typ 'Verbindungslinie' und ein Objekt vom Typ 'Kästchen' sowie die zur graphischen Darstellung notwendigen Informationen geschaffen. Im Abschnitt 2.2 wurde gefordert, daß die Bezeichner der beteiligten Graphen bei Verwendung von Graphoperationen disjunkt sein müssen, um Na-

menskonflikte zu vermeiden. Eine systematische Vorgehensweise kann die
Hinzunahme des Namens der Graphoperation und der Nummer ihrer Anwendung sein. Angenommen, die Graphoperation znK wird auf den (Start)Gra-
phen g der Fig. 4 angewandt. Bei ihm soll die Kantenmarkierung N die
'Nachbarschaftsrelation' andeuten. Die neuen Knoten, die bei der ersten Anwendung hinzukommen, sind znK(1).2 (die Verbindungslinie) und
znK(1).3 (das Kästchen). Mit jeder weiteren Anwendung werden - neben
N-markierten Kanten - Knoten znK(i).2 bzw. znK(i).3 erzeugt, mit i>1.

Analog dazu werden die Berechnungsvorschriften generiert! In jeder
der oben aufgeführten Wertzuweisungen müssen die Attribute noch mit
dem Graphoperationsnamen und der Nummer der Anwendung als Präfix versehen werden, also z. B. znK(1).2.x_koord_ap. Es wurde bereits im Abschnitt 2.1 angemerkt, daß man die dort eingeführten attributierten
Grammatiken als Erzeugungsmechanismen für Attributauswertevorschriften
ansehen kann. (Übrigens, auch die Fibonacci-Diagramme ließen sich
durch kontextsensitive oder auch gewöhnliche kontextfreie attributierte Grammatiken unter Verwendung der oben eingeführten Attribute beschreiben, da das Diagramm einen 'linearen Charakter' hat. Die Kästchen und Verbindungslinien können als von links nach rechts gezeichnet
gedacht werden.)

Fig. 4

Bevor der Sachverhalt formalisiert wird, wie attributierte Graphoperationen Graphen verändern und Attribute weitergeben, soll noch
kurz darauf eingegangen werden, wie an anderen Stellen die Problematik
behandelt wird.

Den Graphoperationen liegen markierte Graphen zugrunde. Eine nahe-
liegende Möglichkeit ist, ausgehend von einer Menge A von Attributen
den Knoten und Kanten des zugrundeliegenden Graphen Teilmengen von A
zuzuordnen. Ein solcher Vorschlag wird in /BUNKE85/ (S. 38ff) gemacht:
Dort wird ein "attributierter Graph als ein Quintupel (N,E,L,α,β)" behandelt. Bzgl. der im Abschnitt 2.2 eingeführten "Graph"-Definition

entspricht N der Menge B der Knotenbezeichner, E der Kantenmenge K und L der (Knoten)Markierungsfunktion (die 'Zusammenfassung' von I und M). Durch α wird den Knotenbezeichnern N eine Teilmenge einer Attributmenge A zugeordnet. Dies ist allerdings eine recht ungünstige Entscheidung: Die Knotenbezeichner sind doch irrelevant! Das, was durch einen Knoten (semantisch) repräsentiert werden soll, steckt in seiner Markierung! Gleiche Markierungen eines Knotens sollten deshalb mit der gleichen Attributierung versehen sein. Durch α allein wäre das nicht zu garantieren. α sollte so gewählt sein, daß den Knotenmarkierungen eine Teilmenge der Attributmenge zugeordnet wird. (Deshalb tritt in Abschnitt 2.2 die Markierungsmenge M explizit auf.) Dies würde auch die Analogie mit gewöhnlichen Grammatiken besser treffen (s. Abschnitt 2.1). In /BUNKE85/ bleibt auch unklar, wie der eigentliche Ableitungsschritt erfolgen muß, falls zwar die Markierungen von involvierten Knoten übereinstimmen, die Attributierungen aber inkompatibel sind.

Andere Publikationen, die den Begriff "attributierte Graphgrammatik" verwenden, etwa /ENGELS/ und /SCHÄFER/, bleiben hinsichtlich der Weitergabe von Attributen bei einem Ableitungsschritt ebenfalls im Vagen.

/BUNKE85/ erlaubt, durch β auch die Kanten eines Graphen zu attributieren. In der vorliegenden Arbeit wird aber auf eine solche Möglichkeit verzichtet. Es ist leicht einzusehen, weshalb sie unnötig ist: Alle Informationen, die durch die Attributierung einer Kante ausgedrückt werden sollen, lassen sich auch über geeignet gewählte Attribute der Knoten ausdrücken, zwischen denen sie verläuft.

/SCHÜTTE86/ verwendet ebenfalls nur knotenattributierte Graphgrammatiken. Diese sind allerdings stark eingeschränkt und orientieren sich an der Darstellung von /KAUL86/.

Die beiden genannten Arbeiten behandeln die Analyse von Graphen. Bekanntlich ist es schon bei Zeichenkettengrammatiken notwendig, für Analysezwecke die Gestalt der Grammatiken stark einzuschränken, um effiziente Analysealgorithmen entwickeln zu können. Dies gilt auch für Graphgrammatiken.

Im Abschnitt 2.1 wurde bereits angedeutet, daß man attributierte Grammatiken auch als Systeme betrachten kann, die durch ihre Attributauswertevorschriften 'Termgeneratoren' sind. Dort wird allerdings der

Begriff Term im Sinne einer programmiersprachlichen Wertzuweisung verwendet. /COURCELLE&FRANCHI-ZANNETTACCI/ z.B. gehen auf die Beziehung zwischen attributierten Grammatiken (im Sinne von /KNUTH68b/) und heterogenen Magmen (Termalgebren) ein. Im folgenden werden attributierte Graphgrammatiken auch unter dem Aspekt behandeln, daß sie sowohl gestatten, 'Ableitungsbäume' zu attributieren, als auch Mittel zur Termgenerierung sind.

Die noch zu definierenden Graphen sind nicht nur knoten- und kantenmarkiert, sondern auch attributiert. Im Gegensatz zu /BUNKE85/ werden in der vorliegenden Arbeit die Attribute mit den (Knoten)Markierungen assoziiert. Nur das erscheint als eine natürliche Erweiterung des Begriffs "attributierte Grammatik" in Richtung "attributierte Graphgrammatik". Wie im Abschnitt 2.1 gezeigt, werden die Symbole einer (gewöhnlichen) Grammatik attributiert, also die Elemente der Menge, die beim Übergang zu Graphgrammatiken den Markierungen entsprechen.

Im folgenden werden die noch ausstehenden Begriffe für eine exakte Definition attributierter Graphgrammatiken schrittweise eingeführt, die als Grundlage für eine Implementierung dienen kann.

Attributierung:

> Sei D eine endliche Menge. ATT sowie BED seien disjunkte und ebenfalls endliche Mengen. Eine Funktion
> $AB:D \longrightarrow P(ATT \cup BED)$ heiße "Attributierung von D mittels ATT und BED".

D wird später so gewählt, daß es mit der Knotenmarkierungsmenge eines betrachteten Graphen übereinstimmt oder eine Obermenge davon ist. Die beiden Mengen ATT und BED sind Bezeichnermengen (nicht zu verwechseln mit den Knotenbezeichnern eines Graphen!) für "Attribute" bzw. "Bedingungen". Man kann dann die Funktion AB intuitiv als 'Differenzierung', 'Präzisierung' - ad lib. - der Markierungen betrachten.

Attributierter Graph:

> Sei $g=(B,I,K,M)$ ein Graph und AB eine Attributierung der Knotenmarkierungen $sp_2(I)$ von g mittels ATT und BED. Das Paar $G=(g,AB)$ heiße "attributierter Graph über ATT und BED".

Die Attribute und Bedingungen eines attributierten Graphen G werden mit ATT(G) oder ATT_G bzw. BED(G) oder BED_G benannt.

Die die Komponenten eines Graphen bestimmenden Begriffe B, I, K, M werden auch auf attributierte Graphen übertragen, also B(G)=B(g) usw.

Sei $b \in B(G)$ und $x \in AB(I(b))$ (also ein Attribut oder eine Bedingung des mittels I markierten Bezeichners b). Die durch die Hintereinanderausführung von I und AB bestimmten Paare (b,x) werden durch b.x abgekürzt.

Die durch I und AB induzierten Attribute eines Knotens b werden mit ATT(b) bezeichnet. Analoges gelte für BED.

Man beachte, daß ATT und BED auch hier nur Mengen von 'Bezeichnern' sind. Es gibt zu diesem Zeitpunkt immer noch keine 'Berechnungsvorschriften' für die Attribute oder 'logische Ausdrücke' für die Bedingungen. Als Beispiel für die 'Punktnotation' der Knoten-Attribut/Bedingung-Paare betrachte man die Fibonacci-Diagramme.

Da eine Graphoperation p auch ein Graph ist, kann sie trivialerweise durch Angabe von ATT, BED und AB zu einem attributierten Graphen gemacht werden.

Es muß gleich auf einen wichtigen Unterschied zu gewöhnlichen attributierten Grammatiken hingewiesen werden. Dort sind auch "Bedingungen" zugelassen, die aber nur mit den Produktionen (!) verknüpft sind. Außerdem sind sie dort als logische Ausdrücke zu verstehen. In der obigen Definition jedoch sind die Bedingungen mit den Markierungen assoziiert, wobei letztere den Symbolen des Vokabulars gleichzusetzen sind.

Daß bei diesem Sachverhalt von einer möglichst weitgehenden Analogie zwischen gewöhnlichen attributierten Grammatiken und attributierten Graphgrammatiken abgegangen wird, ist von einigen im Kap. 5 beschriebenen Anwendungen her motiviert gewesen und von den Prinzipien des "objektorientierten Programmierens" beeinflußt. Bei dieser Programmierphilosophie - SIMULA darf wohl als die Stammutter der zugrundeliegenden Programmiersprachen bezeichnet werden - geht man davon aus, daß durch ein Programm eine Welt von 'Objekten' miteinander kommuniziert. (Es gilt als sehr schwierig, präzise zu definieren, was Objekte überhaupt sind. Daher wird es hier auch gar nicht erst versucht.) Die Objekte werden durch ihre Eigenschaften und den für sie zulässigen Funktionen festgelegt. Die Objekte sind in Klassen einteilbar, wobei für jede eine Beschreibung, ein 'Schema', existiert. Ein einzelnes Objekt wird als 'Instanz' seiner Klasse aufgefaßt.

Die Relevanz dieser Idee für die attributierten Graphgrammatiken kann wieder am Beispiel der Fibonacci-Diagramme erläutert werden. Angenommen, es liegt eine Forderung "Die maximale Kästchenbreite muß kleiner 50 sein" vor. Wo ist diese Bedingung unterzubringen? Man kann sich sehr wohl darüber streiten, ob die 'Integritätsbedingung', die an die Kästchenbreite gestellt wird, Bestandteil der Information über das Objekt "Kästchen" ist, oder ob man es in die Verantwortung einer Operation "zeichne Kästchen" legt, die Kästchenbreite zu überwachen. Unter objektorientierter Sichtweise ist die Bedingung an die Objektklasse "Kästchen" gebunden. Bei einer Realisierung mittels Graphgrammatiken wird "Kästchen" zu einem Knoten mit der Markierung "Kästchen", die schließlich nach den Attributen x_koord_luE, y_koord_luE, höhe und breite differenziert wird, und mit der die o. g. Integritätsbedingung 'max_breite' als logische Aussage über das Attribut "breite" assoziiert wird, etwa als:

```
    max_breite: breite<50;
```

Um nicht bzgl. der noch diskussionsbedürftigen Programmierphilosophien vorschnell eine dogmatische, nicht mehr korrigierbare Entscheidung zu treffen, werden bei den attributierten Graphgrammatiken die beiden Sichtweisen gestattet. Die Integritätsbedingung könnte demnach auch in einer Operation "zeichne Kästchen" untergebracht werden.

Es ist bereits an diesem kleinen Beispiel zu erahnen: Das Auffinden der für die Behandlung eines Problems notwendigen Attribute und Bedingungen sowie die Entscheidung darüber, wo sie unterzubringen sind, ist ein iterativer Prozeß, bei dem die Anforderungen schrittweise immer genauer spezifiziert werden. Aus dieser Sicht heraus ist es verständlich, wenn festgelegt wird, daß die Werte für Attribute und Bedingungen zunächst als undefiniert angenommen werden, bis die Berechnung einer Vorschrift einen Wert ergibt. Durch die Funktion AB erfolgt bei einem attributierten Graphen nur eine Zuordnung der Attribute zu den

Knotenmarkierungen. Durch eine weitere Funktion val wird für ein Kno-
ten-Attribut/Bedingung-Paar der aktuelle Wert bestimmt. Um der Problematik der Typisierung von Variablen aus dem Wege zu gehen, wird ausschließlich ein Typ "STRING" verwendet, der - wie der Name andeuten
soll - nur Zeichenketten als Werte besitzt. Diese Festlegung kommt der
noch zu beschreibenden Implementierung von programmierten attributierten Graphgrammatiken mit LISP nahe. Ist die Zeichenkette eine Ziffern-
folge, steht diese auch für den numerischen Wert. Bei Graphoperationen ist der Wert eines Attributs meist eine Berechnungsvorschrift. Ihre Interpretation ergibt den eigentlichen Wert des Attributs.

bewerteter Graph:

$\qquad$ Das Tripel G=(g,AB,val) heißt "bewerteter Graph" gdw.
(g,AB) ein attributierter Graph ist und noch gilt: Sei
b∈B(g) und x∈ATT(b)∪BED(b); die Funktion
val:B(G)×(ATT(G)∪BED(G))-->STRING ordnet einem Knoten-Attri-
but/Bedingung-Paar b.x eine Zeichenkette zu. Das Symbol
#∈STRING hat eine besondere Bedeutung und steht für 'undefi-
niert'.

Auf die Elemente von STRING, die in attributierten Graphoperationen
auftreten, wird nun eingegangen und ihr syntaktischer Aufbau in einer
für Programmiersprachen gewohnten Weise beschrieben. Dabei wird auf
einen übertriebenen Formalismus verzichtet und angenommen, daß der/die
Leser/in ein Vorverständnis für die verwendeten Sprachkonstrukte besitzt.

Die für die Implementierung von attributierten Graphgrammatiken
eingesetzte Programmiersprache ist zwar LISP, aber für die folgende
Darstellung wird eine etwas konventionellere, PASCAL-ähnliche verwendet. Sie soll AAA ("Attributauswertungsangaben") heißen.

$\qquad$ AAA ist nicht typisiert.

$\qquad$ AAA-Programme haben die Gestalt: begin
$\qquad\qquad\qquad\qquad$ <Anweisungsfolge>
$\qquad\qquad\qquad$ end

$\qquad$ AAA erlaubt Anweisungen folgender Art:
$\qquad$ - Wertzuweisungen, dargestellt durch
$\qquad\qquad$ "<linke Seite> <- <rechte Seite>;",

```
    - Verzweigungen, dargestellt durch
        "if <logischer Ausdruck>
        then <Anweisungsfolge>
        else <Anweisungsfolge>
        fi;"
    oder ohne "else <Anweisungsfolge>",
    - Laufschleifen, dargestellt durch
        "while <logischer Ausdruck>
        do
            <Anweisungsfolge>
        od;"
    - Sprünge, dargestellt durch
        "goto <Marke>;".
    - Lese- und Schreibanweisungen, dargestellt durch
        "read(...)" bzw. "write(...)".
```

Die Kontrollstrukturen können in AAA beliebig geschachtelt sein.

Die rechte Seite einer Wertzuweisung von AAA ist ein Ausdruck, der wie üblich geklammert sein darf, und Standardfunktionen sowie Konstanten enthalten kann.

Die "Variablen" von AAA sind Knoten-Attribut/Bedingung--Paare der Form "b.a". In einem einer Graphoperation p zugeordneten AAA-Programm dürfen nur die in p vorkommenden Variablen benützt werden ('Lokalität'). Alle Variablen sind mit "#" initialisiert.

Die bei den Fibonacci-Diagrammen auftretenden Attributauswertevorschriften sind Beispiele für AAA-Programme, wenn man sich noch die begin/end-Klammerung hinzudenkt. Einen Hinweis auf die Notwendigkeit von Programmen zeigt das 'Kreisbeispiel' in Fig. 4 aus Abschnitt 2.1. Hier darf phi erst nach den anderen Anweisungen berechnet werden.

Schreibbefehle dienen meist für Fehlermeldungen.

Der Übergang von der Graphoperation zur attributierten Graphoperation geschieht analog zum Fall der gewöhnlichen Grammatiken. Es kommen noch die mittels AAA definierten Auswertevorschriften für die Attribute hinzu. Allerdings gibt es noch zwei 'Zusicherungen', PRE und POST

genannt, die manchmal recht hilfreich sind und die wegen ihrer Bedeutung syntaktisch vom AAA-Programm abgegrenzt werden. In den im Kap. 5
behandelten Beispielen treten sie nur in sehr einfacher Form auf.

Attributierte Graphoperation:

>Das Quadrupel P=(p,PRE,BODY,POST) heißt "attributierte
>Graphoperation über ATT und BED" gdw. gilt:
>
>(1)   p ist eine Graphoperation,
>
>(2)   der p zugrunde liegende Graph G ist ein bewerteter
>   Graph über den disjunkten Mengen ATT und BED,
>
>(3)   Die Bezeichnermenge von G ist eine Teilmenge der natür-
>   lichen Zahlen.
>
>(4)   PRE, POST sind logische Ausdrücke, die die Boole'schen
>   Konstanten true und false enthalten dürfen, sowie nur
>   Attribute der Form "i.a" mit folgenden zusätzlichen
>   Einschränkungen: Für PRE ist $i \in B(Gel(p)) \cup B(detU(p))$,
>   für POST ist $i \in B(Erz(p)) \cup B(detU(p))$.
>
>(5)   BODY ist ein AAA-Programm mit Variablen der Form "i.a",
>   mit $i \in B(p)$ und $a \in ATT(p) \cup BED(p)$.

>Die einzelnen Komponenten einer attributierten Graphope-
>ration werden durch PRE(P), BODY(P) oder POST(P) benannt,
>die Gesamtheit AAA(P).

Die Einschränkungen von (4) sind leicht einzusehen. Da vor der Anwendung einer Graphoperation p der Untergraph Erz(p) noch nicht vorhanden ist, können seine Attribute nicht in PRE auftreten. Analoges
gilt für Gel(p) und POST. Weil die Knoten von indU(p) i. a. zu mehr
als einem Knoten des Graphen, auf den p angewandt wird, korrespondieren können, empfiehlt es sich, attributierte Graphoperationen so einzuführen, daß in PRE und POST die Attribute von indU(p) nicht aufgenommen werden dürfen. Damit umgeht man einige definitorische Schwierigkeiten.

Die Einschränkung (3) ist nicht gravierend. Sie reflektiert die Implementierung und dient nur zur Vereinfachung der im folgenden dargestellten Sachverhalte.

PRE und POST sind Bedingungen, die vor bzw. nach der Anwendung einer Graphoperation gelten müssen. Die Brauchbarkeit einer PRE entsprechenden Vorschrift, die die Anwendung einer Graphoperation nur er-

laubt, wenn bestimmte Bedingungen erfüllt sind, zeigt schon /WEBER/. Gegen die Einführung von POST könnte man anführen, daß es der Aufbau der Graphoperation garantieren sollte, daß kein 'Fehler' nach ihrer Anwendung auftritt. Hier muß man aber an den beabsichtigten Einsatz erinnern. Attributierte Graphoperationen werden (möglicherweise erst in einem Versuch/Irrtum-Verfahren) schrittweise entwickelt. Deshalb kann es nützlich sein, wenn quasi in einem zweiten Kalkül der Entwerfer der attributierten Graphoperationen angeben kann, welchen Effekt sie haben sollen. Einige Programmiersprachen wie ALPHARD und CLU erlauben ähnliches, nämlich die Angabe von 'Zusicherungen', die erfüllt sein müssen, nachdem ein Stück Programmtext abgearbeitet wurde.

BODY ist das AAA-Programm, das zur Berechnung der Attributwerte dient. Es ist klar, daß analog zum Fall gewöhnlicher attributierter Grammatiken der Ersteller der Graphgrammatik für die Richtigkeit seiner Graphoperationen Sorge tragen muß.

Man beachte die 'Lokalität' der Attributberechnungen. Nur die in einer Regel vorkommenden Attribute dürfen für die Berechnungen der Werte der Attribute der Regel verwendet werden. Es gibt Definitionen für (gewöhnliche) attributierte Grammatiken, bei denen diese Einschränkung nicht eingehalten wird. In /HAAS/ z. B. findet man dies. Der Nachteil einer zu großen Freizügigkeit liegt auf der Hand: Die Attributabhängigkeiten werden zu unübersichtlich. Diese Feststellung würde auch für attributierte Graphgrammatiken gelten.

Es ist jetzt möglich, das Beispiel für die Spezifikation von Fibonacci-Graphiken vollständig darzustellen. Die notwendigen Graphoperationen sind in der Fig. 3 dargestellt. Hinzu kommen noch die Attributierungen, die in der Fig. 5 aufgelistet sind. In den Graphoperationen sind die Markierungen der Knoten angegeben. Da durch die Markierung und die Funktion AB die Attributierung der Knoten bereits festgelegt ist, ist es nicht mehr erforderlich, daß in den Angaben für die Berechnungsvorschriften der Attribute aufgelistet wird, welche Markierung die Knoten haben. Um eine vielen Personen vertraute PASCAL-ähnliche Terminologie zu verwenden, wird die durch die Markierung und AB bewirkte Attributierung auch 'Typ des Knotens' genannt (syntaktisch "KNOTTYP"). In Form von Kommentaren wird an den Typ der einzelnen Knoten erinnert. Die Schlüsselwörter wie "PROJEKT" und "GRAPHOP" sollen die Darstellung etwas übersichtlicher gestalten.

```
PROJEKT fibonacci;

KNOTTYP kästchen = höhe <- 1    ;       /* 'fest' für alle Knoten */
                   breite <- # ;        /* ist mit "#" vorbesetzt */
                   x_koord_luE ;        /* ist per definitionem
                                           mit "#" vorbesetzt      */
                   y_koord_luE ;

                   BED max_breite <- "breite<50" ;

KNOTTYP verb_linie = x_koord_ap ;
                     y_koord_ap ;

KNOTTYP stift ;    /* hat keine Attribute */

GRAPHOP znK;

/*       BEZEICH       1,7   : stift      ;
                       4,5,3 : kästchen   ;
                       2,6   : verb_linie ;                  */

/*       PRE           gibt es in diesem Beispiel nicht   */

         BODY = begin

                 3.breite <- 4.breite + 5.breite            ;
                 3.x_koord_luE <- 5.x_koord_luE + 5.breite + 1 ;
                 3.y_koord_luE <- 5                         ;
                     /* Man hätte es auch analog zu 'höhe'
                                        machen können */

                 2.x_koord_ap <- 5.x_koord_ap + 5.breite ;
                 2.y_koord_ap <- 5.5                        ;

             end ;

/*       POST = "3.breite<50" ;   wäre die andere Möglichkeit
                                  gewesen, die gewünschte
                                  Randbedingung zu garantieren. */

PROJEKTENDE.
```

Fig. 5

Damit ist man der Definition der Wirkung einer attributierten Graphoperation P ein Stück näher gekommen. Die Wirkungsdefinition für (gewöhnliche) Graphoperationen, die die strukturellen Veränderungen beschreiben, wird dabei Verwendung finden. Der entscheidende Zusatz wird aber sein, daß die P zugeordneten AAA-Programme mit generiert werden, indem eine Kopie des AAA-Textes angefertigt wird, in der jedoch eine konsistente Ersetzung der Knotenbezeichner erfolgen muß.

Die geforderte 'konsistente Ersetzung' wird von einer Schwierigkeit begleitet. Tritt z.B. in BODY(P) einer attributierten Graphoperation P=(p,PRE,BODY,POST) ein Knoten b∈B(indU(p)) auf, kann es nach der Definition von wirk(p,g,δ) vorkommen, daß b zu keinem, genau einem oder mehreren Knoten von g korrespondiert. Welcher Knoten von g soll z.B. im letzteren Fall in BODY(P) eingesetzt werden? Für dieses Phänomen gibt es bei gewöhnlichen attributierten Grammatiken kein Pendant. Es steht aber außer Zweifel, daß Eindeutigkeit gefordert werden muß, um determinierte Ergebnisse zu erhalten.

Die gewünschte "Eindeutigkeit" der Knotenkorrespondenzen wird durch wirk bzgl. der Knoten von Gel(p) und detU(p) garantiert.

Dieser Umstand kann auch verwendet werden, um für attributierte Graphoperationen Mehrdeutigkeiten im indU-Bereich zu vermeiden. P wird einfach so zu einem P^ umgeformt, daß diejenigen Zusammenhangskomponenten aus indU(p) in ihrer Gesamtheit nach detU(p) kommen, die (mindestens) einen Knoten beinhalten, der in PRE, BODY oder POST auftritt. Wird schließlich noch für eine die intuitive Bedeutung reflektierende Sonderbehandlung der '+'-- und '-'-Kanten gesorgt, die vollständig in den unteren Bereich des X-Konnektors gekommen sind, läßt sich die Wirkung von P auf recht einfache Weise unter Zuhilfenahme von P^ ausdrükken. Die Fig. 6 zeigt eine solche Umformung, bei der durch die nicht ausgefüllten Kreise die Knoten hervorgehoben werden, deren Attribute im zugeordneten AAA-Programm Verwendung finden.

P und P^ aus Fig. 6 müssen sich bis auf die Einschränkung gleich verhalten, daß bei einer Zusammenhangskomponente Z aus indU(p), die einen Knoten mit relevanter Attributierung enthält, nur auf genau ein Auftreten (des Bildes) von Z bei der Wirkung von P auf einen Graphen g Bezug genommen wird. Das bedeutet insbesondere, daß z.B. eine der '-'-Kante (3,2) zugeordnete Kante aus g wegfällt und eine der '+'-Kante (2,9) entsprechende Kante hinzukommt. Es muß auch noch hervorgeho-

ben werden, daß die intuitive Semantik von P die ist, daß eine zur
'-'-Kante (2,3) korrespondierende Kante in g vorhanden sein *muß*, damit
die Verwendung eines Attributes von 3 sinnvoll ist.

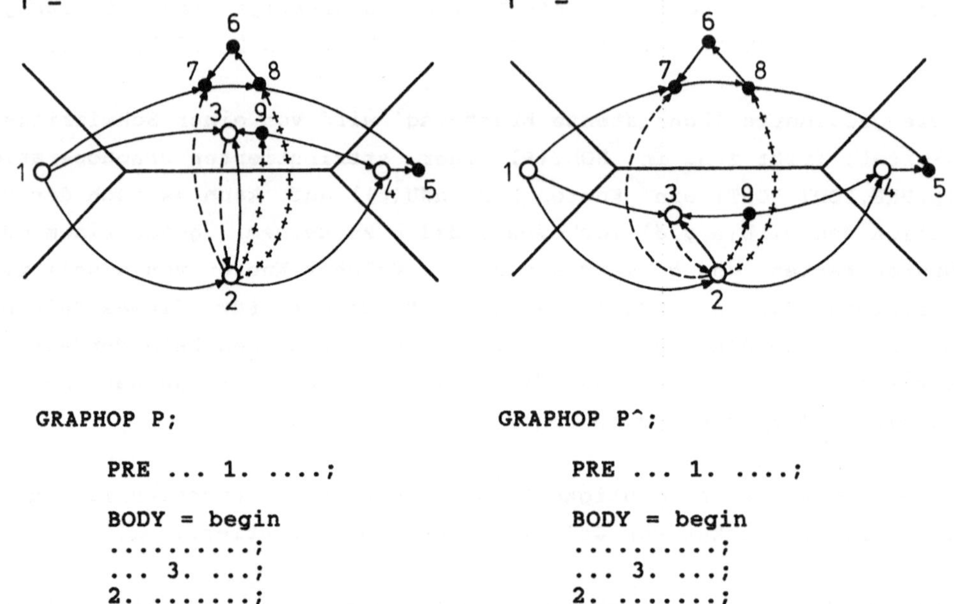


```
GRAPHOP P;                        GRAPHOP P^;

    PRE ... 1. ....;                  PRE ... 1. ....;

    BODY = begin                     BODY = begin
    ..........;                      ..........;
    ... 3. ...;                      ... 3. ...;
    2. .......;                      2. .......;
    ..........;                      ..........;
    ..... 4. .;                      ..... 4. .;
    end;                             end;

    POST ............;               POST ............;
```

Fig. 6

Die im Abschnitt 2.2 angegebene Definition für quasiäquivalente
Graphproduktionen leistet das Gewünschte. Sei r=quä(p^). Bei der Konstruktion von r werden für lS(r) alle '+'-Kanten, für rS(r) alle '-'--
Kanten in den Zwischenschritten p' bzw. p" entfernt. Die Ummarkierung
für die 'verbotenen Kanten' - und das ist der Clou in der quä-Defini-
tion - bezieht sich *nur* auf die Verbindungskanten zwischen der deter-
minierten und indeterminierten Umgebung, die auch T⁻-Kanten sind. Die
Fig. 7 zeigt das Ergebnis des Übergangs von P^=(p^,PRE,BODY,POST) zur
quasiäquivalenten Graphproduktion r=quä(p^). Die Kanten für die identische Einbettung von detU(P^) werden durch die Doppelpfeile zwischen
den gepunktet umrandeten Teilen von r angedeutet.

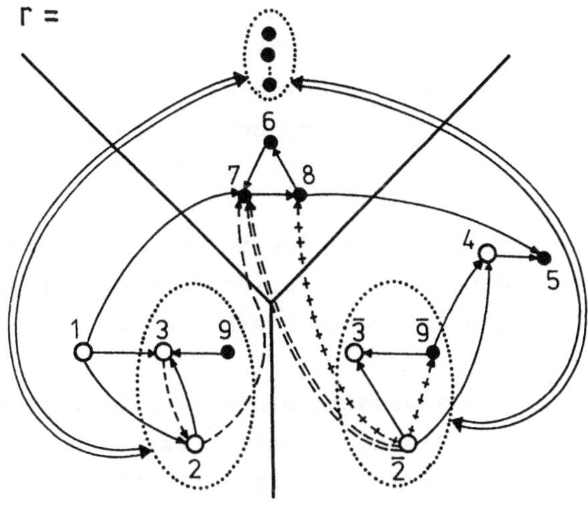

Fig. 7

Bevor die exakte Definition für die Wirkung einer attributierten
Graphoperation P=(p,PRE,BODY,POST) auf einen bewerteten Graphen
G=(g,AB,val) gegeben wird, soll der Strukturänderungseffekt mittels P
noch einmal informell zusammengefaßt werden: Der Untergraph von P, bestehend aus Gel(p), detU(p) und jenen Zusammenhangskomponenten aus in-
dU(p), die einen Knoten mit einem in PRE(P), BODY(P) oder POST(P) verwendeten Attribut enthalten, werden als Teilgraphen in g gesucht. Ge-
l(p) wird aus g entfernt und Erz(p) hinzugefügt. Die Kanten, die mit
einer '−'-Kante zur Deckung kommen (und deshalb auch vorhanden sein
müssen, denn sonst wäre der ein relevantes Attribut tragende Knoten
nicht vorhanden!) werden entfernt. Zwischen den Knoten, die zu Endknoten von '+'-Kanten korrespondieren, werden entsprechende Kanten gezogen. Ebenso gibt es neue Kanten zwischen Erz(p) und dem zu detU(p)
korrespondierenden Teil von g. Schließlich werden noch alle Kanten gezogen zwischen Erz(p) und allen Vorkommen der Zusammenhangskomponenten
aus indU(p), die keinen Knoten mit relevanter Attributierung besitzen.

Der in Fig. 6 und 7 an einem Beispiel veranschaulichte Sachverhalt
soll nun präzisiert werden.

Translation:

        Seien P=(p,PRE,POST,BODY) und P^=(p^,PRE,POST,BODY) zwei attributierte Graphoperationen. P^ heißt die "Translation" transl(P) von P gdw. folgende Bedingungen erfüllt sind:

(1)   Die p und p^ zugrundeliegenden Graphen sind identisch;

(2)   AAA(P)=AAA(P^);

(3)   ist b ein Knoten, der in PRE, BODY oder POST verwendet wird, dann ist B(ZK(b,indU(p)))$\subseteq$B(detU(p^)).

(4)   Alle anderen Knoten bleiben an ihrer Position.

Der 'Effekt', den die Anwendung einer attributierten Graphoperation P auf einen (bewerteten) Graphen G hat, setzt sich aus zwei Teilen zusammen, aus der Veränderung der Struktur ('seffekt') und aus der Veränderung von PRE, BODY und POST, was letztlich 'nur' eine textuelle Substitution der Knotenbezeichner bei den verwendeten Attributen ist ('aeffekt').

Die genauere Beschreibung der strukturellen Veränderungen durch P ist jetzt einfach. Sie verwendet die Wirkungs-Definition bzgl. der Translation P^=transl(P), also seffekt(P,G,δ) = wirk(P^,G,δ^) , wobei δ^ die Erweiterung von δ bzgl. der relevant attributierten Knoten aus indU(P) ist. Es sollte noch angemerkt werden, daß sich die Implementierung δ^ auch selbst suchen kann. Es genügt eine Angabe der Stelle, an der die Graphoperation angewendet werden soll, mittels δ.

Die notwendige textuelle Veränderung des P zugeordneten AAA-Programms, die mit einer Graphoperationsanwendung einhergeht, wird durch die eingeführten Bezeichnungskonventionen erheblich erleichtert. Die für die Attributberechnungen relevanten Knoten werden durch transl(P) festgelegt. Durch die Funktionen δ bzw. δ^ werden Knoten miteinander identifiziert. Es ist hilfreich, sich den Effekt der Identifizierung analog zu einer equivalence-Anweisung in Fortran vorzustellen. Die Knoten können (zunächst) unter ihrem bisherigen Namen angesprochen werden und unter den Bezeichnern von P (= P^). Allerdings sind nach Ausführung von P diejenigen Knoten nicht mehr ansprechbar, die mit Knoten von Gel(p) korrespondieren. Diese sind ja durch die Strukturmanipulation ersetzt worden.

Es wird vereinbart, daß die Knoten von Erz(P) im AAA-Programm mit dem Präfix "P" versehen werden. Damit kann aber immer noch keine 'globale' Eindeutigkeit erreicht werden, wenn P mehrfach angewendet wird.

Sie ist erst durch Angabe einer laufenden Nummer gewährleistet, die einer Numerierung der Graphoperationsanwendungen entspricht. Die laufende Nummer wird in Klammern hinter den Produktionsnamen gesetzt. Zusätzlich wird festgelegt, daß im AAA-Programm alle Knoten $b \in B(detU(P))$ – falls durch eine notwendige Translation Knoten verschoben worden sind, ist $B(detU(transl(P)))$ gemeint – und alle $b' \in B(Gel(P))$ in die korrespondierenden Bezeichner $\delta^(b)$ bzw. $\delta^(b')$ des bis zu diesem Zeitpunkt erstellten Graphen g umbenannt werden.

Das Beispiel der Fibonacci-Diagramme wird fortgesetzt. Es soll die attributierte Graphoperation znK aus Fig. 3 bzw. 5 auf den bewerteten Graphen g der Fig. 4 an der Stelle $\delta=\{(1,4)\}$ angewandt werden. Die sich für die Kästchengestaltung ergebenden Berechnungsvorschriften findet man in Fig. 8. Zunächst ist δ auf $\delta^=\{(1,4),(5,3),(6,2),(4,1)\}$ zu erweitern. Angenommen, znK wird zum ersten Mal angewandt. Also ist ein Präfix znK(1) zu bilden. Jeder Knotenbezeichner, der als Bild unter $\delta^$ auftritt, ist durch sein Bild unter $\delta^$ in PRE, BODY oder POST zu ersetzen. Alle anderen sind mit dem Präfix znK(1) zu versehen. Um es nur für dieses Beispiel ganz deutlich zu machen, welche der Bezeichner aus g stammen, werden diese mit dem Präfix "g" versehen. Fig. 8 zeigt auch den Graphen g' mit seinen Knotenbezeichnern.

Damit das Prinzip der Identifizierung der Bezeichner aus dem Graphen und der verwendeten attributierten Graphoperation ganz deutlich wird, ist ein weiterer Ableitungsschritt in Fig. 9 angegeben. znK wirkt am Knoten znK(1).7 von g' und ergibt g".

Der geschilderte Umbezeichnungsalgorithmus ist nicht der einzig denkbare. Wichtig ist es nur, 'globale' Eindeutigkeit in dem Sinne zu erreichen, daß z.B. bei mehrfacher Anwendung einer (attributierten) Graphoperation P im erzeugten Graphen die mehrfach eingesetzten Anteile Erz(P) unterscheidbar bleiben. (In der Implementierung wird es durch eine laufende Nummer erreicht.) Zum Verstehen des Sachverhaltes ist das geschilderte Verfahren mit dem Mitführen der Graphoperationsbezeichner besser geeignet. Es soll hier angemerkt werden, daß sich der Benutzer einer Graphoperation in den späteren Anwendungen nicht um diese Bezeichnungskonventionen kümmern muß!

```
GRAPHOP znK(1);

/*      BEZEICH
                    g.4, znK(1).7        : stift      ;
                    g.1, g.3, znK(1).3 : kästchen    ;
                    znK(1).2, g.2        : verb_linie ;

                    da znK(1).1 mit g.4,
                       znK(1).5 mit g.3,
                       znK(1).6 mit g.2 und
                       znK(1).4 mit g.1 in δ^ korrespondiert  */


/*      PRE            gibt es in diesem Beispiel nicht        */

        BODY = begin

                znK(1).3.breite <- g.1.breite + g.3.breite          ;
                znK(1).3.x_koord_luE <- g.3.x_koord_luE
                                              + g.3.breite + 1 ;
                znK(1).3.y_koord_luE <- 5                      ;
                        /* Man hätte es auch analog zu 'höhe'
                                       machen können */

                znK(1).2.x_koord_ap <- g.3.x_koord_ap + g.3.breite;
                znK(1).2.y_koord_ap <- 5.5                     ;


        end ;

/*      POST =   "znK(1).3.breite<50" ; wäre die andere Möglichkeit
                                gewesen,    die    gewünschte
                                Randbedingung   zu   garantie-
                                ren. */
```

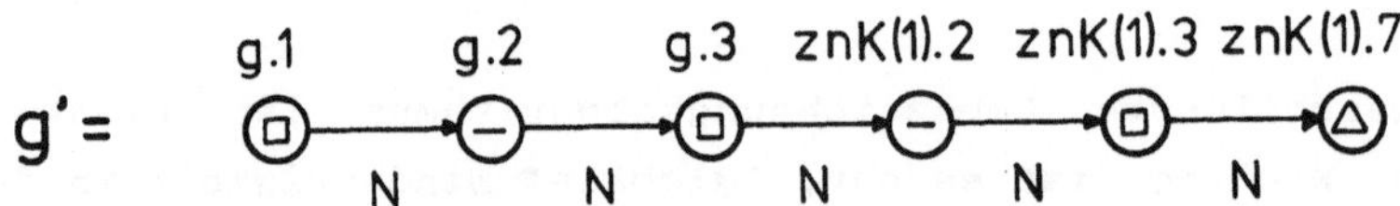

Fig. 8

```
GRAPHOP znK(2);

        BEZEICH
                znK(1).7, znK(2).7       : stift      ;
                g.3, znK(1).3, znK(2).3  : kästchen   ;
                znK(2).2, znK(1).2       : verb_linie ;

/*              da znK(2).1 mit znK(1).7,
                   znK(2).5 mit znK(1).3,
                   znK(2).6 mit znK(1).2 und
                   znK(2).4 mit g.3 korrespondiert */


/*      PRE             gibt es in diesem Beispiel nicht   */

        BODY = begin

                znK(2).3.breite <- g.3.breite + znK(1).3.breite  ;
                znK(2).3.x_koord_luE <- znK(1).3.x_koord_luE
                                        + znK(1).3.breite + 1 ;
                znK(2).3.y_koord_luE <- 5                        ;
                /* Man hätte es auch analog zu 'höhe'
                                        machen können */

                znK(2).2.x_koord_ap <- znK(1).3.x_koord_ap
                                        + znK(1).3.breite   ;
                znK(2).2.y_koord_ap <- 5.5                       ;

           end ;

/*      POST = "znK(2).3.breite<50" ; wäre die  andere Möglichkeit
                                      gewesen,    die   gewünschte
                                      Randbedingung  zu  garantie-
                                      ren. */
```

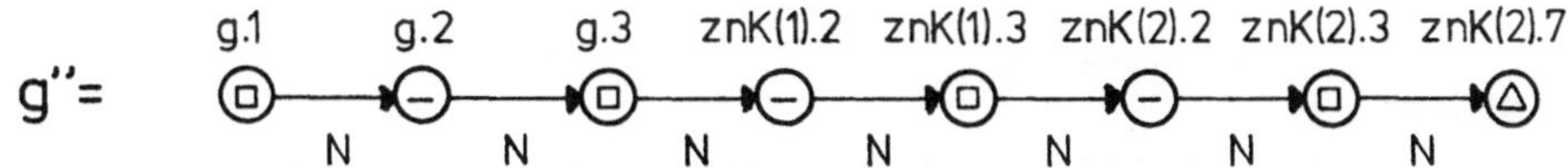

Fig. 9

Man kann sich die Frage stellen, wozu es überhaupt gut ist, wenn Knoten aus indU attributiert werden dürfen, wenn sie die Definitionen aufblähen und letztlich durch die notwendige Translation transl doch wieder nach detU geschafft werden. Die Antwort ist einfach: Es gibt immer noch die "-"-- und "+"-Kanten, die strukturelle Veränderungen erlauben. In detU allein können keine Strukturveränderungen angegeben werden.

Durch jeden Ableitungsschritt mittels einer attributierten Graphoperation wird ein weiteres, mit den vorhandenen Knotenbezeichnern aktualisiertes AAA-Programmstück erzeugt. Der strukturelle Effekt an einer Stelle δ ist dabei gleichzeitig die Nahtstelle für die Umbenennung bzw. Erzeugung der Bezeichner.

Erweiterung:

   δ und $\delta^{\wedge}$ seien zwei Teilgraphenisomorphismen. $\delta^{\wedge}$ heißt "Erweiterung von δ", wenn δ eine Restriktion von $\delta^{\wedge}$ ist.

Für den Substitutionsvorgang bei den Knotenbezeichnern wird noch eine geeignete Abkürzung benötigt. In einem AAA-Programmtext kann z.B. die Zeichenfolge "12" sowohl als Knotenbezeichner als auch als Konstante in einer Berechnungsvorschrift auftauchen. Dann sind die beiden Auftreten nicht 'semantisch gleichwertig'! In diesem Sinn soll die folgende Definition 'gutwillig' interpretiert werden, um den an sich einfachen Sachverhalt nicht durch Einbeziehung sonst notwendiger Kontexte verkomplizieren zu müssen.

Substitution:

   Mit $\mathrm{subst}(T;x_1 \rightarrow y_1, x_2 \rightarrow y_2, \ldots, x_n \rightarrow y_n)$ wird der Text bezeichnet, der entsteht, wenn simultan in einem Text T alle semantisch gleichwertigen Vorkommen der Zeichenketten x_i durch die Zeichenketten y_i ersetzt werden.

Die folgende Definition legt fest, wie eine attributierte Graphoperation P auf einen bewerteten Graphen G angewandt wird, um sowohl seine Struktur als auch die Vorschriften zur Berechnung der Attributwerte seiner Knoten zu erzeugen. D. h. insbesondere, daß die Vorschriften noch nicht ausgewertet werden.

Effekt:

Es sei P=(p,PRE,BODY,POST) eine attributierte Graphoperation sowie G=(g,AB,val) ein bewerteter Graph über ATT und
BED. Außerdem sei δ ein Teilgraphenisomorphismus, der
detU(p) mit Gel(p) in g abbildet. Schließlich sei noch δ^
eine Erweiterung von δ, die detU(transl(P)) mit
Gel(transl(P)) in g abbildet. Der "Effekt" der Anwendung von
P auf G in δ (Abk.: effekt(P,G,δ)) besteht aus den zwei Komponenten "seffekt(P,G,δ)" (Struktureffekt) und dem "aeffek-
t(P,G,δ)" (Attributeffekt), für die folgendes gilt:

(1)   Sei $\{b_1,b_2,\ldots,b_i,b_{i+1},\ldots,b_m\}$ die Menge der Knotenbe-
       zeichner von AAA(P) und die ersten i davon seien dieje-
       nigen, die auch Urbilder von δ^ sind. Weiterhin werde
       angenommen, daß P die j-te Graphoperationsanwendung
       ist. Dann ist aeffekt(P,G,δ) =
$$\text{subst}(AAA(P);b_1\text{->}\delta^\wedge(b_1),\ldots,b_i\text{->}\delta^\wedge(b_i),$$
$$b_{i+1}\text{->}P(j).b_{i+1},b_m\text{->}P(j).b_m).$$

(2)   seffekt(P,G,δ)=wirk(transl(P),G,δ^).

Der Attributeffekt relativ zu einer Komponente von
AAA(P), z.B. PRE, wird entsprechend durch PRE--
aeffekt(P,G,δ) abgekürzt.

Man beachte, daß effekt nur die Sammelbezeichnung für zwei Operationen ist. Die vollständige Behandlung der Wirkung einer attributierten Graphoperation erfolgt erst in der 'awirk'-Definition. Es sollte
deshalb nicht verwirren, daß bei (2) in der obigen Definition kein Zusatz der Art "... vorausgesetzt, PRE-aeffekt(P,G,δ) ist 'true'" gemacht wurde.

Nachdem die Attributauswertevorschriften aktualisiert wurden, können die AAA-Programme abgearbeitet werden. Erfolgte der j-te Ableitungsschritt, stehen - anschaulich gesprochen - j AAA-Programme untereinander. Der 'AAA-Programmbefehlszähler' steht auf POST des (j-1)-ten
Programms als Folge der Ausführung einer Operation "eval", die die AA-
A-Programme interpretiert.

Durch eine Beschreibung von eval wird gleichzeitig die Semantik von
AAA-Programmen definiert. Bekanntlich ist aber die Definition der Se-
mantik einer nichttrivialen Programmiersprache eine sehr aufwendige
Angelegenheit. Es würde den Rahmen dieser Arbeit sprengen und am ei-

gentlichen Zweck vorbeigehen, die AAA-Semantik formal und vollständig
zu behandeln. Es ist auch nicht nötig, da erstens AAA-Programme
selbsterklärend sind und zweitens nur als Mittel verwendet werden, um
auf Implementierungsdetails nicht näher eingehen zu müssen. Man sollte
sich erinnern, daß LISP in der Realisierung eingesetzt wird.

Selbst wenn die folgende 'Definition' einen Begriff nur durch einen
nicht genauer beschriebenen und als bekannt postulierten ersetzt, soll
sie als eine solche behandelt werden, um die optische Form des Defini-
tionsschemas zu bewahren.

Attributauswertung:

Es existiert ein geeigneter Interpreter eval, der AAA--
Programme/Anweisungen auswertet:

Tritt bei der Auswertung der rechten Seite einer Wertzuweisung an eine Variable, etwa x.y (d. h. ein Knoten x mit
einem Attribut y), oder im Teil "<logischer Ausdruck>" einer
Verzweigung bzw. einer Laufschleife eine Variable b.a auf,
mit val(b.a)=#, wird die Abarbeitung der gesamten Anweisung
suspendiert und es wird zur textuell nächsten Anweisung des
AAA-Programms weitergegangen. Sind alle Variablen der rechten Seite oder des logischen Ausdrucks definiert, wird x.y
ausgewertet und mit einer Kennung "evaluiert" versehen. Ändert sich der Status keiner Variablen bei einem vollständigen Durchlauf des Programms, sind entweder alle mit "evaluiert" versehen oder es ist eine zyklische Attributabhängig-
keit vorhanden, was zu einem Fehlerabbruch führt.

Auf diesen 'geeigneten Interpreter' wird in Kap. 4 genauer eingegangen. Er bildet die Grundlage der Implementierung der programmierten
attributierten Graphgrammatiken.

Die Entscheidung, ob zyklische Abhängigkeiten im AAA-Programm auftreten können, ist für Graphgrammatiken mit beliebiger Attributierung
sicher noch schwieriger zu entscheiden als für den Fall gewöhnlicher
attributierter kontextfreier Grammatiken, die sich als Spezialfall der
ersteren auffassen lassen. Insofern gilt auch hier ein analoges Theorem wie das von /JAZAYERY&OGDEN&ROUNDS/.

Anhand der Art der Abarbeitung von AAA-Programmen lassen sich weitere Bezüge zu gewöhnlichen attributierten Grammatiken herstellen. Soll z.B. das AAA-Programm, das parallel zur Ableitung eines bewerteten Graphen generiert wurde, in seiner Gesamtheit (Es wird also nicht nur ein AAA-Programmausschnitt betrachtet, der durch den Effekt einer einzigen Graphoperationsanwendung produziert wurde!) von oben nach unten ("top-down-Auswertestrategie") abgearbeitet werden, darf es bei keiner verwendeten Graphoperation p vorkommen, daß im 'assoziierten' AAA-Programm ein Attribut eines Knotens aus Erz(p) zur Berechnung verwendet wird, das selbst erst nach einer weiteren Graphoperationsanwendung bekannt sein kann. Der 'Verarbeitungsstrom' muß quasi von Gel(p) nach Erz(p) gehen. Außerdem ist noch zu beachten, daß nicht bereits durch ungeschicktes Aufschreiben innerhalb des AAA-Programms einer Graphoperation die top-down-Auswertestrategie verletzt wird.

Da es nicht sinnvoll ist, bei Graphen von 'links' oder 'rechts' zu sprechen, soll auf weitere Analogien, etwa zu "L-Attributierung", nicht eingegangen werden.

Wie die Attributabhängigkeiten aussehen müssen, um für jedes AAA-Programm eines abgeleiteten bewerteten Graphen eine effiziente 'Einpaßauswertung' zu erhalten, ist noch nicht hinreichend untersucht. Die im Kap. 5 beschriebenen Beispiele sind mit attributierten Graphgrammatiken realisiert, die eine 'Mehrpaßauswertung' verlangen.

In diesem Zusammenhang sei darauf hingewiesen, daß mit den Attributauswertestrategien untrennbar auch die Syntaxanalyse verknüpft ist (s. z.B. /WILHELM/). In der vorliegenden Arbeit wird aber keine Analyse vorhandener Graphen betrieben, sondern eine Synthese. Deshalb treten die mit der Analyse verbundenen Fragestellungen wie der Wunsch nach Sackgassenfreiheit nicht auf.

Es ist auch nicht nötig, einen 'Syntaxbaum' bei der Synthese mitzuführen. Der aktuelle Graph gibt den Stand der Ableitung an. Die Reihenfolge der Attributauswertung wird über das AAA-Programm festgelegt. Somit findet keine 'Baumtraversierung' statt. Es ist aber möglich, den Begriff des Syntaxbaumes bei allgemeinen - also nicht nur kontextfreien - Graphgrammatiken nachzubilden.

In Fig. 4 des Abschnitts 2.1 ist ein Beispiel angegeben. Ein Syntax-"Hyperbaum" ist ein spezieller "Hypergraph". Nach /BERGE/ ist ein Hypergraph ein Paar (X,E), wobei X die Knotenmenge ist und E die Menge der Kanten. Allerdings sind die Kanten nicht nur durch zwei Knoten definiert. E ist eine Teilmenge der Potenzmenge $P(X)$. Demnach kann eine Kante auch durch mehr als zwei Knoten bestimmt sein. Dies hat den Vorteil, daß Hypergraphen mehrstellige Relationen darstellen können, was z.B. im Datenbankbereich gebraucht wird. Im Beispiel ist es die Relation "wird abgeleitet zu". Graphisch werden Hypergraphen dadurch repräsentiert, daß die Knoten einer Kante durch eine geschlossenen (kreuzungsfreie) Kurve zusammengefaßt sind. Die Fig. 10 gibt ein Beispiel, das gleichzeitig die Erzeugung eines elektrischen Widerstandsnetzes nach /GÖTTLER84/ mittels einer attributierten Graphgrammatik illustriert. 'Hyperkanten' sind gestrichelt gezeichnet. Die attributierten Graphoperationen PP, PS, PR aus Fig. 11 verändern die Struktur der Netze und geben die Formeln für den Widerstand R einer Parallelschaltung, einer Serienschaltung bzw. eines (terminalen) Widerstandes an. Die Knotenbezeichner im Durchschnitt zweier Hyperkanten in Fig. 10 sind innerhalb mit dem Namen der vorhergehenden, außerhalb mit dem Namen der nachfolgenden Produktion versehen. Die dick gezeichneten Kanten stellen mit den Knoten, die durch sie verbunden werden, das 'terminale' Widerstandsnetz dar. Die ausgefüllten Knoten stehen für Lötpunkte. Das 'Startnetz' hat die Knotenbezeichner l, m und n. Man beachte, daß die Kanten Verbindungsdrähte repräsentieren, über die die attributierte Graphgrammatik nichts aussagt. Das entstehende AAA-Programm ist mit angegeben. Es berechnet den Gesamtwiderstend des Knotens n, der das vollständige Netz repräsentiert.

Syntaxanalyse bei Graphen zu betreiben bedeutet, einen Algorithmus anzugeben, der aus einem Graphen relativ zu einer Graphgrammatik den Syntaxhyperbaum erzeugt, also die Folge der Produktionsanwendungen rekonstruiert. /KAUL/ beschreibt Verfahren für eine eingeschränkte Grammatikklasse.

Die Fig. 10 ist auch ein Beispiel für eine notwendige Mehrpaßauswertung. Zunächst ist val(n.R)=#, da die Variablen auf der rechten Seite auch den Wert # haben. Die Variablenwerte werden erst in mehreren Durchläufen sukzessive berechnet.

Besonders in Fig. 8 und 9 ist deutlich geworden, daß die Wirkung einer attributierten Graphoperation P eine doppelte ist. Es wird sowohl die Struktur eines bewerteten Graphen G zu einem G' verändert als auch das bislang erstellte AAA-Programm um das modifizierte AAA(P) verlängert. Für das entstandene Programm ist noch ein Name nötig.

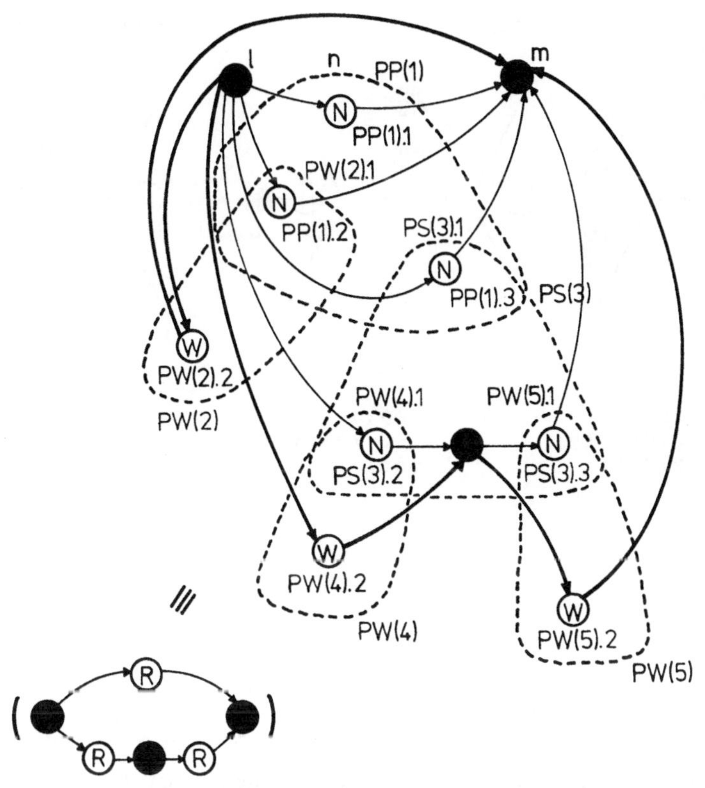


```
begin
     n.R <- (PP(1).2.R*PP(1).3.R)/(PP(1).2.R+PP(1).3.R);
end;
begin
     PW(2).2.R <- 500;
     PP(1).1.R <- PW(2).2.R;
end;
begin
     PP(1).3.R <- PS(3).2.R+PS(3).3.R;
end;
begin
     PW(4).2.R <- 500;
     PS(3).2.R <- PW(4).2.R;
end;
begin
     PW(5).2.R <- 500;
     PS(3).3.R <- PW(5).2.R;
end;
```

Fig. 10

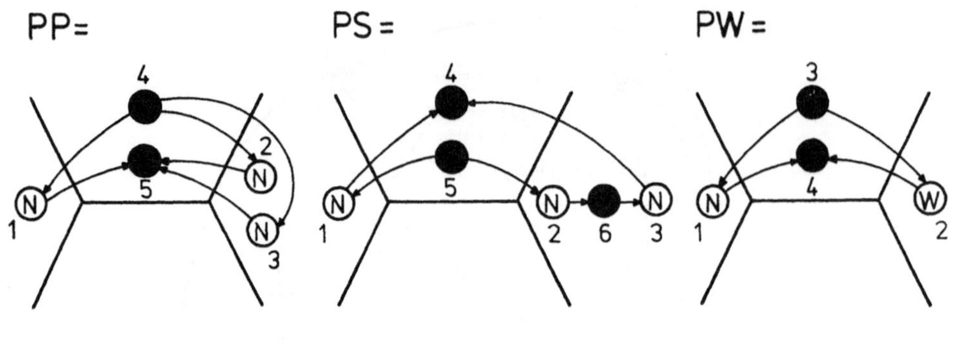


```
BODY=begin                BODY=begin              BODY=begin
   1.R<-(2.R*3.R)/           1.R<-2.R+3.R;           2.R<-500;
     (2.R+3.R);                end;                  1.R<-2.R;
   end;                                                end;
```

Fig. 11

Assoziiertes AAA-Programm:

        Sei G ein bewerteter Graph. Ein AAA-Programm, bei dem nur die Knoten- und Attribut/Bedingungsbezeichner von G in den Variablen verwendet werden, heißt "ein mit G assoziiertes AAA-Programm" (Abk.: AAA(G)).

Es bleibt noch nachzutragen, welches Programm mit dem Startgraphen zu assoziieren ist. Das ist einfach, denn jedem bewerteten Graphen kann man ein AAA-Programm auf triviale Weise zuordnen: Es besteht nur aus einer Folge von Wertzuweisungen, die aus den die Bewertungsfunktion val bestimmenden Paaren gebildet werden (meist mit "#" als rechter Seite.) AAA(G) ist dann bis auf semantikneutrale Permutationen der Wertzuweisungen festgelegt.

Wirkung einer attributierten Graphoperation:

        Sei P=(p,PRE,BODY,POST) eine attributierte Graphoperation, G=(g,AB,val) und G'=(g',AB',val') seien bewertete Graphen über ATT und BED. Die Wirkung awirk(P,G,δ) der Anwendung von P auf G in δ ist der attributierte Graph G' mit dem assoziierten AAA-Programm AAA(G'), wenn folgendes gilt:

(1)   AAA(G')=AAA(G)//aeffekt(P,G,δ); "//" ist die textuelle Konkatenation;

(2)   eval(PRE-aeffekt(P,G,δ))=true;

(3)   g'=seffekt(P,G,δ);

(4)   eval(POST-aeffekt(P,G,δ))=true;

(5)   ist $b \in B(g')$ und $a \in ATT(G')$, dann ist val'(b.a) gleich dem von eval berechneten Wert der rechten Seite der Wertzuweisung, auf deren linken b.a steht.

Wie im letzten soll auch in diesem Abschnitt am Ende die Überschrift gerechtfertigt werden:

Attributierte Graphgrammatik:

    Das Paar AGG=(AGO,BSG) heißt "attributierte Graphgrammatik" gdw. AGO eine Menge attributierter Graphoperationen und BSG ein bewerteter (Start)Graph ist.

Damit ist das Ziel dieses Abschnitts erreicht, und die notwendigen Begriffe sind eingeführt. Bei aller Mühe sollte man sich als Trost vor Augen halten, daß hier nicht nur ein abstrakter Formalismus dargestellt wurde, sondern gleichzeitig auch grundsätzliche Überlegungen für seine Implementierung angegeben wurden.

"Per aspera ad astra."

2.4 Programmierte attributierte Graphgrammatiken

Im Abschnitt 2.2 wurde bereits bemerkt, daß jeder Typ der Chomsky--Hierarchie für gewöhnliche, formale Sprachen sich auf Graphgrammatiken übertragen läßt. Somit erreicht man mit Graphgrammatiken auch den Bereich der rekursiv aufzählbaren Mengen. Es kann deshalb nicht mehr darum gehen, Mechanismen anzugeben, um die generative Kraft der graphischen Typ-∅-Grammatiken zu erweitern. Es sollte aber der Umgang mit ihnen bei konkreten Anwendungen noch erleichtert werden. Ein Schritt in diese Richtung war die Verwendung von Attributen. Attributierte Graphoperationen können jedoch immer noch recht unübersichtlich sein, obwohl sie ad-hoc-Strukturen wie die Zusatzknoten beim Beispiel der Fibonacci-Diagramme im Abschnitt 2.3 überflüssig machen. Im folgenden werden die Grundlagen für einen weiteren vereinfachenden Schritt behandelt, nämlich dafür, wie eine einzelne komplizierte Graphoperation in mehrere einfachere Graphoperationen zerlegt werden kann, die aber in einer vorgeschriebenen Reihenfolge angewendet werden müssen.

Programmierte Grammatiken wurden von /ROSENKRANTZ/ entwickelt. Seine Motivation kann man für den Graphenfall kommentarlos übernehmen. "A major advantage of using programmed grammars is that the grammar can often generate the sentence of a language in a manner which corresponds to the way in which humans would envision the generation. ... Writing a programmed grammar for a given language is similar to writing a program for the generation of its sentences." Die angegebenen Originaldefinitionen lassen sich aber nicht so einfach übertragen.

(Gewöhnliche) programmierte Grammatiken bestehen in ihrem "Kern" aus einer (Zeichenketten)Grammatik (s. Abschnitt 2.1). Die Produktionen (vgl. Abschnitt 2.1) sind durch Elemente einer Menge I identifizierbar, beispielsweise indem sie durchnumeriert werden. Bei jeder Ersetzungsregel r der Grammatik ist ein Paar (E,M) angegeben, wobei E,M$\subseteq$I sind. Falls r auf die aktuell vorliegende Satzform anwendbar ist, wird eine der Regeln als nächste ausgeführt, die mit einem Element aus E ("Erfolgsfall") identifiziert sind. Im andern Fall ("Mißerfolg") wird eine mit einem Element aus M identifizierte Produktion angewandt. Außerdem wird festgelegt, daß die Anwendung auf eine Satzform "so weit links wie möglich" zu erfolgen hat.

Programmierte Grammatiken sind sehr mächtige Instrumente. In /ROSENKRANTZ/ wird z.B. bewiesen (Theorem 6), daß die Menge der Sprachen, die durch programmierte Grammatiken mit bloß kontextfreier Grammatik als Kern erzeugt werden, bereits zur Menge der rekursiv aufzählbaren Sprachen identisch ist.

Programmierte Grammatiken schränken das laissez-faire gewöhnlicher Zeichenkettengrammatiken auf zweierlei Weise ein: Erstens wird die Stelle der Ersetzung vorgeschrieben; zweitens wird von allen an der Stelle anwendbaren Regeln eine Auswahl getroffen. Die Vorgabe einer für den nächsten Ableitungsschritt zulässigen Teilmenge von Graphoperationen wäre auch für Graphgrammatiken problemlos. Eine Angabe wie "am weitesten links" zur Festlegung der Stelle, wo die nächste Anwendung zu erfolgen hat, ist jedoch problematisch. /BUNKE79/ zeigte für Graphgrammatiken einen Weg, wie man die Stelle der nächsten Anwendung festlegen kann: In allen Graphproduktionen wird je ein Knoten der linken und rechten Seite als "Fixknoten" ausgezeichnet. Auch der Startgraph hat einen Fixknoten. In jedem Ableitungsschritt taucht somit ein Fixknoten auf. Die Anwendung einer "ortsabhängigen" Graphproduktion p verlangt nicht nur, daß ein Bild der linken Seite von p im Graphen g, auf den p angewandt wird, vorhanden ist, sondern auch, daß das Bild des Fixknotens der linken Seite von p der Fixknoten von g ist. Für die Festlegung der Reihenfolge der Graphproduktionsanwendungen ist ein "Kontrolldiagramm" zuständig, das genau einen "Start-" und genau einen "Stopknoten" besitzt.

So wie in der vorliegenden Arbeit die Graphoperationen definiert sind, ist eine Angabe der Stelle der Anwendung einfach. Es muß ohnehin sowohl bei wirk als auch für awirk mittels δ die Stelle vorgeschrieben werden. Zur Festlegung des Kontrollflusses wird eine Programmiersprache PGA ("Programmierte Graphoperationsanwendung") definiert. Auch diese ist in der Realisierung letztlich LISP. Bevor die formalen Definitionen gegeben werden, soll erst wieder ein kleines Beispiel die Problematik erläutern.

Dazu werden wieder die schon bekannten Fibonacci-Diagramme betrachtet. Bisher wurde auf einen Schritt sowohl eine Verbindungslinie als auch ein Kästchen erzeugt. Angenommen, es soll jetzt mit zwei Schritten dasselbe erreicht werden. Zuerst wird also eine Verbindungslinie und dann ein Kästchen generiert. Die Fig. 1 zeigt die notwendigen attributierten Graphoperationen zL ("zeichne Linie") und zK ("zeichne Kästchen") sowie die notwendigen AAA-Programme in verkürzter Form. Der Knoten, der in den Graphen der einzelnen Ableitungsschritte zu den Knoten 1 in zL bzw. zK korrespondieren soll, wird der Einfachheit halber mit f bzw. f' bezeichnet. Um ein Verbindungslinie-Kästchen-Paar zu erzeugen, müssen zL und zK hintereinander - durch "sapp ... end" ("sequential application") gekennzeichnet - ausgeführt werden, also etwa:

```
sapp awirk(zL,G1,δ₁);
     awirk(zK,G2,δ₂)
end;
```

wobei $G2=seffekt(zL,G1,δ_1)$, $δ_1=\{(zL.1,f)\}$ und $δ_2=\{(zK.1,f')\}$.

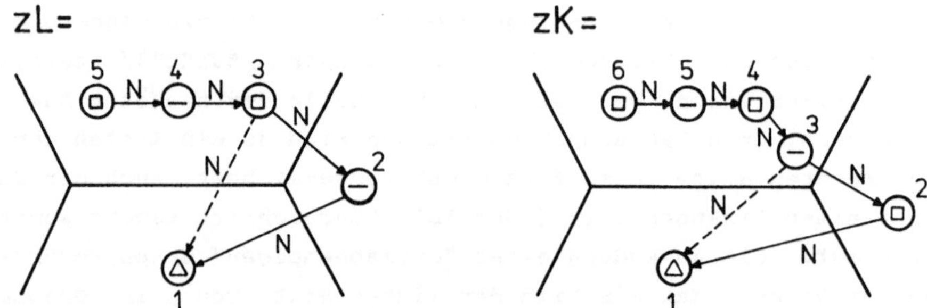


```
2.x_koord_ap<-3.x_koord_luE+3.breite;    2.x_koord_luE<-3.x_koord_ap+1;
2.y_koord_ap<-5.5;                        2.y_koord_luE<-5;
                                          2.breite<-6.breite+4.breite;
```

Fig. 1

Man beachte, daß es hier nicht Aufgabe der Theorie ist und sein muß, anzugeben, wie die "δ" zu finden sind. Die Definition von awirk (und die Definitionen von wirk sowie anw, auf die awirk im Abschnitt

2.3 zurückgeführt wurde) verlangt nur die Existenz von "δ". Es wird hier also eine *Spezifikation* von programmierten attributierten Graph-grammatiken angegeben. Damit ist nicht vorgeschrieben, wie sich eine mögliche *Implementierung* die "δ" beschafft. Beispielsweise könnte sie verlangen, daß vom Benutzer bei jedem intermediären Schritt die näch-ste Stelle der Anwendung, also δ selbst, abgefragt wird. Eine andere Möglichkeit wäre, ein Bild von Gel und detU einer Graphoperation durch eine Systemfunktion erst finden zu lassen. Dann gibt es wieder die Al-ternative einer unmittelbaren Anwendung im Anschluß an die Suchopera-tion oder die einer Anwendung nach Anfrage und Entscheidung durch den Benutzer, ob oder ob nicht eine Anwendung bei der gefundenen Stelle durchgeführt werden soll. Denkbar ist auch, daß sich ein δ für einen Knoten b1 einer Graphoperation P1 auf einen Knoten b2 in einer Graph-operation P2 bzgl. ihrer i-ten Anwendung direkt bezieht, also etwa δ={(P1.b1,P2(i).b2),...}. Alle diese Versionen sind durch die Defini-tion von awirk möglich. Genaueres darüber findet man im Kap. 4.

Es ist unproblematisch, wenn in einer Anwendungssequenz eine Graph-operation P nur auf triviale Weise auf einen Graphen G anwendbar ist, d. h. wenn es kein Bild von Gel(P)UdetU(P) in G gibt. Dazu beachte man, daß die Operation anw, auf die awirk zurückgeführt wird, in Ab-schnitt 2.2 für diesen Fall so definiert ist, daß der zu manipulieren-de Graph unverändert bleibt. Also ist awirk(P,G,δ)=G und das nächste awirk wirkt auf G.

Neben der Sequenz sind weitere Vorschriften für die Steuerung der Anwendungen von Graphoperationen bequem. Soll etwa eine Strukturverän-derung eines Graphen "solange erfolgen, bis" die Anwendung der Graph-operationen nur noch trivial im o. g. Sinne ist, benötigt man eine Art while-Schleife, die künftig durch "wapp ... end" dargestellt wird. Da-bei steht "wapp" für "while applicable". Die Semantik ist einem pro-grammiersprachlichen "while true do ..." nachempfunden: Der Abbruch der Schleife geschieht von 'innen heraus'. Wenn keine Veränderung des Graphen mehr erfolgt, weil etwa keine nach wapp aufgelistete Produk-tion anwendbar ist, stoppt die Iteration. (Dieses Abbruchkriterium ist i. a. unentscheidbar.)

Für eine Anwendung könnte man beispielsweise die Generierung von Diagrammen der Sorte, wie sie Fig. 2 zeigt, durch die Wiederholung ei-ner Sequenz aus zwei Graphoperationen bewerkstelligen. Die eine er-zeugt bei jeder Anwendung eine Speiche, die andere die kleinen Strah-len. (Die Anwendung wird nicht durch awirk ausgedrückt, sondern der

Einfachheit halber durch die Angabe der Graphoperationsbezeichner):

```
wapp  sapp
        zeichne_Speiche;
        zeichne_Strahlen;
    end;
end;
```

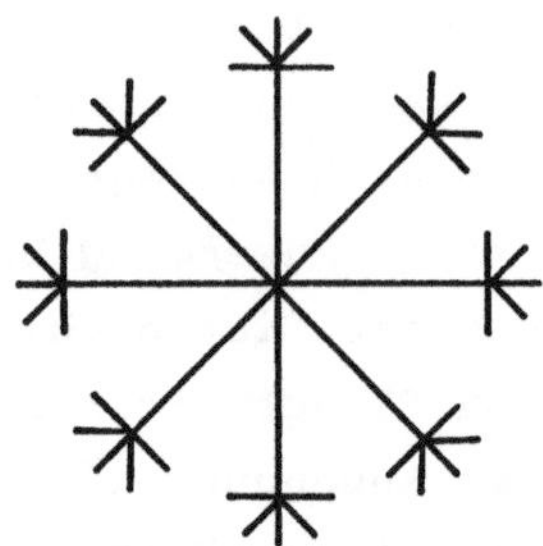

Fig. 2

Freilich gibt es auch noch andere Möglichkeiten, solche 'Muster' herzustellen. Die Erzeugung der kleinen Strahlen kann z.B. wieder in einer Schleife geschehen. Die Spezifikation dieser Version der Diagrammgenerierung könnte durch folgendes Programm mit zwei geschachtelten Schleifen angegeben sein:

```
wapp  sapp
        zeichne_Speiche;
        wapp
            zeichne_Strahl;
        end;
    end;
end;
```

Eine letzte Kontrollstruktur erweist sich noch als nötig, die Auswahl capp ("case application"). Sie erlaubt, aus einer Menge von angegebenen Graphoperationen je nach Situation eine auszuwählen. Dabei wird in der Reihenfolge der Aufzählung probiert, ob die Graphoperationen anwendbar sind. Bei der ersten, die auf nichttriviale Weise anwendbar ist, erfolgt die Anwendung und die Beendigung der Kontrollstruktur. Die capp-Anweisung hat durch ihre quasi sequentielle Abarbeitung eine gewisse Ähnlichkeit mit sapp. Im Unterschied zu sapp wird jedoch nach der ersten strukturverändernden Anwendung abgebrochen; bei sapp bis zum Ende weitergemacht.

Die Syntax von PGA-Programmen läßt sich wie folgt zusammenfassen:

PGA-Programme haben die Gestalt: <Kontrollanweisung>

Eine Kontrollanweisung kann sein

-- Sequenz, dargestellt durch
   "sapp <Anweisungsfolge> end;"

-- Wiederholung, dargestellt durch
   "wapp <Anweisungsfolge> end;"

-- Auswahl, dargestellt durch
   "capp <Anweisungsfolge> end;"

Eine Anweisungsfolge besteht aus Anweisungen der Art

-- Kontrollanweisung

-- awirk-Anweisung

PGA-Programme können also prinzipiell beliebig geschachtelt sein. In den untersuchten Anwendungen des Kap. 5 waren keine komplizierten Programme vonnöten.

Anders als für eval, den Interpreter (also die Semantik) von AAA-- Programmen, der jedem Programmierer geläufig sein müßte und somit auf weitere Angaben verzichtet werden konnte, muß hier die Interpretation von PAG-Programmen genauer angegeben werden.

Für die Beschreibung der Semantik einer Programmiersprache hat man zunächst die Wahl zwischen zwei Gruppen von Methoden, den compilerori- entierten und den interpreterorientierten. Bei den ersteren versucht man, die Programme sukzessive in eine andere syntaktische Form zu übersetzen. Bei den letzteren werden beschrieben, wie eine Menge von 'Objekten' durch ein Programm bzw. einzelne Anweisungen transformiert werden. Die interpreterorientierten Methoden werden noch eingeteilt in operationale, denotationale oder propositionale Vorgehensweise.

Da mit LISP gearbeitet wird, scheiden die compilerorientierten Me- thoden ohnehin aus. Von den interpreterorientierten erscheint die propositionale, also die nach Hoare unter Zuhilfenahme des Prädikatenkalküls, auch nicht geeignet. Beispielsweise wurde awirk definiert über die tatsächlich ablaufenden Veränderungen eines Graphen und nicht über irgendwelche Relationen.

Bei operationalen Methoden wird eine Menge von 'Zuständen' einer gedachten Maschine beschrieben (z.B. die Beziehung zwischen Identifikatoren und ihrem aktuellen Wert). Die Bedeutung eines syntaktischen Konstrukts, das eine Operation repräsentiert (z.B. Wertzuweisung), wird durch seine Wirkung auf die Zustände festgelegt. So etwas kann man für programmierte attributierte Graphgrammatiken gut gebrauchen, wenn die abgeleiteten Graphen zusammen mit den AAA-Programmen als Zustände erachtet werden!

Will man außerdem von den konkreten Zustandsveränderungen abstrahieren, indem die Bedeutung von Programmkonstrukten nur noch durch die zustandsverändernden Funktionen beschrieben werden soll, bieten sich die denotationalen Methoden an. Für sie muß aber die Definiertheit der Funktionen garantiert sein. Definitions- und Wertebereiche solcher Funktionen für PGA-Programme sind jedoch wieder Graphen und konkatenierte AAA-Programmtexte. Es bliebe auch nichts anderes übrig, als die semantischen Zustandsveränderungsfunktionen letztlich doch nur über Einzelschritte zu definieren. Dann aber bietet sich der Einfachheit halber gleich ein operationaler Ansatz an.

Ob denotational oder operational, in beiden Fällen wird induktiv über den Aufbau der Syntax die Semantik festgelegt. Induktionsgrundlage ist awirk, dessen Semantik im Abschnitt 2.3 hinreichend beschrieben wurde. Kontrollstrukturen und ihre Schachtelungen werden letztlich darauf zurückgeführt. In der anschließenden Definition der Semantik von PGA wird ein "Θ" auftauchen, über das dort keine weitergehenden Angaben mehr gemacht werden. Es handelt sich dabei je nach Bedarf um eine die Stelle der Anwendung beschreibende Funktion δ bei einfachem awirk oder um eine geeignet gewählte Folge von $\delta_1, \delta_2, \ldots, \delta_n$ bei einer Sequenz oder Auswahl, die nur aus einfachen awirk-Angaben bestehen. Bei einer Wiederholung kann es sich sogar um eine abzählbar unendliche Menge von $\delta_1, \delta_2, \ldots$ handeln. Ist in einer Kontrollanweisung K wieder eine andere geschachtelt und befindet diese sich z.B. an der Position j, besteht Θ für diese textuelle Position aus einem geeigneten Θ_j. Alle δ_i sind Funktionen der Bezeichner von Knoten aus Gel und detU von den in den PGA-Programmen verwendeten attributierten Graphoperationen in die Menge aller Knotenbezeichner der ableitbaren Graphen. Die Problematik wurde oben schon diskutiert. Die Funktionen existieren alle, und es ist Aufgabe der Implementierung, sie aktuell anzugeben. (Von der Theorie her genügt ein Verweis auf das Auswahlaxiom.)

In der nun folgenden Definition der Semantik von PGA-Programmen tritt das Prädikat "triv_anw(K,G,Θ)" auf. Es soll festlegen, wann eine PGA-Anweisung 'trivial anwendbar' auf einen attributierten Graphen ist. Das Prädikat wird durch strukturelle Induktion definiert: Induktionsgrundlage ist die awirk-Anweisung, die genau dann als trivial anwendbar angesehen wird, wenn awirk(P,G,δ)=G ist. (Man beachte, daß es demnach für eine nichttriviale Anwendbarkeit genügt, daß P nur ein Attribut von G verändert.) Besteht eine Kontrollstruktur K nur aus awirk-Anweisungen, dann heiße K trivial anwendbar genau dann, wenn alle awirk-Anweisungen trivial anwendbar sind. Ensprechend muß nur noch der Vollständigkeit halber definiert werden, daß eine aus beliebigen Anweisungen (also auch aus Kontrollstrukturen) aufgebauten Kontrollstruktur genau dann trivial anwendbar ist, wenn alle Anweisungen nur trivial anwendbar sind.

Ist eine Graphoperation nur trivial anwendbar, muß dafür Sorge getragen werden, daß durch sie an das G zugeordnete AAA-Programm nichts relevantes konkateniert wird. Für diesen Fall wird festgelegt, daß aeffekt(P,G,δ)=ε, also die leere Zeichenkette ist. Das wird durch die Einführung einer Anweisung NOP ("no operation") in die Metasprache (also des Mittels, mit dem über PGA-Programme gesprochen wird) verdeutlicht. Noch ein weiterer Hinweis: "if-then-else" ist auch eine Anweisung der Metasprache. Die Bedeutung dieser beiden Konstrukte sollte klar sein und aus der Bezeichnung hervorgehen.

Semantik von PGA-Programmen:

```
-- EVAL(awirk(P,G,Θ);G;Θ) = if-then-else(triv_anw(awirk(P,G,Θ),
                                         NOP,
                                         awirk(P,G,Θ)))


-- EVAL(sapp K₁;K₂;...;Kₗ end;G₁;Θ) = EVAL(K₁;G₁;Θ₁) °
                                      EVAL(K₂;G₂;Θ₂) °
                                      .............. °
                                      EVAL(Kₗ;Gₗ;Θₗ)
```

wobei $K_1, K_2, ..., K_l$ PGA-Anweisungen sind, "°" ist die Hintereinanderausführung (von EVAL) und die G_j sind die Graphen, die sich durch die Ausführungen der PGA-Anweisungen ergeben.

```
--    EVAL(capp K₁;K₂;...;Kₘ end;G;Θ) =
              if-then-else(triv_anw(K₁,G,Θ₁)  ∧
                      triv_anw(K₂,G,Θ₂)  ∧
                      ................  ∧
                      triv_anw(Kᵢ₋₁,G,Θᵢ₋₁)  ∧
                      ¬triv_anw(Kᵢ,G,Θᵢ) ∧ i≤n,
                      EVAL(Kᵢ,G,Θᵢ),
                      NOP)


--    EVAL(wapp K₁;K₂;...;Kₙ end;G₁;Θ) =
                  EVAL(K₁;G₁;Θ₁)  °
                  EVAL(K₂;G₂;Θ₂)  °
                  .............
                  EVAL(Kₙ;Gₙ;Θₙ)  °
                  EVAL(wapp K₁;K₂;...;Kₙ end;Gₙ₊₁;Θ')
```

Der Vollständigkeit halber soll dieser Abschnitt auch mit der Definition seines Überschriftsbegriffs enden.

Programmierte attributierte Graphgrammatik:

Das Paar PAGG=(AGG,PGAP) heißt "programmierte attributierte Graphgrammatik" gdw. AGG eine attributierte Graphgrammatik und PGAP eine Menge von PGA-Programmen ist, die als awirk-Anweisungen nur Graphoperationen aus AGG verwenden.

Jetzt sind mit diesen Ausführungen über die Möglichkeiten, die Steuerung der Anwendungen von attributierten Graphoperationen einem Programm zu überlassen, alle theoretischen Grundlagen behandelt, die in den folgenden Kapiteln für ein tieferes Verständnis mancher Entwurfsentscheidung notwendig sind.

"Eine physikalische Theorie pflegt
sich in dem Maße durchzusetzen, wie
ihre Gegner aussterben."

(M. Planck)

3 Modellieren mit programmierten attributierten Graphgrammatiken

Zusammenfassung:

Die Vorstellung der theoretischen Grundlagen für die Manipulation von Graphen begann mit "Graphgrammatiken". Dann folgte deren "Attributierung" und schließlich die "Programmierung". Wie die Abschnitte dieses Kapitels zeigen werden, spiegelt die Reihenfolge auch die Vorgehensweise beim praktischen Einsatz von programmierten attributierten Graphgrammatiken wider.

In der vorliegenden Arbeit wird zwar das Anwendungsgebiet 'Editoren für graphische Softwareentwicklungsmethoden' besonders betont, es ist jedoch nur eines (überdies sehr natürlich erscheinendes) von vielen denkbaren für die vorgestellte Theorie. Beispielsweise verwenden /ENGELS/ und /SCHÄFER/ einen solchen Grammatiktyp zur Implementierung von IPSEN ("Incremental Programming Support Environment"). In diesem Projekt werden die gesamten vielfältigen Programmstrukturen z.B. von Variablen eines Programms in ihrem Kontext durch attributierte Graphen repräsentiert. Änderungen des Programmtextes z.B. durch eine Deklaration oder durch eine Anweisung resultieren in Änderungen des Repräsentierungsgraphen.

Das Prinzip für die Vorgehensweise bei der Problemlösung mittels (programmierter attributierter) Graphgrammatiken ist: Man suche eine geeignete Datenstruktur, die nicht unbedingt – wie in der Informatik häufig – ein Baum sein muß. Die auf der Datenstruktur zulässigen Operationen werden durch eine geeignete Graphgrammatik beschrieben.

Diese Vorgehensweise ist nicht neu. Sie wurde bereits in /SCHNEIDER74/ vorgeschlagen und anhand eines einfachen Beispiels demonstriert. Erst mit den Arbeiten von /GALL83/, /ENGELS/, /SCHÄFER/ und der vorliegenden ist begonnen worden, die damals empfohlene Methode auf realistische Softwareprojekte anzuwenden.

Die vorliegende Arbeit geht allerdings noch einen Schritt weiter als die anderen genannten. Die programmierten attributierten Graphgrammatiken können nicht nur als 'Denkzeug' verwendet, sondern auch durch eine Rechenanlage interpretiert werden. Genaueres dazu bringt Kap. 4. Welche Vor- und Nachteile dies hat, läßt sich anhand moderner Methoden des Compilerbaus demonstrieren: Man kann z.B. attributierte Grammatiken als Konzept für die Implementierung des Übersetzers einer Programmiersprache verwenden, indem neben anderem auch der kontextsensitive Teil der Syntax und die Semantik der Sprache durch eine solche Grammatik beschrieben werden. Es bleibt dann aber immer noch die Wahl, den Compiler entweder an der Sprachdefinition orientiert systematisch von Hand zu entwickeln oder ein automatisiertes Werkzeug wie einen Compiler-Generator zur Erstellung des Compilers einzusetzen. Die erste Alternative hat den Vorteil, daß man bei Bedarf flexibel sein kann, um z.B. Optimierungen einzuprogrammieren, oder um unbequeme Konventionen des Grammatiktyps zu umgehen. Beim Compiler-Generator muß man sich bei den zulässigen Grammatiken und Attributierungen jedoch genau an die Normen halten. Die erzeugten Compiler sind von ihrer Effizienz her oft unbefriedigend. Allerdings sind sie nach einer Grammatikänderung einfach herzustellen.

So banal es klingt, es kommt demnach immer auf den eigentlichen Zweck an: Will man wie im IPSEN-Projekt oder in ähnlichen (s. z.B. /TEITELBAUM&REPS/) eine echte Produktionsumgebung für Programme entwickeln, muß die Performanz der erstellten Software dem Benutzer akzeptabel erscheinen. Sollen Anwendungen, wie sie Kap. 5 beschreibt, möglichst schnell implementiert werden, um die Konzepte auf ihre Tauglichkeit hin zu untersuchen, kann man längere Antwortzeiten hinnehmen.

Zweck und Mittel beeinflussen also die Vorgehensweise bei der Problemlösung. Der folgende Abschnitt wird das Verhältnis zwischen dem Mittel programmierte attributierte Graphgrammatik und einigen anerkannten Prinzipien der Softwaretechnologie behandeln. Der zweite ist konkreter und zeigt exemplarisch, wie bei der Lösung eines speziellen Problems mit diesem Graphgrammatiktyp gearbeitet werden kann.

Es kann nützlich sein, vor dem Weiterlesen des Kap. 3 Abschnitt 5.1 anzuschauen, auch wenn dort einige erst im Kap. 4 erläuterte Begriffe auftauchen.

*"Nichts ist praktischer als
eine gute Theorie"*

(anonym)

3.1 Softwareerstellung mit programmierten attributierten Graphgrammatiken

/WIRTH/ prägte das Bonmot: "Algorithms + Data_Structures = Programs". Der Abschnitt 1.3 gibt jedoch Hinweise darauf, daß Programmentwicklung nicht ganz so einfach ist, wie es dieses Zitat erscheinen lassen mag. Sieht man aber z.B. von den Problemen in der Phase der Problemanalyse ab und vernachlässigt man weitere, wie etwa die organisatorischen Schwierigkeiten beim Projektmanagement, scheint die prägnante Formel schon den Kern der Sache zu treffen, vorausgesetzt man weiß, was ein Algorithmus und was eine Datenstruktur ist.

Was ein "Algorithmus" ist, klärt die Theorie der Berechenbarkeit. Aber selbst in Lehrbüchern über Datenstrukturen findet man oft keine genaue Definition von "Datenstruktur". In manchen Darstellungen faßt man eine (abstrakte) Datenstruktur als (heterogene) Algebra auf, bei der die 'Informationen' als die Trägermengen und die zulässigen Veränderungen an den Informationen als die Operationen der Algebra erachtet werden. Ein Bezug zwischen Graphgrammatiken und Algebren (und somit den Datenstrukturen) ist einfach anzugeben: Die Menge der ableitbaren Graphen bildet die Trägermenge, die Graphproduktionen sind die (unären) Operationen einer Algebra.

Im /LEXIKON DER INFORMATIK UND DATENVERARBEITUNG/ steht beim Stichwort "Datenstruktur" folgendes: "Strukturen von Informationsdarstellungen, die unter Verwendung von 'Datenmodellen' definiert werden. ... Formal läßt sich eine Datenstruktur als ein geordnetes Paar (K,R) dar-

stellen. Dabei ist (der Datenbestand) K eine endliche Menge von Zeichenfolgen .... und R eine endliche Menge von (binären) Relationen
über K. Einengend spricht man von einer Datenstruktur auch dann, wenn
R nur aus einer einzigen (binären) Relation besteht. In diesem Fall
läßt sich eine Datenstruktur (K,R) als gerichteter Graph mit Knotenmenge .... K und Pfeilmenge R deuten."

Die im Zitat erwähnte Beschränkung auf binäre Relationen ist von
der Theorie her nicht wesentlich, da sich jede n-stellige Relation R_n
durch n-1 binäre Relationen repräsentieren läßt. Die Fig. 1 zeigt eine
mögliche Darstellung des Prinzips. Außerdem ist es sogar möglich, jede
n-stellige Relation direkt durch eine einzige binäre Relation (also
einen Graphen) anzugeben!

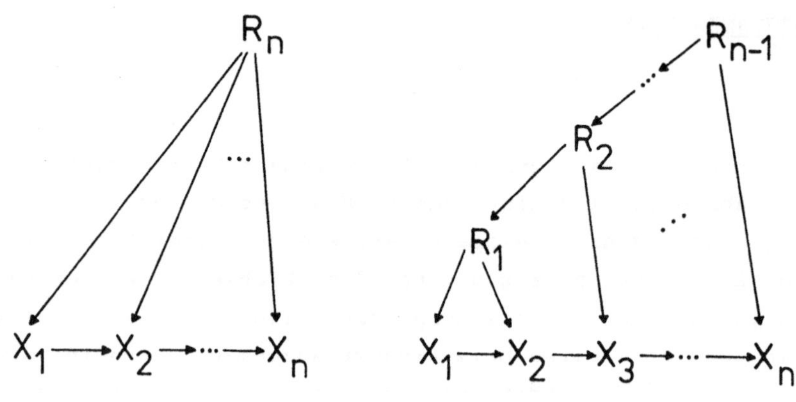

Fig. 1

Dies erfordert jedoch eine recht aufwendige Konstruktion, s. z. B.
/AZRA&JAULIN/ S. 177.

Da beliebige (endlich viele) Kantenmarkierungen bei Graphen zugelassen sind, kann man jede Relationalstruktur, also jede Datenstruktur, als Graphen darstellen.

Allein die Endlichkeit des technischen Systems "digitaler Rechen-
automat" und seine Arbeitsweise in diskreten Schritten garantiert, daß
alles, was in einem Rechenautomaten darstellbar ist, zumindest theoretisch auch als Graph dargestellt werden kann.

Die besondere Bedeutung von Graphen auch im Zusammenhang mit den Arbeiten von /GALL83/, /ENGELS/ und /SCHÄFER/ streicht /NAGL85/ heraus. Hier wird dargelegt, daß sich für das IPSEN-Projekt - und sicher auch für andere - sämtliche Datenstrukturen als Graphen und ihre Manipulation durch Graphgrammatiken darstellen lassen. Diese fundamentale Einsicht hat als Konsequenz, daß man sogar von einer "Graphtechnologie" sprechen kann, worauf in Abschnitt 1.1 bereits hingewiesen wurde. /NAGL85/ weist auf S. 306 explizit darauf hin, daß es "nicht darum geht, Bäume als Datenstrukturen zu vermeiden". Mit Recht stellt er sinngemäß fest, daß nicht jedem Problem auf natürliche Art Bäume als adäquate Datenstrukturen zu Grunde liegen.

Das bisher Gesagte kann so zusammengefaßt werden: Jede zur Lösung eines Problems notwendige Datenstruktur läßt sich durch einen Graphen darstellen, deren Veränderungen durch eine Graphgrammatik beschreibbar sind! Somit (/WIRTH/ möge verzeihen): "Algorithms + Graphgrammars = Programs".

Um die genannte Graphtechnologie - dieses griffige Schlagwort wird im folgenden auch verwendet - wirkungsvoll bei der Programmentwicklung einsetzen zu können, müssen einige Voraussetzungen erfüllt sein. Beispielsweise ist es notwendig, ein geeignetes System zur Definition und Abspeicherung von Graphen zur Verfügung zu haben. Das Kap. 4 wird genauer darauf eingehen. Das dort beschriebene programmierte System stellt viele Hilfsfunktionen zum einfachen Umgang mit Graphgrammatiken zur Verfügung. Die durch die Algorithmen induzierten Strukturveränderungen der Graphen werden dabei stets als Graphoperation realisiert.

Wie lassen sich nun Probleme mit (programmierten attributierten) Graphgrammatiken lösen? Wie kann die Graphtechnologie helfen? Ist sie ein Königsweg für die Problemlösung?

Der hier gestellte Anspruch ist viel bescheidener: Graphtechnologie ist eine Methode, die zunächst nur Richtlinien und Empfehlungen gibt. Allerdings kann sie auch Rechnerunterstützung liefern. Wenn man nach dieser Methode vorgeht, werden sicher die meisten Benutzer bei gleicher Problemstellung zu strukturell ähnlichen Ergebnissen kommen. Damit ist schon ein hohes Maß an Nachvollziehbarkeit der Systementwicklung gewährleistet, wie es /JACKSON/ (im Vorwort) als wünschenswert fordert. Die Probleme vieler Softwaresysteme sieht er sinngemäß in der zu großen Freiheit der Entwickler, die von Vorschriften ungehemmt ihre

Kreativität ausleben können. Beschränkungen sind somit eher von Vorteil, vorausgesetzt, sie machen eine Lösung des Problems nicht unmöglich.

Eine (neue) Problemlösemethode in einem Bereich sollte gestatten, daß ihre Verwendung mit den bisher als nützlich herausgebildeten Grundsätzen verträglich ist. Dies kann die Akzeptanz erhöhen. Für einige wichtige, typische Prinzipien, Philosophien, Paradigmen auf dem Gebiet der Softwareentwicklung soll kurz im folgenden und im Abschnitt 3.2 gezeigt werden, daß sie gerade mit den programmierten attributierten Graphgrammatiken gut in Einklang zu bringen sind, und daß man keine bewährten Prinzipien über Bord werfen muß, sondern eher Unterstützung bei deren Befolgung erhält.

Dies soll an einem Beispiel aus dem Problembereich "Diagrammtechniken" demonstriert werden. Angenommen, es ist ein Schulungssystem zu entwickeln, das die Probleme "Variablendeklaration", "Zeiger", "Wertzuweisungen", "Aliasnamen", usw. Lernenden einer Programmiersprache veranschaulichen soll. In /LINDSAY & VAN DER MEULEN/ wird eine exzellente graphische Darstellung dieser Sachverhalte eingeführt. Sie fand auch Eingang in andere Lehrbücher wie /BAUER&GOOS/ oder /SCHNEIDER81/. Man kann bei diesem Modell von einer "graphischen Semantik auf einem Papierrechner" sprechen.

Das Schulungssystem soll dem benutzenden Studierenden ermöglichen, Diagramme wie sie die Fig. 2 und 3 zeigen, möglichst einfach zu erstellen, aber es soll auch die Generierung inkorrekter Darstellungen verhindern. Eine Wertzuweisung einer Konstanten 2.7 an eine real-Variable x würde man wie in Fig. 2 veranschaulichen. Der externe Bezeichner x 'besitzt' eine Adresse mit einem Inhalt, der nach der Wertzuweisung identisch ist mit dem Bitmuster der Konstanten 2.7. Inkorrekt wäre z.B., wenn der Kopierpfeil zwischen dem Kasten an der Spitze des Doppelpfeils unter 2.7 und dem sechseckigen Kasten unter x verläuft, was dem dem Überschreiben einer Adresse (!) mit dem Bit-Muster von 2.7 gleichkommt.

In Fig. 3 ist ein Zeiger zeig dargestellt, dem eine Variable var zugewiesen wird. Als Konsequenz daraus ergibt sich ein weiterer Inhaltspfeil.

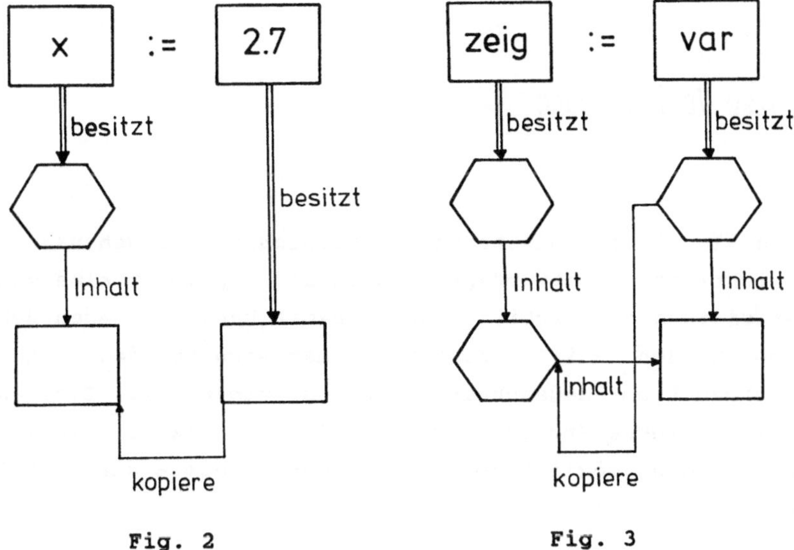

Fig. 2   **Fig. 3**

Die folgenden Unterabschnitte gehen auf die einzelnen Paradigmen ein.

3.1.1 Schrittweise Verfeinerung

Diese oft auch als "top-down-Strategie" bezeichnete Vorgehensweise ist eines der wichtigsten Entwurfsprinzipien und empfiehlt eine stufenweise Konkretisierung der Problemlösung. Damit kann man auch sehr komplexe Probleme in den Griff bekommen, da man sich auf jeder Stufe nur mit einem kleinen Problemausschnitt zu beschäftigen hat. Eine andere Interpretation dieses Grundsatzes ist, daß es erlaubt sein muß, ständig 'Nachbesserungen' möglich zu machen, wobei diese nur 'lokale Auswirkung' haben.

Dieses Prinzip könnte z.B. in folgendem Zusammenhang auf das Beispielproblem übertragen werden: Zu irgendeinem Zeitpunkt des Lösungsprozesses wird es zwar nötig sein, die zulässigen 'Kästchen'- und 'Pfeil'-Formen genau festzulegen. Doch zunächst kann dieses Problem 'vertagt' und nur durch die Vergabe eines Knotentyps wie "adresse" oder "doppelpfeil" daran erinnert werden. Eine ungefähre Lage läßt sich auch angeben, indem man auf den Knotenmengen durch Kanten mit Markierungen wie "in" oder "unter" erst später zu realisierende Relationen einführt, die die Topologie im Diagramm in einer ersten Stufe festschreiben.

Fig. 4 enthält Vorschläge für die Gestaltung der Graphproduktionen zum Darstellen einer Zeiger-, Konstanten- bzw. Variablendeklaration sowie für die Veranschaulichung einer Wertzuweisung. Bereits auf dieser Ebene läßt sich untersuchen, ob der Repräsentationsgraph den Sachverhalt korrekt widerspiegelt. Fig. 4a zeigt eine sehr grobe Sicht der Veränderung eines Repräsentierungsgraphen, Fig. 4b und 4c hingegen eine genauere ("verfeinerte") Variante. Auch für den Sachverhalt in Fig. 4d hat man verschiedene Darstellungsmöglichkeiten.

An dieser Stelle angekommen, kann man nun über die Kästchenformen weiter entscheiden und die notwendigen Attribute festlegen. Jedes graphische Objekt kann dabei unabhängig vom anderen betrachtet werden. Vorschläge dazu zeigt Abschnitt 3.2.

dekl_zeiger =
diagramm
in
in
zeiger_dummy
stift
(a)
dekl_konst =
diagramm
in
in
in
identifikator
unter
doppelpfeil
unter
wertekästchen
stift
(b)
dekl_var =
in
in
in
in
in
dia-
gramm
identiflk.
unter
doppelpf.
unter
adresse
unter
wertopf.
unter
wertekä.
stift
(c)
zeig_var_wertzuweisung =
diagramm
in
in
in
in
kopierepfeil
nach
von
von
werte-
pfeil
zei-
ger_dummy
von
nach
variable_dummy
(d)

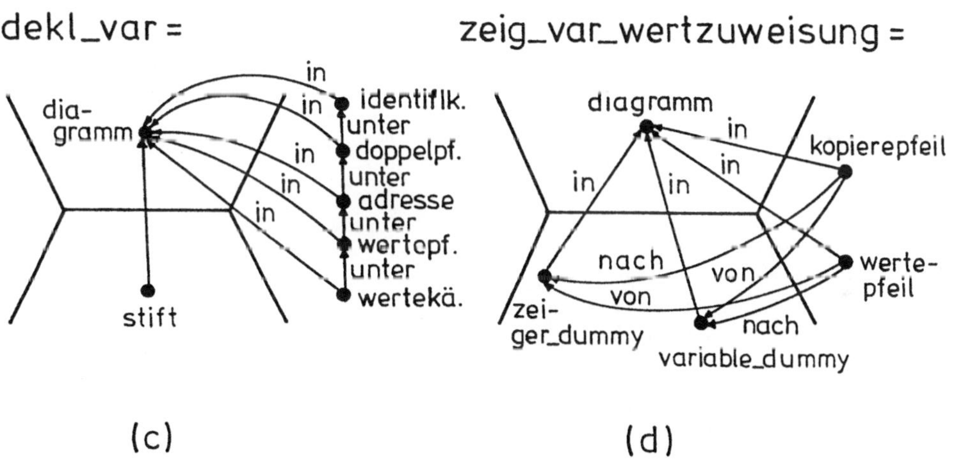

Fig. 4

Im nächsten Schritt würde man die Bestimmungsgleichungen für die Attribute angehen. Dies ist der Übergang zu den attributierten Graphoperationen mit der Angabe des AAA-Programms. Wie man sieht, sind mit dieser Vorgehensweise die bereits zitierten "Nachbesserungen" möglich, wobei durch die Methode nahegelegt wird, wo die Informationen zu stehen haben. Wichtige 'Informationssammelstellen' sind die KNOTTYP-Deklarationen.

3.1.2 Bottom-up-Strategie

Auch diese Vorgehensweise wird durch die Graphtechnologie nicht ausgeschlossen. Meist wendet man diese Strategie auch in der konventionellen Softwaretechnologie nicht in Reinform an, sondern in Verbindung mit dem top-down-Verfahren. Nach einer groben Analyse des Gesamtsystems wird erst versucht, die wichtigsten Datenstrukturen und Operationen des Problems zu entdecken und sie dann so zu realisieren, daß sie vielfältig eingesetzt und verbunden werden können ("hardest first"-Methode). Durch die einheitliche Darstellung von Strukturen durch Graphen und von Operationen durch Graphproduktionen wird das Denken in dieser Hinsicht sicher unterstützt.

Wenn man beispielsweise weiß, wie man den Programmgraphen durch die Deklaration

        real a;

einer Variablen a manipulieren muß, ist man auch in der Lage, sofort eine Mehrfachdeklaration wie

        real a,b,c;

darauf zurückzuführen. Für diesen Zweck sind besonders die PGA-Programme geeignet. In ihnen lassen sich einmal entworfene attributierte Graphoperationen zusammenschalten.

Eine Rechnerunterstützung von programmierten attributierten Graphgrammatiken wird auch eine Programmbiliothek zur Verfügung stellen, die die wichtigsten Darstellungsformen für die graphischen Objekte enthält. Dazu gibt es noch einige Bemerkungen im Abschnitt 4.3.7.

3.1.3 Modularität

Der Begriff Modul wird in der Informatik in den unterschiedlichsten Bedeutungen gebraucht. Es würde zu weit führen, auf alle Facetten des Begriffs einzugehen. Verschiedene Autoren stimmen aber insofern überein, daß ein Modul eine funktionelle Einheit mit festgelegten Eigenschaften ist.

Für das "Festlegen" werden verschiedene Methoden empfohlen, so HDM ("Hierarchical Design Methodology", s. z.B. /ROBINSON&LEVITT/), die auf einen Vorschlag von /PARNAS/ zurückgeht und ihre eigentliche Wurzel in der axiomatischen Methode zur Beschreibung der Semantik von Programmiersprachen hat (s. etwa /HOARE/).

In den HDM-Spezifikationen der Funktionen eines Moduls gibt es verschiedene Komponenten. Eine, die error-Komponente, dient z.B. für die Angabe, wann die Funktion fehlerhaft arbeiten wird. PRE in AAA-Programmen ist eine positive Version dieser Idee.

Im HDM-effect-Teil wird für Funktionen ihr Effekt auf eine Datenstruktur in Form logischer Ausdrücke spezifiziert. Es wird dabei der gedachte Zustand vor und nach der Ausführung der Funktion verwendet.

Wie zu sehen ist, erlauben attributierte Graphoperationen durch PRE und POST das Vorgehen nach der HDM-Methode.

Im wesentlichen sind die Entscheidungen für die Gestaltung programmierter attributierter Graphgrammatiken vom Wunsch nach der Entwicklung sicherer Software geprägt. Man könnte also daran denken, verschiedenen Personen die Aufgabe anzuvertrauen, Graphoperationen für das Programmiersprachenschulungssystem zu entwerfen. Die einen schreiben möglichst ausführliche PREs und POSTs, die anderen die BODYs. Durch die programmtechnische Interpretierbarkeit aller drei Komponenten sind Inkonsistenzen feststellbar.

Oft wird die Forderung gestellt: "Die Schnittstellen eines Moduls müssen 'vollständig' und 'sichtbar' sein." Doch auch dies wird beim in dieser Arbeit behandelten Grammatiktyp gewährleistet. Da es nur möglich ist, die Attribute innerhalb einer einzelnen Graphoperation anzusprechen, ist eine Lokalität der Information gegeben. Das Anschauen der Graphoperationen genügt, um ihre Wirkung zu verstehen. Es gibt keine 'globalen Variablen'. Damit sind die genannten Forderungen fast gezwungenermaßen erfüllt.

3.1.4 Abstrakter Datentyp

Unter diesem Begriff versteht man Datenstrukturen, deren Implementierung verborgen bleiben soll. Es besteht ein enger Bezug zwischen "abstrakter Datentyp" und "Modul": Beide Prinzipien sollen verhindern, daß bei der Softwareentwicklung zu früh Annahmen über eine konkrete Realisierung gemacht werden ("information hiding"), beispielsweise daß ein binärer Baum durch ein zweidimensionales Feld dargestellt wird.

Man versucht also, so lange wie möglich "abstrakt" im eigentlichen Sinn zu bleiben, was heißen soll, irrelevante Details so spät wie nötig zu behandeln.

Graphgrammatiken erheben berechtigterweise den Anspruch, jede Abstraktionsebene zuzulassen. (Achtung: Die "Anschaulichkeit" von Graphen steht nicht im Widerspruch zu "Abstraktheit" im genannten Sinn! Mißverständnisse rühren vom falschen Gebrauch des Wortes "abstrakt" her!). Alle 'klassischen' Datentypen wie Keller, Listen, Schlangen lassen sich auf hohem abstrakten Niveau durch Graphen und Graphoperationen darstellen.

3.1.5 Rapid Prototyping

Wie schon im Abschnitt 1.3 angedeutet, gehen Anhänger dieser Softwareentwicklungsmethode davon aus, daß es nicht möglich ist, alle Anforderungen an ein Programm gleich in der Analysephase vollständig zu
formulieren. Ständig werden Nachbesserungen verlangt. Gerade das berücksichtigt die Empfehlung, programmierte attributierte Graphgrammatiken einzusetzen. Eine Funktion nach der anderen kann in Angriff genommen und mit einer sehr hohen ausführbaren Sprache spezifiziert werden, bis der gewünschte Funktionsumfang erreicht ist. Stets ist der
'Auftraggeber' mit einbezogen.

Auf Grund der Modularität der (attributierten) Graphoperationen
kann man quasi experimentell Schritt für Schritt die Funktionen einführen und testen. Dabei nimmt man durchaus in Kauf, daß der Prototyp
vielleicht lange Antwortzeiten hat. Die schnelle Erstellung ist aber
nur möglich durch Rechnerunterstützung und Beschränkung auf wenige
aber sehr mächtige Grundkonstrukte.

Gerade durch die Uniformität der Datenstrukturen ("alles ist ein
Graph") und der Operationen ("eine Manipulation der Datenstruktur entspricht einer (attributierten) Graphoperation") läßt sich ein Interpreter entwerfen, dem man das Problem durch eine geeignete Graphgrammatik präsentieren kann.

In /BUDDE&KUHLENKAMP&SYLLA&ZÜLLIGHOVEN/ wird der Sachverhalt so gesehen: "Die Forderung nach rascher Konstruktion und Änderbarkeit wird
von ... interpretativen Sprachen besser erfüllt als von traditionellen
Verarbeitungskonzepten. Tendenziell sollte Prototyping im Rahmen einer
evolutionären Strategie durch eine Programmierumgebung technisch unterstützt werden." Diesem Wunsch wird im Kap. 4 Rechnung getragen.

> *"Was man zu verstehen gelernt*
> *hat, fürchtet man nicht mehr."*
>
> *(M. Curie)*

3.2 Diskurs über ein Beispiel

Im Kap. 5 werden nur fertige Ergebnisse von großen Anwendungsbeispielen für programmierte attributierte Graphgrammatiken vorgestellt. In diesem Abschnitt soll aber gezeigt werden, welche Alternativen für die Realisierung des Beispiels aus Abschnitt 3.1 im Lichte der Graphtechnologie noch zur Verfügung gestanden wären. Man könnte das folgende auch als "Aufzeichnung eines Selbstgesprächs" oder "Diskussion des Für und Wider der Entwurfsentscheidungen" ansehen. Der möglicherweise etwas unsystematisch erscheinende Eindruck ist durchaus gewollt, weil er typisches, menschliches Problemlöseverhalten reflektieren soll.

Wie kann man also schnell ein Werkzeug (Diagramm-Editor) entwikkeln, das die für Programmieranfänger oft nur sehr schwer zu verstehenden Konzepte "Konstante", "Variable", "Zeiger" und die daraus resultierende Aliasnamenproblematik veranschaulicht? Die genannten Konstrukte sollen künftig mit "Programmobjekte" bezeichnet werden. Wie geht man die Aufgabe an? Wie entwirft man den Diagramm-Editor "DIDAKT"?

Der erste Schritt der Anforderungsanalyse ist stets die Feststellung des Zwecks der Software. Das Ziel des DIDAKT-Editors soll sein, daß ein an sich zunächst völlig unwissender (aber gutwilliger) Anfänger sich an ein graphisches Sichtgerät setzen und dabei interaktiv ausprobieren kann, welchen Effekt Deklarationen von Programmobjekten und welchen Wertzuweisungen haben.

Zunächst wird man sich 'hinreichend viele' DIDAKT-Beispiele anschauen, um ein Gefühl für die Diagrammtechnik zu bekommen. Dabei ist beim Betrachten von Fig. 2 und 3 des Abschnitts 3.1 festzustellen, daß jedes Programmobjekt aus drei bis fünf einfacheren graphischen Objekten aufgebaut ist. Eines enthält immer den Namen (oder auch: "externen Bezeichner").

Die Zeichenfolge "2.7" wird in diesem Zusammenhang als vorvereinbarter externer Bezeichner der Konstanten 2.7 betrachtet.

Unter den Kästchen für die Bezeichner folgt ein Doppelpfeil um anzudeuten, daß der Bezug zwischen dem Namen und der Adresse (dem "internen Bezeichner") stets als unveränderlich festgehalten wird. Dabei werden Adressen durch ein Sechseck repräsentiert. Die veränderlichen "Werte" oder "Inhalte" der durch die Adressen bezeichneten Speicherzellen werden durch ein Kästchen symbolisiert, das durch einen "Inhaltspfeil" mit der Adresse verbunden ist.

Von der behandelten Programmiersprache und ihrer Implementierung ist es abhängig, ob man Konstante auch als 'variabel' betrachtet. (Erfahrene FORTRAN-Programmierer kennen dies als tückische Fehlermöglichkeit, mittels eines Unterprogramms den Wert einer Konstanten zu ändern.) Durch die Verwendung von DIDAKT-Diagrammen lassen sich beide Sachverhalte, 'variable' bzw. 'nichtvariable' Konstante, erfahrungsgemäß schön erläutern, An dieser Stelle fällt die Entscheidung (willkürlich) für 'nichtvariable' Konstante. Eine Konstante kann man dann etwa wie in Fig. 2 des Abschnitts 3.1 graphisch repräsentieren.

Nach dieser problemorientierten Entscheidung steht spätestens an dieser Stelle eine graphtechnologieorientierte an. Wie soll man die graphischen Darstellungen der Programmobjekte in ein Diagramm bringen?

Die erste Möglichkeit, an die man denkt, könnte sein: Jedem graphischen Objekt wie "Wertekästchen", "Doppelpfeil", "Sechseck", usw. wird eine eigene attributierte Graphoperation zugeordnet. Um dann z.B. eine Variable darzustellen, werden die entsprechenden Graphoperationen über ein PGA-Programm zusammengeschaltet, in diesem Fall hauptsächlich mittels "sapp". Das ist eine durchaus erwägenswerte Lösung!

Eine andere Möglichkeit: Man sieht, daß ein Adreßsechseck immer zusammen mit einem Namenskästchen auftritt. Wäre es dann nicht sinnvoll, die ganz extreme Zerlegung in Einzelteile aufzugeben und die immer zusammen auftretenden graphischen Objekte auch gemeinsam zu generieren?

Konsequent zu Ende gedacht führt dieser Gedanke zu einem dritten Vorschlag, der gleichsam die Gegenposition zur ersten Möglichkeit ist. Warum wird nicht z.B. eine Variable durch ein einziges, etwas kompliziertes graphisches Objekt dargestellt, das eben so aussieht wie die Veranschaulichung von x in Fig. 2 des Abschnittes 3.1?

Dieses graphische Objekt hätte im graphtechnologischen Sinn keine 'Struktur' mehr und würde im Repräsentationsgraphen als einzelner Knoten dargestellt werden. Intuitiv gesprochen ist jedoch die Adresse einer Variablen eine Größe, die bei einer Wertzuweisung z.B. zwischen einem Zeiger und einer Variablen transportiert wird, was durch einen "Kopierpfeil" dargestellt wird. Durch diesen Pfeil ändert sich die Struktur des aktuellen DIDAKT-Zustandes durch Hinzunahme des Kopierpfeilknotens. Dabei sind die 'Anschlußstellen' des Kopierpfeils wichtig, aus welchem Teil des graphischen Objektes also der Kopierpfeil herausgeht und wo er hinführt. Dies scheint mehr eine Strukturfrage zu sein. Struktur sollte stets durch Knoten und Kanten des Graphen dargestellt werden, nicht durch Attribute.

Quasi als Synthese des Bisherigen unter dem Aspekt der "schrittweisen Verfeinerung" könnte in der Diskussion nun gefragt werden, ob es nicht sinnvoll wäre, in einem ersten Abstraktionsschritt den Repräsentationsgraphen nur aus einem Knoten bestehen zu lassen, der das Diagramm repräsentiert, und zusätzlich aus denjenigen Knoten, die für Programmobjekte stehen. Als Konkretisierungsschritt könnte man dann die Programmobjektknoten verfeinern und die Attribute als vererbte Attribute übergeben. Für die abstrakte Sicht haben die attributierten Graphoperationen eine recht triviale Gestalt, wie es die Fig. 1 zeigt, die eine leichte Modifikation von Fig. 4a aus Abschnitt 3.1 ist: Für "objekt" kann man sich "variable", "konstante" oder "zeiger" eingesetzt denken. Die Knotenattribute kann man einheitlich wählen. "typ" hält die entsprechende Objektart fest und "position" ist irgendeine Angabe, zur Berechnung der Plazierung der endgültigen Darstellung.

Die o. a. Variante der schrittweisen Verfeinerung der graphischen Objekte hat den Vorteil, daß man sich erst um die logisch/strukturelle Sicht des Editors kümmert, bevor man sich in die Details der Plazierung vertieft.

Es gibt noch einen weiteren Punkt, über den man nachdenken muß und der mit der o. g. Positionsangabe zusammenhängt. Wer ist für die Plazierung der Darstellungen verantwortlich? Soll sie automatisch geschehen oder kann/muß der Benutzer sagen, wo die graphischen Objekte hingehören?

Die automatische Lösung von Plazierungsproblemen unter Berücksichtigung von ästhetischen Vorschriften wie "optimale Platzverteilung", "möglichst geringes Kreuzen von Pfeilen" o. ä. ist allgemein ein sehr schwieriges Problem und oft nicht lösbar. Selbst für eine einfache Diagrammtechnik wie ISD ("Information Systems Diagrams"), das zum Datenbankentwurf eingesetzt wird, oder für "optimales Zeichnen binärer Bäume" kann gezeigt werden, daß die in diesem Zusammenhang auftretenden Probleme NP-hart sind, s. z.B. /BATINI&NARDELLI&TALAMO&TAMASSIA/ oder /SUPOWIT&REINGOLD/. D. h. also, etwas Besseres als das Ausprobieren aller Möglichkeiten der Plazierungen scheint nicht möglich zu sein. In Anbetracht dessen ist es durchaus empfehlenswert, ästhetische Überlegungen in die Entscheidung des Benutzers zu legen. Die menschliche Perzeption ist der Rechneralgorithmik dabei oft weit überlegen.

dekl_objekt =

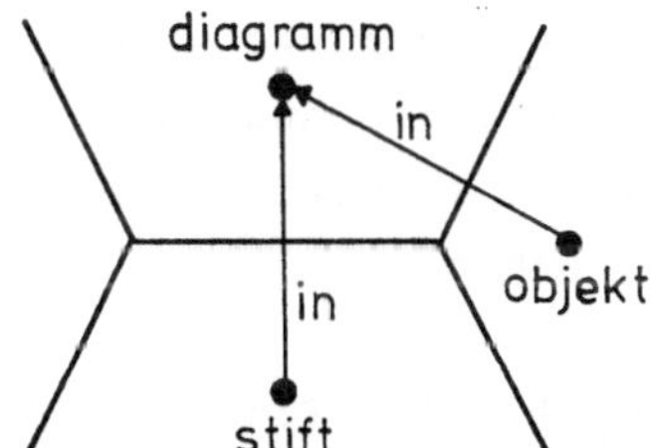

KNOTTYP objekt = typ;
                 position;

Fig. 1

Der Einfachheit halber wird das Plazierungsproblem zunächst so angegangen, daß die Bildschirmfläche in Felder aufgeteilt wird, wie es die Fig. 2 zeigt. Im oberen Bereich kommt in jedes Feld die graphische Darstellung eines Programmobjektes, im unteren Teil verlaufen die Verbindungspfeile, die entweder Kopierpfeile darstellen oder Inhaltspfeile, die sich auf Grund von Zeiger/Variablen/Konstanten-Zuweisungen ergeben haben.

Es ist nun denkbar, daß man die graphischen Objekte so arrangieren will, daß diejenigen möglichst nahe beieinander liegen sollten, zwischen denen auf Programmebene eine Beziehung, z.B. durch eine Wertzuweisung, hergestellt werden soll und gleichzeitig sich die Pfeile möglichst wenig kreuzen. Dies durch einen Algorithmus zu erreichen, ist sicher nicht einfach. Für einen ersten Kompromiß könnte man die Pla-

zierung der Objekte in die Verantwortung des Benutzers legen, und das
System könnte für den Fall eine Warnung ausgeben, daß zwei graphische
Objekte aus Versehen in ein Feld kommen sollten und damit übereinander
gezeichnet werden würden.

Eine Möglichkeit der Verwaltung der freien Felder kann durch eine
Tabelle realisiert werden, die als Attribut beim Diagrammknoten ange-
siedelt wird.

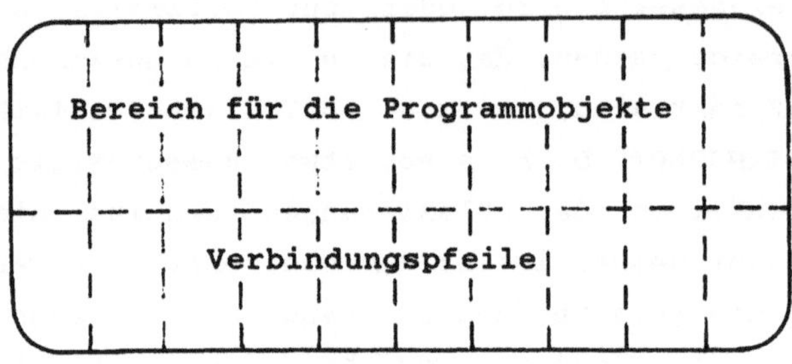

Fig. 2

Beim Plazierungsproblem in DIDAKT fällt die Entscheidung wieder aus
Gründen der Einfachheit zugunsten einer Lösung, die analog zur Arbeitsweise eines Compilers ist: Die freien Felder werden in der Reihenfolge des Auftretens der Programmobjekte vergeben.

Damit sind die notwendigen Überlegungen bzgl. der Plazierung der
graphischen Objekte zunächst einmal erledigt. Für einen ersten Entwurf
können nun die Attribute angegeben werden. Die Fig. 3 faßt zusammen.

Auf die Spezifizierung der graphischen Objekte folgt die Festlegung
der Benutzerfunktionen, die gleich in dem LISP-Stil des Kap. 4 geschrieben wird. "<par>" ist der Parameter für die externen Bezeichner.
Die Bedeutung der Funktionen geht aus ihren Namen hervor:

```
        (dekl_zeiger <par>)
        (dekl_var    <par>)
        (dekl_konst  <par>) .
```

```
KNOTTYP identifikator =   form <- 'kästchen';
                          /* aus der graphischen
                                            Bibliothek */
                          höhe <- 1;
                          breite <- 2;
                          x_koord_mitte;
                          y_koord_mitte;
                          name;

KNOTTYP adresse = form <- 'sechseck';
                  x_koord_mitte;
                  y_koord_mitte;


KNOTTYP doppelpfeil = form <- 'doppelpfeil';
                      rotation <- -90;
                      länge;
                      x_koord_spitze;
                      y_koord_spitze;


KNOTTYP wertekästchen = form <- 'kästchen';
                        höhe <- 1;
                        breite <- 2;
                        x_koord_mitte;
                        y_koord_mitte;
                        wert;


KNOTTYP inhaltspfeil = form <- 'einfachpfeil';
                       rotation;
                       länge;
                       x_koord_spitze;
                       y_koord_spitze;
                       farbe <- 'rot';


KNOTTYP diagramm = form <- 'kästchen';
                   höhe <- 210;
                   breite <- 280;
                   objekte_zahl;
              BED max_zahl <- "objekte_zahl <= 10";
```

Fig. 3

Spätestens an dieser Stelle merkt man, daß die Wertzuweisungen 'vergessen' wurden. Also ist dafür noch ein solches graphisches Objekt nachzutragen. Fig. 3 müßte um folgendes erweitert werden:

```
KNOTTYP kopierepfeil = form <- 'u-pfeil';
                       höhe;
                       breite;
                       richtung;
                       anfangspunkt;
                       endpunkt;
```

Außerdem bedarf es noch der Benutzerfunktion

```
(zuweisung <quelle> <ziel>) ,
```

wobei <quelle> bzw. <ziel> Parameter sind und <quelle> immer ein Identifikator sein muß.

Aus systematischen Gründen sollte es noch eine Benutzerfunktion für die Initialisierung einer DIDAKT-Sitzung geben:

```
(erstelle_diagramm) .
```

Die Fig. 4 enthält die zugehörige Graphoperation. Die Knotentypen "diagramm" und "stift" werden hier wie auch in Fig. 5 - 7 durch geeignet gewählte Symbole ausgedrückt.

Dieser kleine 'Entwurfsnachtrag' sollte zeigen, daß die einzelnen graphischen Objekte und ihre erzeugenden attributierten Graphoperationen modular zueinander sind, wie es schon der Abschnitt 3.1 angedeutet hatte.

Damit ist die Phase des graphtechnologischen Ansatzes erreicht, wo die Benutzerfunktionen durch attributierte Graphoperationen nebst AAA-- sowie ggf. auch PGA-Programmen realisiert werden. In der Realität kann man ein graphisches, "maus-unterstütztes" Dialogsystem dabei einsetzen, das im Abschnit 4.2 noch eingehender beschrieben wird. Die Graphoperationen der Fig. 5 und 6 sind die attributierten Versionen der Fig. 4a bzw. 4c aus Abschnitt 3.1, also die Zeigerdeklaration. Um das Beispiel vollständig zu machen, müßte analoges noch für Variablen-- und Konstanten-Deklarationen definiert werden.

erstelle_diagramm =

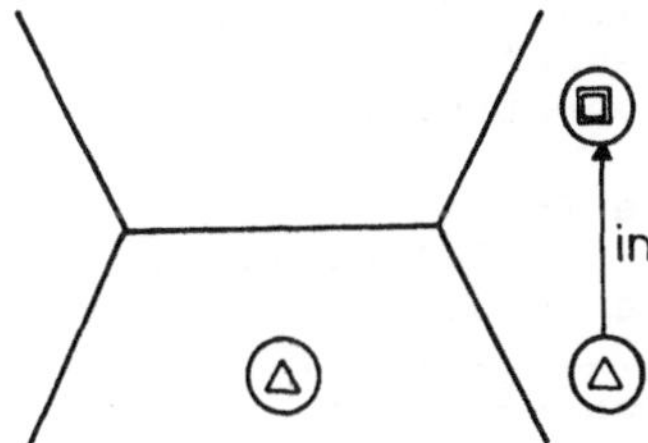

1.objekte_zahl <- 0;

Fig. 4

Zusammengehörige Graphoperationen wie dekl_zeiger1 und dekl_zeiger2 müssen nun durch "sapp" zusammengeschaltet werden, damit die Benutzeranweisung (dekl_zeiger <par>) vollständig realisiert wird. Wie dabei ein in Abschnitt 2.4 eingeführtes Θ konkret die Zusammenschaltung übernimmt, wird im Unterabschnitt 4.3.3 noch angesprochen.

Fig. 7 nimmt sich der Wertzuweisungen etwas genauer an als die Fig. 4d des Abschnitts 3.1. Auch hier gibt es wieder mehrere Möglichkeiten, inkorrekte Wertzuweisungen abzufangen, z.B. die zwischen einem Zeiger und einer Konstanten.

Der Übersichtlichkeit halber wurde in der Fig. 7 darauf verzichtet, alle Knoten mit dem Diagrammknoten 4 durch eine in-Kante zu verbinden.

dekl_zeiger1 =

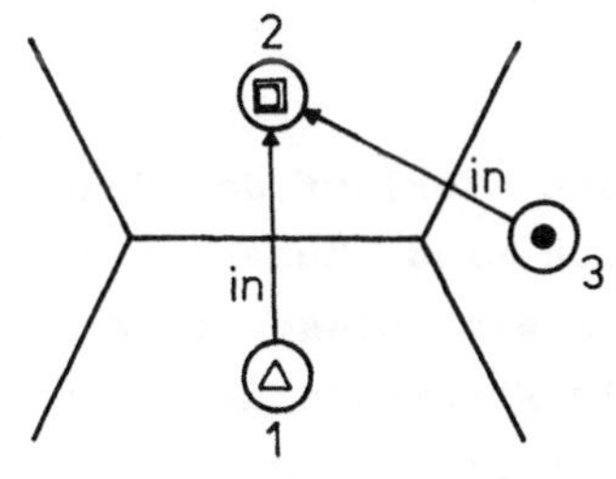

2.objekte_zahl <- 2.objekte_zahl + 1;
3.position <- objekte_zahl;
   /* d.h. das Zeigerobjekt kommt ins
      nächste freie Feld */
3.name <- <par>;

/*   Der Knoten 3 hat keine graphische Aus-
     prägung. Er ist nur ein Hilfsknoten (s.
     a. Fig. 1), der erst noch mittels
     dekl_zeiger2 abgeleitet wird. Seine At-
     tribute werden dabei einfach weiterge-
     reicht. Man kann sich die Spezifikation
     vorstellen als:

     KNOTTYP zeiger_dummy = position;
                            name; */

Fig. 5

dekl_zeiger2 =

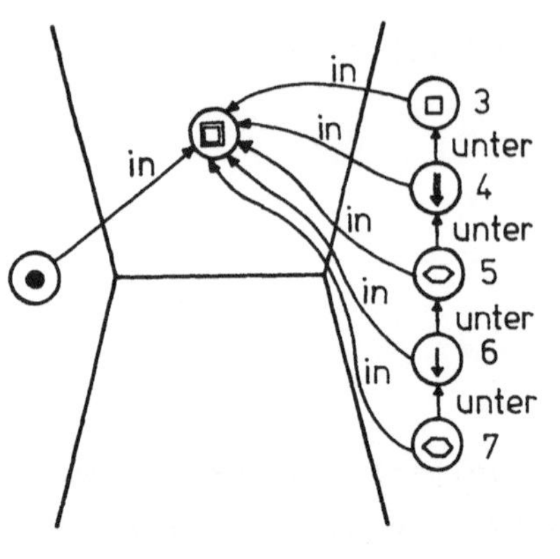


```
/* Die Angaben zu den Attributen  sind auf
   einfache Weise aus   dem Attribut
   "1.position" (also Nummer des Feldes)
   berechenbar. Deshalb wird hier auf die
   genaue Angabe verzichtet. */

3.x_koord_mitte <-
                 ... 1.position ...;
3.y_koord_mitte <- ...;
.........................
4.x_koord_spitze <- ... ;


usw.


/*    Es müssen also zu jedem graphischen
      Objekt die in Fig. 3 beschriebenen
      Attribute berechnet werden. */
```

Fig. 6

So kann man etwa die (zulässigen) Wertzuweisungen in verschiedene
Kategorien aufspalten: Variable <- Variable, Variable <- Zeiger, Zeiger <- Variable und Variable <- Konstante. In einem PGA-Programm zusammengefaßt würde durch die Fallunterscheidung "capp" eine ausgewählt
werden, wenn sie im programmiersprachlichen Sinn zulässig ist. Die
Knotentypen z.B. in detU der Fig. 7 verhindern dabei, daß ein Kopierpfeil zwischen einem Zeiger- und einem Konstantenobjekt generiert werden kann. Eine andere Lösung wäre die Festschreibung des Sachverhaltes
in der PRE-Bedingung einer 'universellen' Graphoperation für die Wertzuweisung.

Nun wird man feststellen, daß für den genauen Verlauf des Zuwei-
sungs-Pfeils 3 in Fig. 7 drei Angaben erforderlich sind. Zunächst einmal sind es die Position der Quelle und die des Ziels. Diese sind jedoch bekannt und treten in irgendeiner Form als Attribute der Knoten
1 bzw. 2 in Fig. 7 auf. Damit sind die senkrechten Striche des "u" des
Knotens vom Typ "wertzuweisung" festgelegt. Die notwendigen Abstände
der waagrechten Striche von verschiedenen "u" bei mehreren Kopierpfei-
len im Diagramm kann nur durch eine Zählung der vorhandenen Pfeile er-
mittelt werden. Doch das ist wieder kein Problem: Die Information wird
am besten im Diagramm-Knoten gehalten und durch ein Attribut "zuwei-
sungs_anzahl" realisiert. Dazu muß die KNOTTYP-Definition in Fig. 3

bei der "diagramm"-Spezifikation um dieses Attribut erweitert und entsprechend in Fig. 7 ein Höherzählen veranlaßt werden.

Noch ein Wort zur Rolle der 'topologischen Relationen' wie "in"
oder "unter" im Beispiel: Sie treten im eigentlichen Diagramm nicht
auf. Durch die endgültige Festlegung der Plazierung der graphischen
Objekte werden sie überflüssig. Bis sie es aber sind, haben sie zwei
Aufgaben: Erstens dienen sie als Erinnerung, daß noch Attribute zu bestimmen sind. Zweitens haben sie den 'klassischen' Zweck der Struktur-
festlegung für die Graphoperationen. Ohne die Relationen gäbe es ja
nur Graphen mit isolierten Knoten.

var_var_wertzuweisung =

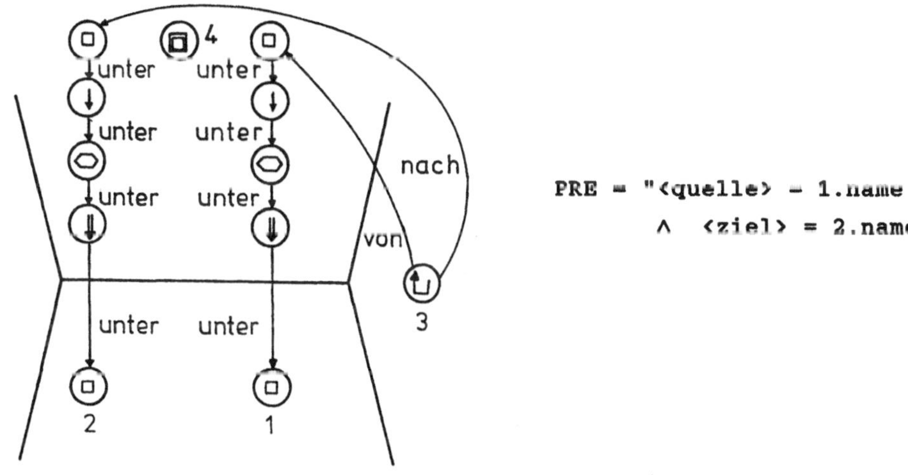

Fig. 7

Form und Plazierung der graphischen Objekte werden in der Praxis
iterativ festgelegt. Die Benutzerfunktionen entstehen nicht alle auf
einmal. Sie sind unabhängig voneinander und bestimmen die Mächtigkeit
des Systems. Man kann jederzeit (nach einer Mindestvorarbeit wie 'Knotentypen festlegen') unterbrechen und ein wenig 'spielen' (testen).

Das in diesem Abschnitt Gesagte soll genügen, um einen Eindruck zu
vermitteln, wie man die Graphtechnologie bei der Problemlösung einsetzt. Es ist klar, daß Denken und Kreativität auch durch diese Methode nicht überflüssig gemacht werden. Dazu weiß man einfach zu wenig
über eine vielleicht doch mögliche Algorithmisierung des Problemelö-
sens, wie es manche Ansätze in der Künstlichen Intelligenz erhoffen.

Die im Abschnitt 3.1 diskutierten Vorteile der Graphtechnologie (Einheitlichkeit der Datenstrukturen, Zentralisierung der Informationen, usw.) sind (hoffentlich) klar geworden. Ein weiterer, ökonomischer Vorteil der vorgestellten Methode liegt in der schnellen Erstellung der Werkzeuge. Ein Editor wie der obige ist mit dieser Methode in wenigen Stunden geschrieben.

"Am Mute hängt der Erfolg"

(Th. v. Fontane)

4 Implementierung programmierter attributierter Graphgrammatiken

Zusammenfassung:

Zu Beginn der Arbeiten über programmierte attributierte Graphgrammatiken wurden zwei Fernziele festgelegt.

Das erste war die möglichst vollständige theoretische Durchdringung des Problemkreises und die definitorische Festschreibung aller relevanten Begriffe. Anhand von Untersuchungen praktischer Beispiele sollten sie auf ihre Tauglichkeit hin überprüft und erst dann ein neues Konzept hinzugenommen werden, wenn mittels der bisher eingeführten ein auftretendes Problem nicht oder nur sehr umständlich gelöst werden konnte.

Ein zweites Ziel wurde als mindestens gleichwertig angesehen, weil es als besonders geeignet erschien, die Praxisrelevanz programmierter attributierter Graphgrammatiken zu beweisen: Diese Grammatiken sollten nicht nur als 'Denkzeug' für die Entwicklung von Software dienen, sondern sollten auch als implementiertes 'Werkzeug' einsetzbar sein. Es mußte also eine Programmierumgebung entwickelt werden, der man die Lösung eines Softwareproblems 'nur' in Form programmierter attributierter Graphgrammatiken einzugeben brauchte. Die Entscheidung fiel zugunsten der Entwicklung eines Interpretierer für diesen Grammatiktyp. Manche Aspekte (z.B. Effizienz) hatten direkten Einfluß auf die Auswahl und Gestaltung der theoretischen Grundlagen! Über die wichtigsten Funktionen des Interpreters wird in diesem Kapitel berichtet.

Die erste Implementierung des AAA-Interpreters wird im Abschnitt 4.1 beschreiben. Sie wird zwar nicht mehr verwendet, da aber ihr Aufbau sehr einfach ist, kann eine grobe Vorstellung von ihrer Funktionsweise das Verständnis für eine andere Implementierung fördern.

Noch während der Arbeiten an der (ersten) Implementierung des Interpreters stellte sich heraus, daß insbesondere das

Zeichnen der Graphoperationen für umfangreiche Beispiele aus dem industriellen Bereich (s. Kap. 5) viel Zeit beanspruchte. Man konnte beobachten, daß manchmal nur deshalb Graphoperationen beibehalten wurden, weil man die Mühe des Zeichnens eines Neuentwurfs scheute, obgleich sie sich bereits als nur wenig geeignet herausgestellt hatten. Um dieser menschlichen Schwäche zu begegnen und die Akzeptanz zu verbessern, wurde ein 'Graphgrammatik-Editor' entwickelt, über den im Abschnitt 4.2 berichtet wird.

Im darauf folgenden Abschnitt 4.3 werden die Grundlagen der Neuimplementierung von programmierten attributierten Graphgrammatiken mit einem LISP-System behandelt. Es wird neben der Arbeitsweise des Interpreters für diesen Grammatiktyp auch die Kopplung mit dem Graphgrammatik-Editor im derzeitigen (Juni 1988) Ausbaustand des Gesamtsystems geschildert.

*"Unsere Fehlschläge
sind lehrreicher
als unsere Erfolge"*

(Henry Ford I)

4.1 Erste Implementierung attributierter Graphgrammatiken

Die ersten Implementierungen von (nichtattributierten) Graphgrammatiken für sequentielle (und parallele) Ableitungen wurden Mitte des
letzten Jahrzehnts durchgeführt. /NAGL79/ berichtet darüber (S. 303
ff.). Auf diesen Arbeiten aufbauend wurde die Programmierung attributierter Graphgrammatiken in Angriff genommen, wie sie im folgenden als
eine Art Erlebnisbericht über die Bemühungen geschildert wird.

Dies dürfte der erste Ansatz gewesen sein, einen allgemeinen Interpretierer für solche formalen Systeme zu schaffen, der eine beliebige
attributierte Graphgrammatik als Eingabe annimmt. In /BUNKE85/ (S. 63
ff.) gibt es nur Hinweise auf die Implementierung spezieller attributierter Graphgrammatiken für Linienzeichnungen wie Stromlaufpläne und
Flußdiagramme im Zusammenhang mit Arbeiten von /BLEY/.

Ein Grund, die nicht mehr verwendete Implementierung doch kurz zu
schildern, liegt darin, daß sie von der Struktur her relativ einfach
ist und so das Verständnis für die Prinzipien der im Abschnitt 4.3
dargestellten Neuimplementierung fördern kann. Dadurch ist eine Reihe
von Entwurfsentscheidungen für die Neuimplementierung besser zu motivieren, denn die Erfahrungen aus gemachten Fehlern haben Eingang ins
neue Programm gefunden. Außerdem ließe sich die alte Implementierung
immer noch als Grundlage verwenden, wenn man gewillt ist, eine Neuimplementierung auf der Basis eines gewöhnlichen Datenbanksystems anzugehen.

Einer der Grundsteine für die ursprüngliche Implementierung von attributierten Graphgrammatiken bildete ein mit FORTRAN 66 realisiertes Programmsystem namens DATAS ("DATa structures Associatively Stored"), das in /ENCARNACAO&WECK/ beschrieben wird. Eine Umstellung des Systems wird in /GALL78/ behandelt.

Die Autoren von DATAS nehmen für sich in Anspruch, daß man mit diesem System effizient Relationen implementieren könne, also gemäß Abschnitt 3.1 auch Graphen, und obendrein geeignete Operationen zur Informationswiedergewinnung zur Verfügung habe.

DATAS kennt drei 'Typen' von Werten:

-- "single-value-entities" (SVE): Dies sind einfache Objekte wie Zahlen oder (beliebig lange) Zeichenketten.

-- "relational-entities" (REL): Dies ist der Typ, durch den DATAS die an sich breite Einsatzmöglichkeit hat. Als Objekte dieses Typs werden "Triaden" genannte Tripel (A,B,C) gespeichert, bei denen A der Name einer zweistelligen Relation ist. B sowie C korrespondieren zu der ersten bzw. zweiten Komponente der Paare, mit denen man gewöhnlich eine zweistellige Relation festlegt.

-- "multi-value-entities" (MVE): Sie kann man als Mengen betrachten, in denen Objekte der Art SVE, MVE oder REL zusammengefaßt werden können.

Die "Entitäten" sind durch benutzerdefinierte Namen ansprechbar. In DATAS sind eine Reihe brauchbarer Funktionen eingebaut, die es gestatten, den Datenbereich abzufragen oder zu verändern.

Die Anfrage "(A B C)" beispielsweise bedeutet: "Stehen B und C in Relation A zueinander?" Es ist leicht einzusehen, was diese Abfrage uminterpretiert für Graphgrammatiken bedeutet: "Existiert eine Kante mit der Markierung A zwischen Knoten B und C". Außer dieser Anfrage gibt es z.B. noch "(A B ?)", mit der Bedeutung: "Welche Knoten kann man über eine Kante mit der Markierung A von B aus erreichen?". Entsprechendes gilt für Abfragen wie (A ? ?), (? B C), (? B ?), (A ? C), (? ? C) und natürlich auch (? ? ?) ("Was ist überhaupt abgespeichert?").

Der Entitäten-Bestand kann mit einer Reihe von Funktionen geändert werden. Beispielsweise fügt

    call STSNGL (ENTNAM,DATLNG,DATEN)

ein neues Objekt ENTNAM ("Entitätenname") in die Entität DATEN ein, wobei DATLNG die Länge der Zeichenkette DATEN enthält. Gelöscht werden kann u. a. mit

    call DLENTI (ENTNAM) ,

wobei ENTNAM der Name der zu löschenden Entität von beliebigem Typ ist. Die meisten Routinen sind typspezifisch.

Da die Entitäten unter nur wenigen Einschränkungen miteinander kombiniert werden können, z.B. kann der Name einer MVE wieder in einer MVE sein, gewährleistet DATAS auch den hierarchischen Aufbau von Datenstrukturen.

DATAS ist sehr flexibel, aber man kann man bereits hier ahnen, daß der Umgang mit diesem 'Datenbanksystem' recht umständlich ist.

Zur Datenhaltung verwendet DATAS eine komplizierte Listenstruktur und Streuspeicherung. Die externen Namen werden über eine Hash-Funktion unter Einbeziehung von möglichen Konflikten auf ihren inneren Namen, also ihre Adressen, umgerechnet.

Die Fig. 1c gibt ein in der DATAS-Literatur häufig verwendetes, leicht modifiziertes Beispiel, wie der Graph in Fig. 1a gespeichert wird. Im Abschnitt 2.2 werden Graphen als ein Quadrupel (B,I,K,M) definiert. In der alten DATAS-Implementierung von attributierten Graphgrammatiken wird die letzte Komponente jedoch nicht explizit angegeben. Man sieht in Fig. 1b, daß der Graph G interpretiert wird als MVE mit den Entitäten B, I und K. B ist wieder eine solche, allerdings nur mit einfachen SVE. Die Markierungsfunktion I wird ebenfalls als MVE gesehen. Jedes ihrer Elemente ist aber eine REL. Beispielsweise hat die REL V2 zwei Elemente (V2,'M',2) und (V2,'M',4). Die Markierung 'M' ist dabei willkürlich gewählt und steht für "Knoten 2 und 4 ist 'M'arkiert mit 'V2'". Analoges gilt für die Kantenmenge K. Die Angaben über den Graphen in Fig. 1a sind gleich so geschrieben, wie es die Eingabesyntax von /BRENDEL76/ verlangt.

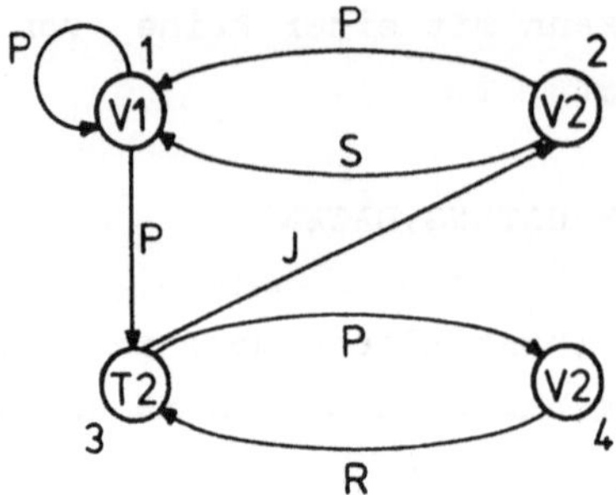

Fig. 1a

G = (B,I,K).   repräsentiert den Graphen G
B = (1,2,3,4).   repräsentiert die Knotenbe-
                                zeichner

I = (V1:1; V2:2,4; T2:3).   repräsentiert die Knotenmarkie-
                                rungsfunktion

K = (R:(4,3); J:(3,2); S:(2,1); repräsentiert die Kanten
    P:(1,1), (1,3), (2,1), (3,4)).

Fig. 1b

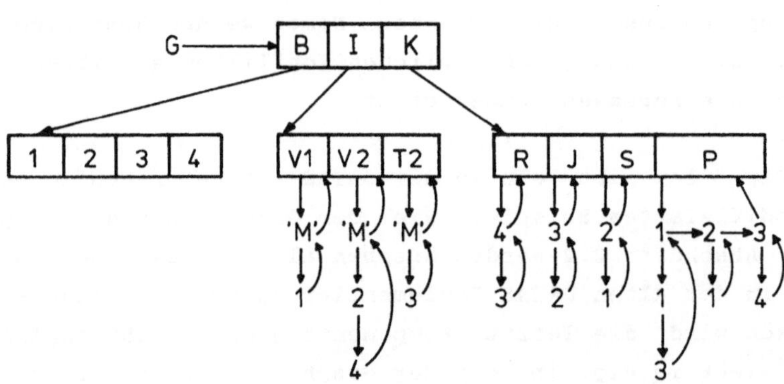

Fig. 1c

Dies soll für einen kurzen Eindruck von den Möglichkeiten von DATAS genügen.

In /BRENDEL76/ ist das zweite für die alte Implementierung von attributierten Graphgrammatiken bedeutsame Programmsystem beschrieben, die Realisierung von (gewöhnlichen) Graphgrammatiken. Für das folgende ist sie mit GGImp abgekürzt.

GGImp kann in zwei Gruppen wichtiger Unterprogramme gegliedert werden:

-- Die erste Gruppe besteht aus den Routinen, die die notwendigen, auf DATAS-Datenstrukturen ablaufenden Suchvorgänge realisieren.

= NODLAB(...,B,...) liefert die Knotenmarkierung eines Knotens mit dem Bezeichner B.

= LABSET(...,L,...) erstellt die Menge aller mit L markierten Knoten.

= LEFT(...,B,...,L,...) (und analog dazu RIGHT) suchen die Knotenmenge, die man von der Knotenmenge B aus über mit L markierte Kanten unter Berücksichtigung der Kantenrichtung erreichen kann. (Man erinnere sich an die Interpretation der Y-Darstellung von Graphproduktionen!)

-- Die zweite Gruppe führt die strukturellen Veränderungen bei der Anwendung einer Graphoperation (strenggenommen: Graphprodukti-on) auf einen Graphen aus und orientiert sich erwartungsgemäß an den im Abschnitt 2.2 unter theoretischen Gesichtspunkten eingeführten Konstruktionen.

= GENDIA generiert eine DATAS-Repräsentierung eines Graphen aus einer externen 'linearen' Darstellung, wie sie in Fig. 1b beschrieben ist.

= PRIDIA ist das Gegenstück dazu und druckt die externe Repräsentierung aus der internen.

= MINDIA nimmt einen Untergraphen G1 aus einem Graphen G2 heraus. Man erinnere sich, daß die Restgraphbildung G2\G1 eine grundlegende Operation bei Graphgrammatiken ist.

= UNIDIA ist wieder das Gegenstück. Damit kann man zwei
  Graphen verschmelzen, was also der Hinzunahme der rechten
  Seite einer Graphoperation zum Restgraphen entspricht.

= GENEMB interpretiert die Einbettungsvorschrift und verbindet
  Restgraph mit inserierter rechter Seite.

Zusätzlich zu diesen Funktionen gibt es natürlich noch eine Reihe
von Verwaltungsroutinen wie APPLYS, der man den Namen des Graphen und
den einer anzuwendenden Graphproduktion mitteilt. Das Enthaltensein
der linken Seite muß aber vom Benutzer mittels einer selbst zu schrei-
benden Funktion geprüft werden, die im Erfolgsfall, d.h. es gibt einen
zur linken Seite der Graphproduktion isomorphen Untergraphen, auch die
Isomorphie-Relation liefert (also die Funktionen δ).

Ein weiteres Softwareprodukt, das dritte, welches für die Implementierung von attributierten Graphgrammatiken Bedeutung erlangte, war
das System CHECK. Es wird in /DENNERLEIN/ ausführlich beschrieben. Ur-
sprünglich war es dazu gedacht, Ansätze von Programmverifikation mittels Zusicherungen in FORTRAN-Programme einbauen zu können. Diese Zusicherungen werden an die entsprechenden Stellen mittels einer DATA--
Anweisung in ein FORTRAN-Programm geschrieben.

Eine Zusicherung ist ein logischer Ausdruck, der festlegen soll,
welche Bedingungen die Werte der in ihr angegebenen Variablen erfüllen
müssen. Die Syntax der Zusicherungen bei CHECK wurde von der FORTRAN--
Konvention beeinflußt. Sie dürfen enthalten: Arithmetische und logische Operatoren mit beliebiger Klammerung, Relationen, Standardfunktionen, Variablennamen, Typabfragen, Texte, usw.

Beispiel: Nach der DATA-Anweisung

```
DATA ZUSICH /CHARACTER ARTNME,ARTHST              .AND.
             (REAL PREIS .OR. INTEGER PREIS)      .AND.
             (ARTNME='VENTIL'  .EQV.
                (PREIS*0.13 .GT. 10000  .OR.
                 ARTHST = 'MEIER''S LADEN'))/
```

wird durch den Aufruf der entsprechenden Programme von CHECK geprüft,
ob sowohl für den ARTikelNaMEn als auch für den ARTikelHerSTeller eine
CHARACTER-Größe, also eine Zeichenkette, eingegeben wurde, und ob
PREIS entweder ein REAL-- oder INTEGER-Wert zugewiesen wurde, und wenn

der ARTikelNaME 'VENTIL' ist, ob "PREIS*0.13" größer als 10000 ist ...
usw.

Wie man sieht, können mit CHECK FORTRAN-ähnliche Anweisungen bzw.
Bedingungen berechnet werden. Es könnte also zur Auswertung von Attri-
butbestimmungsangaben eingesetzt werden! Da die Arbeiten an CHECK parallel zu Vorarbeiten über die Implementierung von attributierten
Graphgrammatiken liefen, wurde es gleich so konzipiert, daß es auch
für deren Programmierung dienlich sein konnte. Aus diesem Grund wurde
noch die Wertzuweisung als Operation vorgesehen, die für den eigentlichen Zweck "Zusicherungen" an sich unnötig ist.

CHECK ist in FORTRAN 77 geschrieben und besteht aus den drei Teilen
COMPILE, VERIFY und ERRLIST.

Der Modul COMPILE analysiert die Angabe der Zusicherung in der DA-
TA-Anweisung, die ja nichts anderes ist als eine Zeichenkette. Der
Übersetzungsvorgang ist in die klassischen Phasen "lexikalische Analyse", "syntaktische Analyse" sowie "Codegenerierung" unterteilt, denen
die üblichen Methoden des Compilerbaus zugrunde liegen. Für die bei
der Übersetzung durch COMPILE gefundenen Fehler werden Nummern vergeben, die gesammelt und von ERRLIST als expliziter Text ausgegeben werden.

Das Ergebnis von COMPILE ist ein Code, der vom Modul VERIFY interpretiert wird. Die arithmetischen Operationen werden ausgeführt und
die logischen Ausdrücke ausgewertet. Als Resultat ergibt sich für eine
Zusicherung entweder .TRUE. oder .FALSE. . Wenn während der Interpretation der übersetzten Zeichenkette Fehler auftraten, wie Division
durch 0 usw., wird dies mittels ERRLIST dem Benutzer mitgeteilt.

Auf den drei Programmsystemen DATAS, GGImp und CHECK baut also
"AGGImp" auf, die Implementierung attributierter Graphgrammatiken. In
/HEINDEL/ wird das Softwareprodukt genauer beschrieben. Im Rest dieses
Abschnitts sind die wichtigsten Ideen daraus kurz zusammengestellt.

Es sei gleich angemerkt, daß AGGImp noch mit der alten Y-Form der
Graphoperationen arbeitet und auch die Attributierung von Kanten zuläßt.

Da die drei Basisprogramme von ihrer internen Struktur (FORTRAN--
Programme!) als sehr komplex zu bezeichnen sind, war es angezeigt, in

sie möglichst nicht oder nur so wenig wie nötig verändernd einzugreifen. Für die noch ausstehende Realisierung der Attributierung mußte man einen völlig unabhängigen Modul schaffen, wo die Attribute der Graphen, die zu manipulieren sind bzw. den Graphoperationen zugrunde liegen, in einer eigenen DATAS-Datenstruktur gehalten werden.

Es war naheliegend, eine neue REL-Entität einzuführen, deren Triaden für die Knoten die Gestalt

      ('ATTRIBUT',Knotenbezeichner,Attributname)

und für die Kanten

      ('ATTRIBUT',Kantenbezeichner,Attributname)

hatte. Knoten als SVE können in dieser Relation verwendet werden. Wegen der DATAS-Konventionen ist es aber notwendig, intern für jedes Kantentripel eine eigene Relation mit eindeutigem Namen zu erzeugen. Diese neuen Kantennamen werden in einer MVE zusammengefaßt.

Für die Attribute, die an verschiedenen Knoten denselben Namen haben können, mußte Eindeutigkeit erzwungen werden. Wegen der Verwendung von Attributen in CHECK-Berechnungen war es nötig, auch die Konventionen dieses Programms zu berücksichtigen. Ein Attributname wird bis zur sechsten Stelle (FORTRAN!) mit 0 aufgefüllt, dann durch einen vierstelligen Index zwischen 0000 und 9999 für jedes Vorkommen voneinander unterschieden.

Hier ist exemplarisch die Konvention der Attributbezeichnung dargestellt, damit man den Beispielen in Fig. 5 - 9 besser folgen kann. In dieser Form müssen die Attributierungen AGGImp eingegeben werden.

-- Attributbezeichner:

    = Zum Knoten mit dem Bezeichner 1 wird das Attribut "LAENGE" definiert durch

      LAENGE:1 ,

    was einer Umkehrung der im Kap. 2 verwendeten Punktnotation gleichkommt.

= Bei einer Kante vom Knoten 1 zum Knoten 2 mit der Markierung
M wird das Attribut BREITE dargestellt durch

BREITE:M,1,2   .

-- Berechnungsvorschriften:

= ohne Attribute

17.4

.TRUE.

'GRAPH' // 'GRAMMATIKEN'

COS(3.14) -∅.5

= mit anderen Attributen

LAENGE:1 * BREITE:M,1,2

Attributdefinitionen werden AGGImp nach dem Schlüsselwort "ATTR :"
eingegeben. Ein "." bildet den Abschluß.

-- Die 'leere' Attributierung:

ATTR: .

-- Angabe eines Attributs zum Knoten 1 ohne Berechnungsvorschrift:

ATTR:
LAENGE:1 = ;

-- Angaben mit Berechnungsvorschriften:

ATTR:
LAENGE:1 = 12.3;
BREITE:M,1,2 = 2*LAENGE:2 ;

Fig. 2 ist ein Beispiel für die Behandlung eines attributierten
Graphen D durch AGGImp. Die vom Benutzer zu erstellende Definition ist

142

```
D = (K, M, P).
K = (1, 2).
M = (V1 : 1; V2 : 2).
P = (K : (2, 1); L : (2, 1), (1, 1)).
ATTR :
BREITE : 1         = 2;
COORD  : 1         = BREITE : 1 + 5;
BREITE : 2         = 3.4;
COORD  : 2         = 7;
BREITE : K, 2, 1 = MAX (BREITE : 1, BREITE : 2);
LAENGE : K, 2, 1 = ABS (COORD : 1, COORD : 2);
FLAECH : K, 2, 1 = BREITE : K, 2, 1 * LAENGE : K, 2, 1; .
```

Fig. 2 a

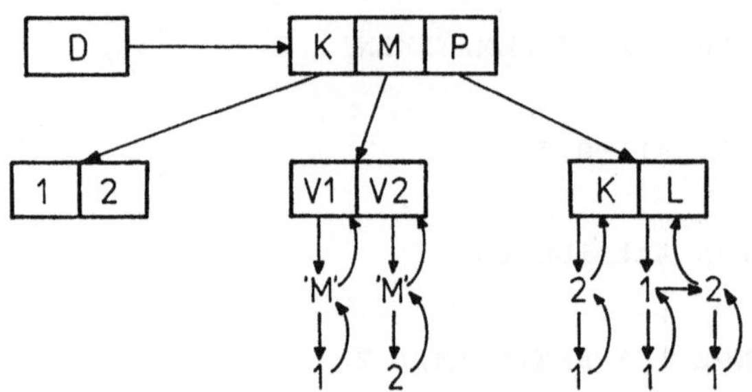

Fig. 2 b

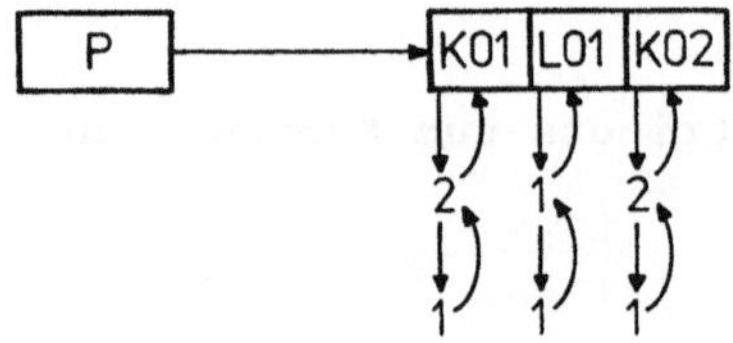

Fig. 2 c

in Fig. 2a zu finden, Fig. 2b zeigt die Struktur des Graphen und Fig. 2c die Hilfsmenge für die Kantenbezeichner. Nach dem Einlesen werden die Attributbezeichner bestehend aus Attributnamen und Knoten-- bzw. Kantenbezeichner durch den eindeutigen CHECK-konformen Namen ersetzt, z.B. durch "LAENGE0001".

Die Fig. 3 zeigt die DATAS-Datenstruktur der Attributierung. Man sieht hier, wie für die CHECK-konformen Attributbezeichner das textu- elle Auftreten der Attribute in der Benutzerdefinition der Fig. 2a ge- zählt wird. So wurde z.B. "BREITE:K,2,1" zu "BREITE0003". Die mit den Attributen assoziierten Berechnungsvorschriften wurden ebenfalls in Fig. 3 mit aufgenommen und durch gestrichelte Linien angedeutet. K01 steht für die mit K markierte Kante (2,1,K). Da sie die einzige attri- butierte Kante ist, tritt nur sie neben den Knoten 1 und 2 in Fig. 3 auf.

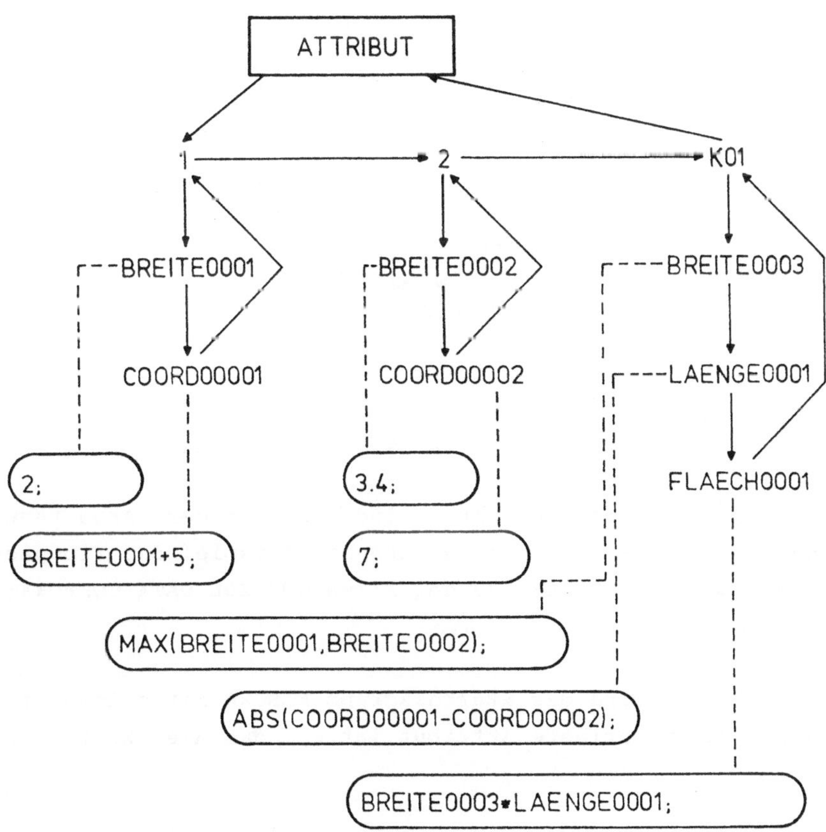

Fig. 3

In der Theorie des Abschnitts 2.3 genügte es zu sagen, daß die
AAA-Programme von 'oben nach unten' durchzurechnen sind und ggf. Aus-
wertungen nicht stattfinden, wenn die Attributwerte noch nicht bereit-
stehen. In AGGImp ist das so nicht möglich. CHECK würde bei undefi-
nierten Werten auf einen Fehler laufen. Deshalb erstellt AGGImp nach
jeder Graphoperationsanwendung einen Attributabhängigkeitsgraphen, anhand dessen die CHECK-Auswertungen gesteuert werden. Fig. 4 zeigt diesen Attributabhängigkeitsgraphen für das Beispiel aus Fig. 2 und 3.
Man sieht z.B. daran, daß erst der Wert von BREITE0001, also letztlich
der von BREITE:1, bestimmt sein muß, bevor COORD00001 berechnet werden
kann. Es wird auch stets geprüft, ob zyklische Abhängigkeiten vorlie-
gen.

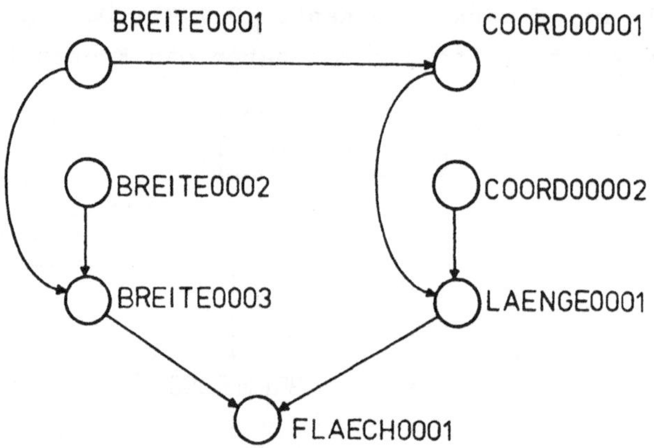

Fig. 4

Die Fig. 5 bis 9 sollen einen Eindruck von der Arbeitsweise von
AGGImp geben. Es ist das bereits bekannte Beispiel der Fibonacci-Diagramme, das auf einer CYBER 173 der Firma CONTROL DATA CORPORATION ge-
rechnet wurde.

In der Fig. 5 wird das Startdiagramm FIBGRA mit seinen Attributen
beschrieben. Das wichtigste Attribut ist W, das die Weite der Kästen
angibt.

In den Fig. 6 und 7 sind attributierte Graphoperationen (Terminologie gemäß strenggenommen wieder 'Graphproduktionen') angegeben, natürlich in der Y-Darstellung. Fig. 6 beschreibt die Vergrößerung des Diagramms um einen Kasten, die Fig. 7 ist die Löschoperation, also die
Wegnahme des Zeichenstiftes.

```
FIBGRA = (NODES, LABELS, EDGES).
NODES  = (1, 2, 3).
LABELS = (FIBON : 1; 2; NT : 3).
EDGES  = (K : (1, 2), (2, 3)).

ATTR :
W : 1 = 1;
SHAPE : 1 = 'RECTANGLE';
W : 2 = 1;
SHAPE : 2 = 'RECTANGLE';
SHAPE : 3 = 'TRIANGLE';.
```


Fig. 5

Wie man sieht, weicht die Gestalt von Fig. 6 stark vom Beispiel in
Fig. 3 des Abschnitts 2.3 ab. AGGImp kann nur sehr eingeschränkt mit
Attributen der Einbettungsvorschrift umgehen, also dem oberen Teil des
Y-Diagramms. Da aber relevant attributierte Knoten in einer Graphoperation auftreten müssen, bleibt nur die linke Seite, also DIAL, was
von vorneherein wenig effizient ist, da sie in ihrer Gesamtheit zu
entfernen ist. Man denke an die Motivation für Abschnitt 2.2.

Die Aufteilung in DIAL ("DIAgram Left"), DIAR ("DIAgram Right")
bzw. EMB ("EMBedding") ist übernommener Standard aus GGImp. Eine Attributierung von DIAL ist nicht nötig, da die Werte aus Fig. 5 übernommen werden können. In DIAR sieht man die Berechnungsvorschriften.
Das Ausrufezeichen "!" hat für das um die Fähigkeit des Einlesens vom
"ATTR: ... ."-Teil leicht modifizierte GENDIA die Bedeutung, die ATTR-
Angabe quasi als 'Maske' zu nehmen (also wie das originäre AAA-Programm vor einer Anwendung der zugehörigen Graphoperation) und nicht
das Auftreten von Attributen durch Vergabe von CHECK-konformen Bezeichnern zu verändern. Die in EMB angegebene Notation orientiert sich
an /NAGL74/ und hat eine analoge Bedeutung wie in der Y-Darstellung.
"(1) LK" heißt: Suche vom Knoten 1 ausgehend 'gegen die Richtung'
(entspricht dem "L") einer mit K markierten Kante. Auf die so gefundenen Knoten - in diesem Beispiel gibt es immer nur einen - werden die
Einbettungskanten übertragen ("/"). Diese beginnen oder enden beim
Knoten 4, von dem aus jedoch - wegen des (ersten) "LK :" - eine mit K
markierte Kante gegen Kantenrichtung generiert wird.

Fig. 7 bedarf keiner weiteren Erklärung.

146

```
PROD1 = (DIAL, DIAR, EMB)

DIAL = (NODEL, LABELL, EDGEL),
NODEL = (1, 2, 3).
LABELL = (FIBON : 1, 2; NT  : 3).
EDGEL = (K : (1, 2), (2, 3)).
ATTR :.

DIAR = (NODER, LABELR,  EDGER).
NODER = (4, 5, 6, 7).
LABELR = (FIBON : 4, 5, 6; NT : 7).
EDGER = (K : (4, 5), (5, 6), (6, 7)).
ATTR :
W : 4       = ! W:1;
SHAPE  : 4 = ! SHAPE:1;
W : 5       = ! W:2;
SHAPE  : 5 = ! SHAPE:2;
W : 6       = ! W:4 + W:5;
SHAPE  : 6 = ! 'RECTANGLE';
SHAPE  : 7 = ! SHAPE:3;.

EMB =
LK  : (1) (LK) / (4).
ATTR :.
```

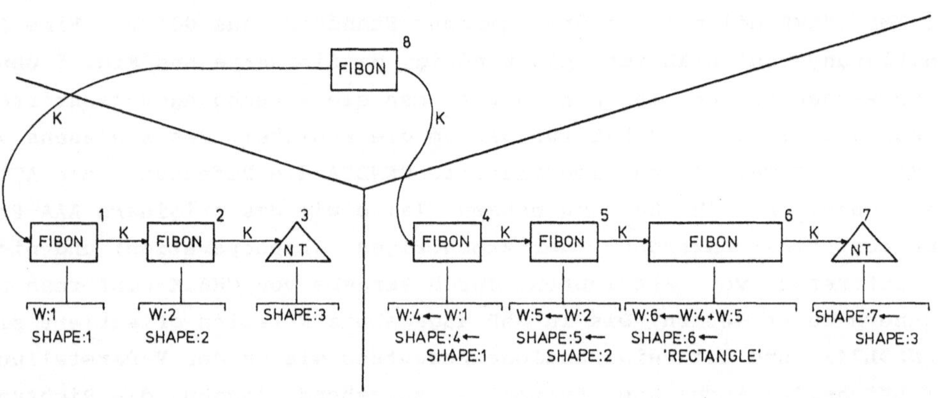

Fig. 6

```
DIAL = (NODEL, LABELL, EDGEL),
NODEL = (1).
LABELL = (NT : 1).
EDGEL =  ().
ATTR  :.

DIAR = (NODER, LABELR, EDGER).
NODER = ().
LABELR = ().
EDGER = ().
ATTR :.

EMB =
LDUMMY:(1)(LDUMMY)/(DUMMY).
ATTR :.
```

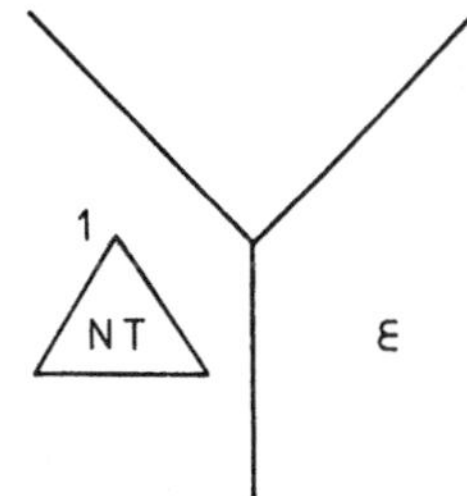

Fig. 7

Das Fibonacci-Diagramm, das nach der ersten Anwendung von Fig. 6
auf das Diagramm in Fig. 5 entsteht, wird in Fig. 8 angegeben. Wenn
man die Vorkommen von "SHAPE" in Fig. 6 und 7 zählt, kommt man auf
insgesamt 7. Deshalb geht die Zählung weiter mit "SHAPE00008". Analoges gilt für "W". Die Verdrehung der Indexreihenfolgen bei den Attri-
butausgaben ist von der Sache her belanglos und liegt in der Arbeitsweise des modifizierten PRIDIA begründet.

Da eine Graphoperation einen Graphen i. a. destruktiv verändert,
wird in AGGImp vor Anwendung erst eine Kopie des gesamten Graphen angefertigt, auf der die Veränderungen durchgeführt werden. Der 'ursprüngliche' Graph bleibt zur Referenz. Diese Technik war am leichte-
sten zu implementieren. Man hätte z.B. auch durch 'Überlagerung' des
zu ändernden Graphen mit dem entstehenden Graphen die Ableitung bewerkstelligen können. Dann wären aber die Datenstrukturen noch unüber-
sichtlicher geworden. In der im Abschnitt 4.3 beschriebenen Neuimplementierung wird es sich zeigen, daß mit LISP-Datenstrukturen alles
einfacher geht.

Die zweite Anwendung der attributierten Graphproduktion aus Fig. 6,
diesmal auf den attributierten Graphen in Fig. 8, findet man in Fig.
9. Dort sieht man wieder Beispiele für die notwendige interne 'Weiter-
zählung' der Knotenbezeichner.

FIBONACCI-GRAPH, AFTER THE 1. DERIVATION STEP

```
FIBGRA  =(
NODES , LABELS, EDGES ).
NODES   =(
4 , 5 , 6 , 7 ).
LABELS  =(
FIBON   :
6 , 5 , 4 ;
NT      :7  ).
EDGES   =(
K       :
(4 , 5 ), (5 , 6 ), (6 , 7 )).
ATTR :
SHAPE00010 : 5          =
 'RECTANGLE'
W000000008 : 5
    +1          ;
SHAPE00011 : 4          =
 'RECTANGLE'
W000000007 : 4          =
    +1          ;
W000000006 : 6          =
    +2          ;
SHAPE00009 : 6          =
 'RECTANGLE'
SHAPE00008 : 7          =
 'TRIANGLE' .
```

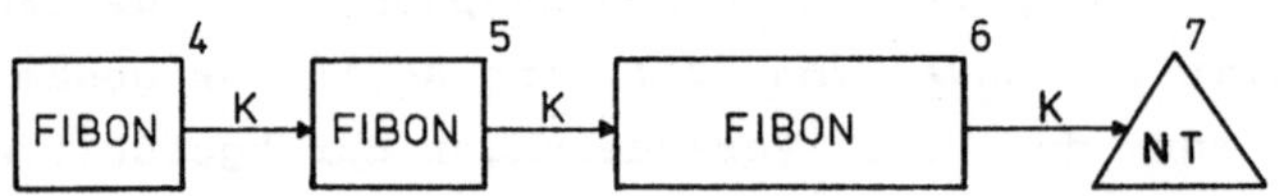

Fig. 8

FIBONACCI-GRAPH, AFTER THE 2. DERIVATION STEP

```
FIBGRA  =(
NODES , LABELS, EDGES ).
NODES   =(
4 , 4 01, 5 01, 6 01, 7 01).
LABELS  =(
FIBON   :
6 01, 5 01, 4 01, 4 ;
NT      :7 01 ).
EDGES   =(
K       :
(4 01, 5 01), (5 01, 6 01), (6 01, 7 01),
(4 , 4 01)).
ATTR :
SHAPE00015 : 5      01 =
 'RECTANGLE'
W000000012 : 5      01 =
   + 2      ;
SHAPE00016 : 4      01 =
 'RECTANGLE'
W000000011 : 4      01 =
   +1       ;
W000000010 : 6      01 =
   +3       ;
SHAPE00014 : 6      01 =
 'RECTANGLE'
SHAPE00013 : 7      01 =
 'TRIANGLE'
W000000009 : 4         =
   +1       ;
SHAPE00012 : 4         =
 'RECTANGLE'  .
```

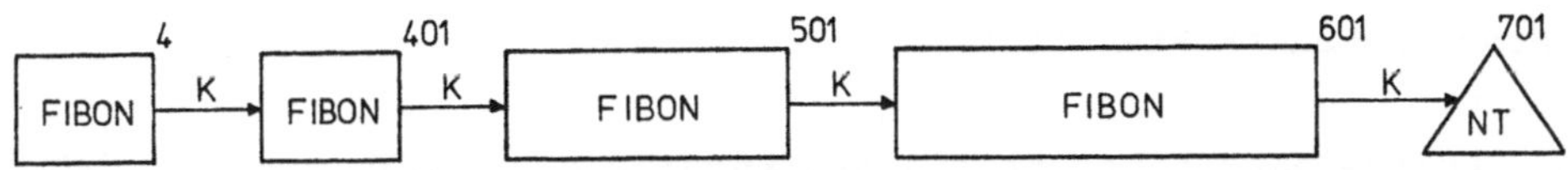

Fig. 9

Abschließend noch eine Bemerkung zur softwaretechnologischen Qualität des Programms: Lapidar ausgedrückt, sie ist in fast jeder Hinsicht
miserabel.

Selbst bei tolerantester Auslegung des Begriffs "Prototyp" war das
Laufzeitverhalten geradezu unerträglich. Es gab Antwortzeiten von einer Stunde für die Ausführung einer attributierten Graphproduktion an

der (Großrechenanlage) CYBER 173. Die verbrauchte Prozessorzeit betrug dabei mitunter mehrere Minuten.

Ein Grund für den hohen Zeitbedarf von AGGImp lag z.B. in einem fehlerhaft programmierten Seitenaustauschalgorithmus von DATAS. Bemühungen, die Performanz von AGGImp wesentlich zu verbessern, schlugen fehl, da für Änderungen die zur Verfügung stehenden Dokumentationsunterlagen sowohl von DATAS als auch von GGImp nur als dürftig zu bezeichnen sind. Die Wartungsfreundlichkeit der beiden Systeme ist unbefriedigend.

Die Darstellung des Fibonacci-Beispiels in Fig. 5 - 9 muß als im hohen Maß benutzerunfreundlich bezeichnet werden und geradezu als ein Gegenbeispiel zum Anspruch, der durch die vorliegende Arbeit gestellt wird: Attributierte Graphgrammatiken sollten ja die Implementierung der als notwendig erachteten graphischen Benutzerschnittstellen unterstützen, und dabei hat AGGImp selbst keine! Für die Ausgabe von GGImp gab es zwar ein Darstellungsprogramm, s. /NAGL&ZISCHLER/, das aber für die Verarbeitung errechneter Attribute hätte umgeschrieben werden müssen.

Ein weiteres Manko für einen ambitionierten Einsatz attributierter Graphgrammatiken mittels AGGImp war das Fehlen von Funktionen wie if-then-else für Attributberechnungen. CHECK kennt diese und auch weitere AAA-Programmkonstrukte nicht.

Die Quintessenz einer kritischen Würdigung von AGGImp war, daß für einen wirklich praktischen Einsatz von (programmierten) attributierten Graphgrammatiken ein neues Programmsystem zu entwickeln ist.

*"I'd rather write programs
to write programs than
write programs."*

(D. Sites, zitiert nach /BENTLEY/)

4.2 Graphische Benutzerschnittstelle

Der Nutzen einer guten, graphischen Benutzerschnittstelle kann
nicht hoch genug eingeschätzt werden. Dies gilt im besonderen Maße
beim Umgang mit attributierten Graphoperationen, denn sie enthalten
den größten Teil der Informationen über die Strukturveränderungen eines attributierten Graphen.

Es ist kaum möglich, mit Graphoperationen zu arbeiten, ohne wenigstens eine ungefähre mentale Vorstellung von ihnen in der Art der Y--
bzw. X-Diagramme zu haben. Es war also notwendig, einen Editor für
Graphoperationen zu implementieren, mit dem man diese de facto als
Graphen eingeben kann. Außerdem muß er die Attributierungen sowie die
Kombination von Graphoperationen zu PGA-Programmen erlauben. Die genaue Beschreibung der Realisierung einer Benutzerumgebung für programmierte attributierte Graphgrammatiken - kurz PAGGED genannt - kann man
in /GRESKA/ nachlesen. Die für das Verständnis des Zusammenspiels zwischen der neuen Implementierung NPAGGImp (vgl. Abschnitt 4.3) und
PAGGED notwendigen Gedanken um die Benutzerfunktionen sind im folgenden wiedergegeben. In /GRESKA/ wird noch der alte Stand geschildert,
wohingegen in diesem Abschnitt bereits auf die neueste Version von
PAGGED eingegangen wird, die durch Umstellung auf neu erworbene Hardware notwendig geworden ist und zugleich eine Erweiterung des alten
Funktionsumfanges bietet.

Das Programm läuft auf einem CADMUS-Rechner der Fa. PCS und verwendet einen graphischen Bildschirm mit Maus, die mindestens zwei Bedien-

knöpfe besitzt. Der eine ist der "Menueknopf", der die Kommandoauswahl mit Hilfe von "pop up"-Menues zuläßt; der andere, der "Ausführungsknopf", dient zur Durchführung des ausgewählten Kommandos.

Die Fig. 1a zeigt den Bildschirminhalt, wie er sich einem Benutzer nach dem Start des Programms und dem erstmaligen Drücken eines Mausknopfes darstellt.

Im "OPERATION"-Feld wird der Name der Graphoperation festgehalten.

Das "KOMMANDO"-Feld zeigt das von PAGGED auszuführende Kommando, damit der Benutzer zu jeder Zeit - auch nach einer von außen kommenden Störung - den aktuellen Dialogzustand weiß.

Das unterste Feld ist ein Eingabebereich, z. B. für eine Textzeile, oder dient PAGGED für Hinweise an die Benutzer.

Durch Bewegen der Maus und Betätigen des Menueknopfes wird ein Kommando ausgewählt.

-- Hauptmenue

Auf dieses Kommando wird aus systematischen Gründen erst am Ende eingegangen.

-- title:

Mehrere Kommandos, z.B. write oder body, benötigen den Namen der Graphoperation. Seine Eingabe ist somit Voraussetzung für die Ausführung dieser Kommandos. Aus diesen Namen werden später Dateinamen erzeugt.

Nun zu den Funktionen, die das komfortable Zeichnen einer Graphoperation mit markierten Knoten und Kanten gestattet:

-- insert node:

Damit können die Knoten in die vier Bereiche des X-Diagramms einer Graphoperation eingegeben werden. Die Knotenbezeichner werden dabei automatisch als natürliche Zahlen generiert. Ein

Graphoperation:
Kommando:
Hauptmenue
title
insert node
i   (-)-edge
i   (+)-edge
i   (-)-edge
insert label
shift node
body   (VI)
read   prod
write   prod
delete prod
dir
cd
pwd
delete ele
clr screen
refresh

Fig. 1a

Graphoperation:
Kommando:
AGP-Editor
LISP
Graph-Editor
hardcopy
csh
vi
help
Ende

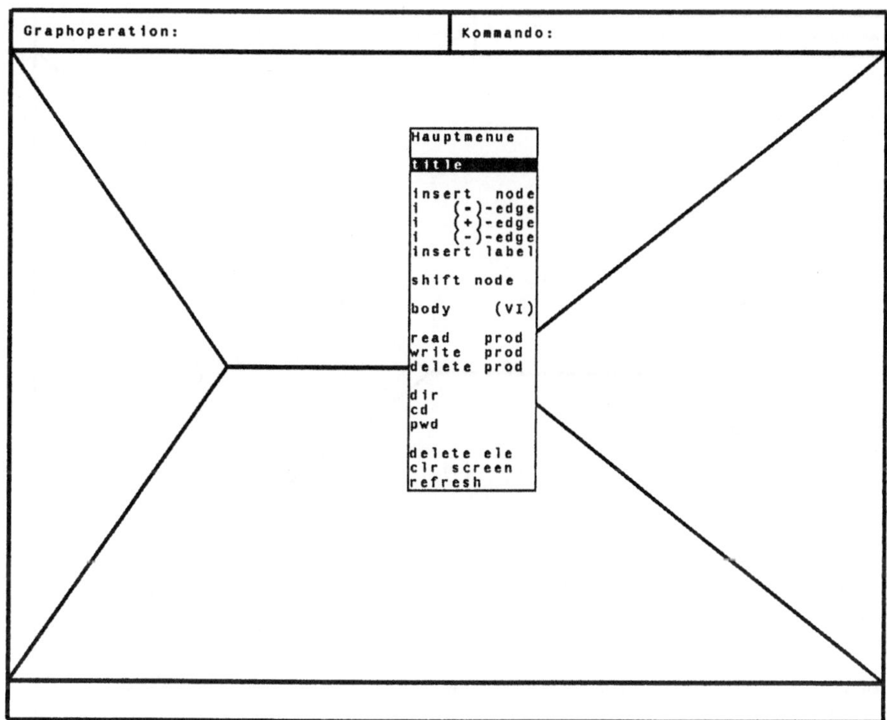

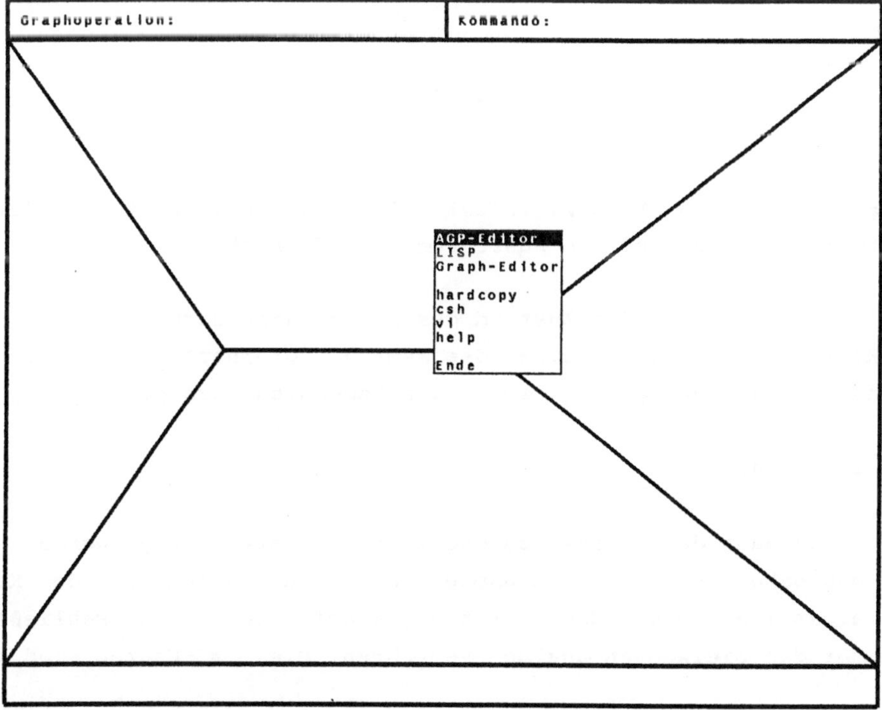

Fig. 1b

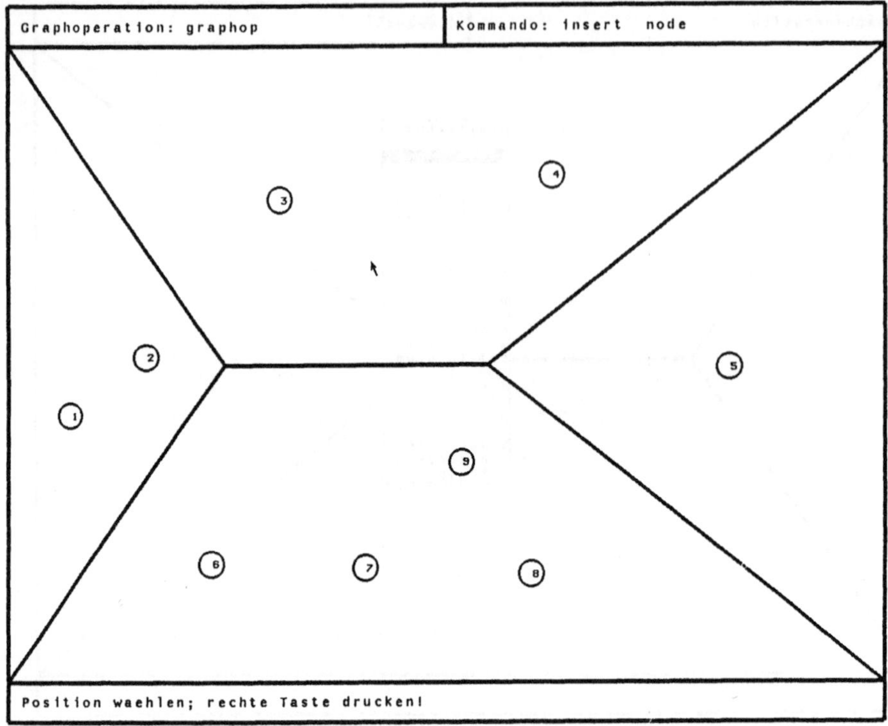

Fig. 2

Benutzer muß nur den Mauszeiger auf die gewünschte Position stellen
und entsprechend oft auf den Ausführungsknopf drücken.

In der Fig. 2 wird der Zustand des X-Diagramms nach dem Aufruf des
titel-Kommandos und der Eingabe des Namens "graphop" sowie nach der
wiederholten Ausführung des insert-node-Kommandos gezeigt.

--   i (=)-edge:

Es kann damit eine (durchgezogene) Kante erzeugt werden. Man
muß dabei zuerst den Mauspfeil auf den Quellknoten der Kante
einstellen, dann den Ausführungsknopf drücken und schließlich
für den Zielknoten analog verfahren. Die "="-Kanten sind also

genau die, die nicht als "+"-- oder "-"-Kanten zu interpretieren sind. Die Unterscheidung ist natürlich nur für den detU--
bzw. indU-Bereich von Bedeutung. Sonst werden nur "="-Kanten
gezeichnet.

--   i (+)-edge:

   Damit werden die "+"-Kanten mit der in Abschnitt 2.3 definierten Bedeutung generiert. Sie werden punktiert dargestellt.

--   i (-)-edge:

   Dies ist das analoge Kommando für in einem Graphen zu ent-
fernende Kanten. "-"-Kanten werden gestrichelt dargestellt.

--   insert label:

   Durch Anfahren eines Knotens oder einer Kante mit dem Mauszeiger und Drücken des Ausführungsknopf wird dieses Objekt ausgewählt.

   Für das Zusammenspiel mit der LISP-Implementierung der programmierten attributierten Graphgrammatiken wird bei nicht vorhandener Markierung eine 'unsichtbare', nämlich "NO_VALUE", erzeugt.

   Um auch bei der Verwendung langer Markierungen das Bild
übersichtlich halten zu können, besitzt PAGGED einen Makroprä-
prozessor, der kurze Bezeichner des Bildes zu den entsprechenden langen expandiert.

   Änderungen von Markierungen werden durch erneute Anwahl des
Kommandos im Menue und Überschreiben realisiert. Es gibt also
dafür keinen Extrabefehl.

   Das Zeichnen 'unerlaubter' Kanten zwischen Gel und Erz wird von
PAGGED verhindert!

   In der Fig. 3 wird gezeigt, wie eine Graphoperation durch mehrmali-
ges Anwenden der o. g. Kommandos aussehen kann.

--   shift node:

Die Fig. 3 ist ein Beispiel dafür, daß es während des Entwurfs einer Graphoperation immer wieder vorkommt, daß die Diagramme unübersichtlich werden. Im Abschnitt 3.2 wurde schon von den Problemen ästhetischer Gestaltung von Diagrammen gesprochen. In PAGGED können wieder mehrere Kriterien interferieren, z. B. möglichst weitgehende Kreuzungsfreiheit von Kanten mit Durchschneiden von Text. Auch hier ist es wieder ratsam, dem Benutzer die Möglichkeit zu geben, die eigenen ästhetischen Vorstellungen zu verwirklichen und ihm nicht ein algorithmisches Layout aufzuzwingen.

Durch Anfahren eines Knotens und Tippen der Ausführungstaste kann ein Knoten benannt werden, der schließlich durch Bewegen zur neuen Position und durch erneutes Antippen des Ausführungsknopfes verschoben werden kann. Die Kanten werden dabei nachgeführt, ebenso die Markierungen.

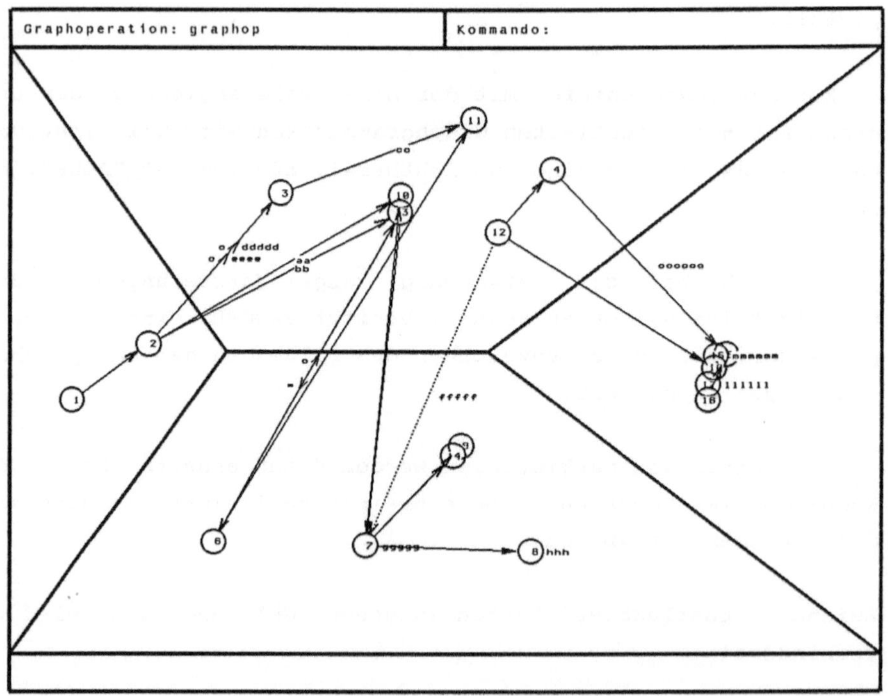

Fig. 3

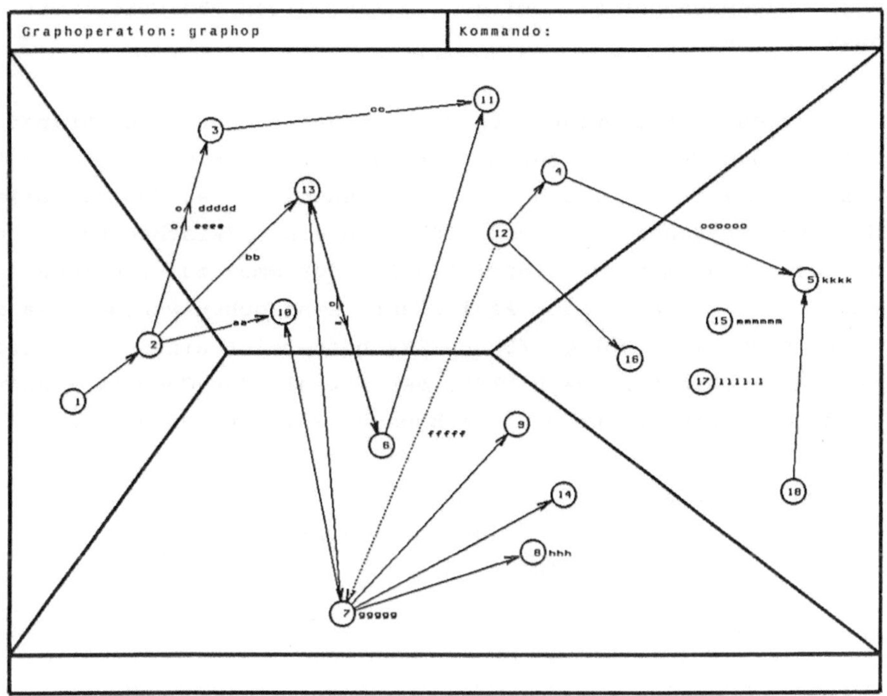

Fig. 4

PAGGED läßt es aber sinnvollerweise nicht zu, daß ein Knoten in einen anderen Bereich des X-Konnektors verschoben wird.

Die Fig. 4 ist die 'entzerrte' Version der Fig. 3.

Die Layout-Gestaltungsfunktionen zum Einfügen und Schieben sind damit behandelt. Wie steht es mit den AAA-Programmen? Für sie steht folgende Menueoption zur Verfügung:

--   body (VI):

Der vi-Editor des UNIX-Systems wird aufgerufen und gleichzeitig eine Datei kreiert, deren Name aus der durch den (letzten) titel-Befehl eingegebenen Zeichenkette und dem Postfix

".b" zusammengesetzt wird. Im aktuellen Beispiel ist es "graphop.b".

In diese Datei werden nun die zum AAA-Programm der Graphoperation äquivalenten Angaben eingetragen. Wie bereits im Abschnitt 4 angedeutet und in 4.3 noch näher ausführt, basiert die Neuimplementierung auf LISP. In einer Zwischenausbaustufe war es nicht möglich, direkt AAA-Programme zu verwenden. Sie mußten in ihrem 'LISP-Äquivalent' eingegeben werden. Das ist jetzt nicht mehr nötig. /SCHULTZE/ beschreibt einen Übersetzter von AAA-Programmen nach LISP, der mittels des Compiler-Generators COCO erzeugt wurde. Im Fibonacci-Beispiel wird z. B.

```
BODY = begin
          3.breite <- 4.breite + 5.breite;
          3.y_koor_luE <- 5 ;
          .................................
       end;
```

übersetzt zu

```
body = ((putexpr 3 breite    (+ (4 breite) (5 breite)) )
        (putexpr 3 y_koord_luE  5    )
        .................................
        )
```

"putexpr" ist dabei eine Kennung und benennt eine Funktion, die erst im LISP-System der Implementierung programmierter attributierter Graphgrammatiken relevant wird.

Die mit diesem Kommando erstellte Datei muß außerdem einigen weiteren Konventionen genügen, weil sie ggf. vom bereits in "insert label" angesprochenen Präprozessor noch weiterverarbeitet werden muß.

Es stehen für einen vollständigen Dialog noch die 'Verwaltungsfunktionen' aus.

--   read prod:

Eine bereits vorhandene Graphoperation kann wieder geholt und ggf. geändert werden. Neben dem graphischen Teil der Graphoperation wird auch die durch "body" erstellte Datei des zugehörigen 'AAA-Programms' in den Dialog mit eingebunden.

Eine bereits auf dem Bildschirm vorhandene Graphoperation
wird - gesichert durch Nachfrage - ggf. überschrieben.

--   write prod:

Der graphische Teil der aktuell auf dem Bildschirm angezeigten Graphoperation graphop wird in eine Datei namens graphop.p
geschrieben. Eine evtl. vorhandene Datei graphop.p würde dabei
überschrieben werden. Dies ist zwar meist die 'alte Version'
von graphop, aber sicherheitshalber macht PAGGED auf einen möglichen Konflikt aufmerksam. Gleichzeitig mit der Generierung
von graphop.p wird noch als Schnittstelle zum LISP-Programm
eine Datei graphop.l erstellt und eine evtl. vorhandene überschrieben.

--   delete prod:

Ist eine Graphoperation graphop überflüssig geworden, kann
man mit diesem Kommando alle zugehörigen Dateien wie graphop.b
aus dem aktuellen Bestand entfernen.

--   dir:

Damit kann der Bestand an Graphoperationen im aktuellen DI
Rectory abgefragt werden. Man erhält ein weiteres Fenster auf
dem Bildschirm mit den Namen der Graphoperationen (ohne ".p").
Durch Anfahren und Tippen läßt sich die gewünschte auswählen
und mit "read prod" einlesen.

--   cd:

Falls auf einen anderen Datenbestand ("Change Directory")
zugegriffen werden muß, kann man es mit diesem Kommando tun.

--   pwd:

Dieses Kommando gibt UNIX-gemäß den aktuellen Pfadnamen des
Programms aus.

Eine letzte Funktion zur Gestaltung von Graphoperationen ist

--   delete ele:

Mit dieser Funktion lassen sich folgende graphische Elemente aus dem Diagramm entfernen, indem mit dem Mauszeiger das Element angefahren und der Ausführungsknopf gedrückt wird:

= Markierungen

= Kanten

Eine evtl. vorhandene Markierung wird ebenfalls gelöscht.

= Knoten

Damit verschwinden auch deren Markierungen und alle Kanten (nebst vorhandener Markierung), die den zu löschenden Knoten entweder als Quell- oder Zielknoten besitzen.

Fig. 5 ist das Ergebnis der Anwendung von "delete ele" auf Fig. 4. Wie man sieht, bleibt ansonsten alles an seinem Platz.

Für die Arbeit mit dem Bildschirm als Ganzes sind noch zwei Funktionen zu behandeln.

--   clr screen:

Das ist das "Lösche!"-Kommando für den Bildschirm. Auch hier erfolgt zur Sicherheit noch eine Nachfrage.

--   refresh:

Damit kann man das Bild wieder neu aufbauen, wenn es z.B. durch eine Systemnachricht 'verunreinigt' wurde.

Nun noch zu dem aufgeschobenen Kommando "Hauptmenue"! Mit ihm kommt man in einen Zustand, der mit der Erstellung einer einzelnen Graphoperation nichts mehr zu tun hat. Er ist für die Erstellung von PGA--Programmen und zur Kommunikation mit dem Betriebssystem nützlich, vgl. Fig. 1b.

--   AGP-Editor:

Durch Antippen kehrt man zurück in das eben beschriebene Menue.

--   LISP:

Damit kann man direkt in das LISP-System wechseln, um die
bisher entworfenen Graphoperationen und Programme testen zu
können.

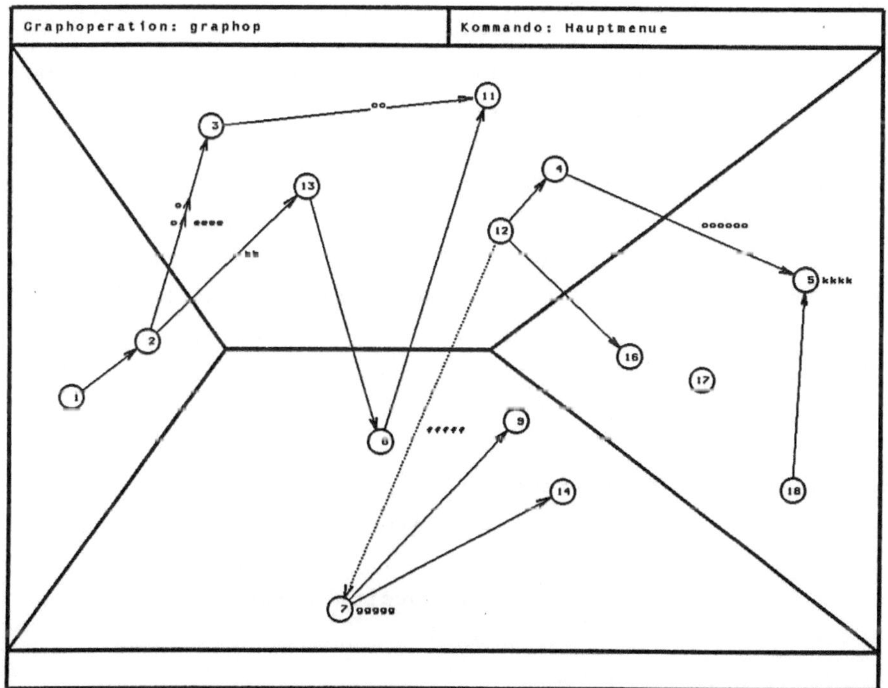

Fig. 5

--   Grapheditor:

Durch diese Funktion kann man den X-Konnektor verschwinden
lassen und erhält den der Graphoperation zugrunde liegenden

Graphen. Durch Rückkehr in den AGP-Editor kann man weiterhin alle Funktionen ausführen wie z.B. Einfügen von Knoten.

--   hardcopy:

Der Bildschirminhalt wird auf einem Drucker ausgegeben.

--   csh:

Dies ist der Einstieg ins Betriebssystem.

--   vi:

Damit schaltet man um auf den UNIX-Editor vi, ohne daß ein Dateiname wie bei body vergeben wird.

Beliebige Dateien können ediert werden, insbesondere auch die für die Attributierung der Knoten. In PAGGED wurde vereinbart, daß die Knotenattributierungen in eine Datei "typen.l" geschrieben werden. (Das "l" rührt von LISP her.) Für die Fibonacci-Diagramme könnte das wie folgt aussehen, wobei "make-nodetype" und "expr" wieder eine Vereinbarung für das LISP-Programmsystem ist:

```
(make-nodetype kästchen (höhe       (expr 1)
                         breite      ()
                         ......................
                         maxbreite (expr (...) )
                         )   )

(make-nodetype verb_linie (...
                           )   )
```

Die AAA-Version davon ist

```
KNOTTYP kästchen = höhe <- 1 ;
                   breite <- #;
......usw....................
```

Die Kombination von attributierten Graphoperationen zu PGA-- Programmen ist mit dieser vi-Option auch möglich. PGA-Programme müssen ebenfalls LISP-konform geschrieben sein. Eine Datei für sie sollte wieder das Postfix ".l" haben, also etwa "programme.l".

Als kurze Vorschau, was mit den PAGGED-Informationen weiter geschieht: Durch

```
(include typen.l)
(input-prods graphop1.p)
(input-prods graphop2.p)
......................
(include programme.l)
```

wird die aktuelle programmierte attributierte Graphgrammatik der LISP-Implementierung programmierter attributierter Graphgrammatiken mitgeteilt und schließlich zur Ausführung gebracht.

-- help:

Hier kann man einige Informationen über die Funktionsweise von PAGGED abrufen.

-- Ende:

Wie zu erwarten ist: Ende des Dialogs.

Die Benutzerschnittstelle von PAGGED ist damit ausführlich genug behandelt, um einen Eindruck zu geben, was für einen komfortablen Einsatz von programmierten attributierten Graphgrammatiken in einer Softwareentwicklungsumgebung unbedingt nötig ist. Auf jeden Fall sieht man, daß PAGGED dem AGGImp-Stand überlegen ist.

Noch nicht befriedigend gelöst ist das "Parallelkanten"-Problem. Zwischen zwei Knoten kann es mehrere Kanten geben. Um sie aber optisch zu trennen, bedarf es einiger Überlegung. Kanten gekrümmt zu zeichnen ist wohl die optimale Lösung, die aber wegen ihres Aufwandes nicht implementiert ist. In der aktuellen Version wird durch verschiedene Pfeilspitzen an einer einzelnen Kante die Existenz von Mehrfachkanten dargestellt.

> *"Fehler schließen Vorsatz und*
> *Tücke aus. Daher müssen alle*
> *Fehler allen zu verzeihen sein."*
>
> *(G. E. Lessing)*

4.3 Neuimplementierung in Lisp

Die im Abschnitt 4.1 geschilderte Implementierung programmierter attributierter Graphgrammatiken AGGImp verlief so enttäuschend, daß die Frage gerechtfertigt war, ob das Projekt nicht aufgegeben werden sollte.

Eine Analyse ließ erkennen, daß Hardware-Verbesserungen keinen Fortschritt in der Performanz von AGGImp bringen würden. Es war ein totaler Neuentwurf der Software unabdingbar.

Die Erfahrungen mit AGGImp zeigten, daß das schlechte Systemverhalten sowohl in der Art der Behandlung der auftretenden attributierten Graphen als auch in der Auswertungsstrategie der Attribute begründet war. Für beides mußten bessere Lösungen gefunden werden.

Die Verwendung einer Programmiersprache wie PASCAL oder MODULA 2 würde für den Umgang mit den Graphen sicher einen großen Fortschritt bringen. Diese Sprachen sind ja gerade für die Implementierung von Datenstrukturen entwickelt worden. Mit einer solchen Sprache könnte man effiziente Module für die Verwendung von Graphen realisieren, die DATAS überflüssig machen würden. In diesem Zusammenhang wurde auch überlegt, ob man nicht kommerziell erhältliche, kleine Datenbanksysteme einsetzen sollte. Mit ihnen könnte man relationale Strukturen, wie es Graphen sind, gut speichern und auch die notwendigen Informationen, z.B. die Markierung eines Knotens, wiedergewinnen.

Die Frage, was man als Realisierungsgrundlage des Moduls nehmen sollte, der die Datenstrukturen für die attributierten Graphen und die Graphoperationen implementiert, war (und ist) nicht so eindeutig beantwortbar. Sie blieb zwar immer wichtig, aber sie wurde nicht zuletzt durch die Anwendungsbeispiele, von denen einige im Kap. 5 behandelt werden, in den Hintergrund gedrängt. Ein neuer, bedeutender Punkt kam hinzu: Es mußte eine Lösung für die effiziente Evaluierung der Attribute gefunden werden. In dieser Angelegenheit waren (und sind) die Freiheiten aber stark eingeschränkt. Sowohl AGGImp als auch die zu schaffende Neuimplementierung - im folgenden NPAGGImp genannt - sollten die Attributierungen beliebiger Graphoperationen als Eingabe in Form von Zeichenketten erlauben. Diese müssen dann interpretiert werden, entweder indirekt, wie es CHECK nach einer Übersetzung in eine einfachere Form macht, oder direkt.

Die bisher untersuchten Anwendungen ließen die Tendenz erkennen, daß im Fall erwiesener Brauchbarkeit von programmierten attributierten Graphgrammatiken für den praktischen softwaretechnologischen Einsatz (also nicht nur in der Verwendung als "Denkzeug") immer ambitioniertere Layout-Gestaltungen gewünscht werden würden und immer komplexere Benutzerschnittstellen für graphische Softwareentwicklungsmethoden zu entwerfen wären. Dies hätte aber mit Sicherheit zur Folge, daß die dafür nötigen Attributierungsvorschriften - also die AAA-Programme - die Fähigkeiten von CHECK weit übersteigen würden und in den Bereich von Programmen universeller Programmiersprachen kämen. Einen Interpretierer für eine solche Sprache zu schreiben, hätte jedoch die für das Projekt zur Verfügung stehenden Kapazitäten überfordert.

Ein Ausweg, der sich nach der Analyse der Probleme wie von selbst anbot, war der Einsatz einer kommerziell erhältlichen, interpretierten, universellen Programmiersprache. Da gibt es eigentlich nur die Alternative zwischen BASIC und LISP. Während BASIC keine besseren Möglichkeiten für die Implementierung von Datenstrukturen als FORTRAN bietet, steht "LISP" für "LISt Processor" und hat entsprechende Fähigkeiten.

Entschließt man sich für LISP, gewinnt man demnach einen entscheidenden Vorteil: Man hat ein einheitliches System als Grundlage sowohl für die bislang DATAS obliegende Graphenverwaltung als auch für die Attributevaluierung. Wenn es also überhaupt eine Chance für eine erfolgreiche Realisierung des Projektes NPAGGImp gab, schien sie in der Verwendung von LISP zu liegen.

In der Tat, die ersten Tests der Neuentwicklung mit den paradigmatischen Fibonacci-Diagrammen - allerdings noch in der Y-Darstellung der Graph/produktionen/operationen - brachte eine einschneidende Laufzeitverbesserung um zwei Zehnerpotenzen! Statt wie bisher mehr als eine Stunde pro Graph/produktion/operation-Anwendung wurde etwas weniger als eine Minute benötigt. Durch die Entwicklung und den Einsatz der effizienten Graphoperationen konnte die Performanz zusätzlich um etwa den Faktor zehn verbessert werden. Beim SADT-Beispiel aus Abschnitt 5.2 erhält man die neuen Diagramme (je nach Rechnerbelastung) in fünf bis dreißig Sekunden.

NPAGGImp ist mittlerweile ein umfangreiches Programm geworden. Eine erste Beschreibung findet man in /SCHIEDERMEIER/, die Dokumentation der Erweiterungen, insbesondere den Übergang von Graphproduktionen zu Graphoperationen, in /BARTHELMANN/. Den Stand der Systemarchitektur im Juni 1988, durch Fig. 1 veranschaulicht, schildert /NIESKENS/. Der Rest dieses Kapitels bildet eine an manchen Stellen stark vereinfachte Zusammenschau dieser drei Arbeiten. Er soll nur einen Überblick über die Implementierungskonzepte und Benutzerschnittstellen geben, die in langen Diskussionen erarbeitet wurden. LISP-Kenntisse sind für das folgende hilfreich.

aktueller attributierter Graph
Layout-Attribute
graph. Funkt.
1900 Zeilen
60 Funkt.
Bild am Bildschirm
PAGG - Definition einer Diagrammsprache
Umfang:
PAGG - abhängig
Interpreter
900 Zeilen
43 Funktionen
AAA - Auswerter
250 Zeilen
13 Funktionen
PAGG - Interpreter
1100 Zeilen
72 Funktionen
Tastatur Maus
Lisp
MS - DOS
Legende:
Datenfluß
Kontrollfluß
ruft auf

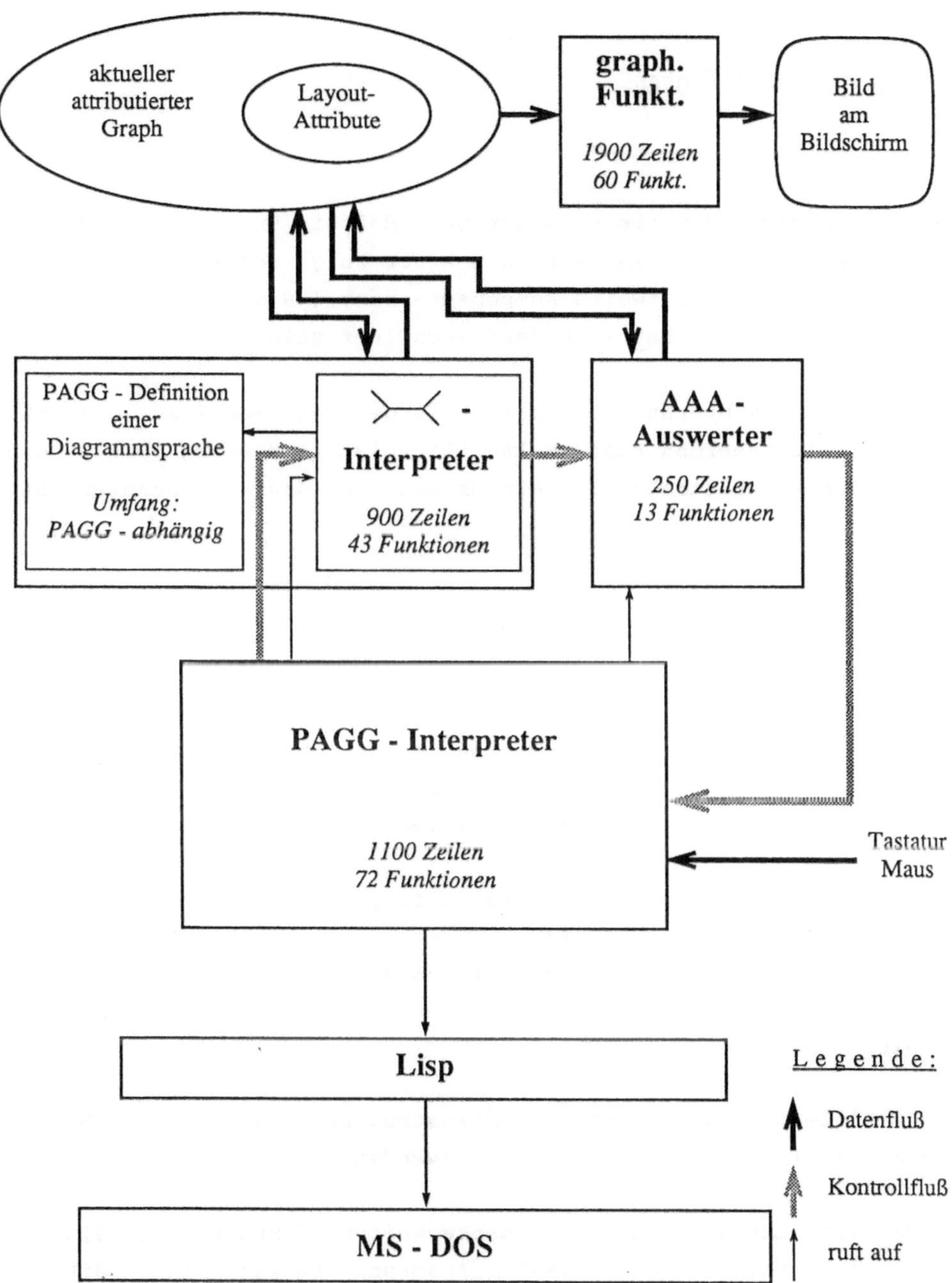

Fig. 1

4.3.1 Attributierte Knoten

An den bisherigen Beispielen sieht man, daß ein Knotentyp kt formal aufgefaßt aus einem Namen ktn und einer Folge von Attributangaben (attr,best) besteht. Die zweite Komponente best ("Bestimmungsangaben") zu einem konkreten Attribut attr darf auch leer sein.

Dies ist ein Sachverhalt, der in LISP geradezu ideal auf einfache Weise nachgebildet werden kann. Bekanntlich ist in dieser Sprache ein 'Symbol' (also ein Literal-Atom) ein Objekt, das drei Komponenten hat:

--   den Namen

--   die Attribut-Liste: Hier stimmt die LISP-Terminologie (zufällig) mit unseren Implementierungsintensionen sogar überein! Bei attributierten Knoten besteht die Attribut--Liste aus den (attr,best)-Paaren.

Es wird im folgenden der Begriff "P-Liste" - von "property-list" kommend - verwandt, um Konfusion zu vermeiden.

--   einen Wert.

Die "P-Liste" ist die zentrale Datenstruktur. Sie wird nicht nur für die Attribute der Graphgrammatik verwendet.

In NPAGGImp ist die best-Komponente weiter strukturiert. Sie besteht aus einer Folge von 'Indikator/Ausdruck'-Paaren. Ein Indikator wird künftig auch "Metaattribut" genannt, da er Aussagen über das Attribut attr macht. Ein Ausdruck ist von der Form "1", "breite<50", usw.

Die wichtigsten Metaattribute sind:

--   **expr**   legt fest, daß für das Attribut ein LISP-Ausdruck angegeben wurde, der evaluiert werden muß. Er liefert als Ergebnis den Wert des Attributs. In der Berechnungsvorschrift dürfen die Attribute anderer Knoten vorkommen.

--   **type**   erlaubt, den Wertebereich des Attributes festzulegen.
Dies geschieht durch Angabe eines (auswertbaren) LISP--
Ausdrucks.

--   **pred**   Der diesem Indikator folgende logische Wert bestimmt, ob
der nachfolgende Ausdruck als Bedingung zu interpretieren
ist.

Die Metaattribute müssen vom Entwerfer der attributierten Grammatik
bei einer Knotentypdefinition verwendet werden. Ein noch zu schreiben-
der Übersetzer von AAA-Programmen nach LISP würde die Indikatoren
selbständig einsetzen. Wie angedeutet, können mehrere dieser Metaattribute einem Attribut zugeordnet sein.

Weitere Metaattribute sind:

--   **att**   deutet an, daß das nachfolgende Symbol attr ein Attribut
ist. D. h. also, daß das Attribut attr nicht nur Selektor
ist, sondern auch noch als sein eigener Wert auftritt.
Dies ist keine notwendige, aber eine vereinfachende Entwurfsentscheidung.

--   **node**   hält den Namen des Knotens. Zum Zeitpunkt der Knotentypdefinition ist für dieses Attribut natürlich noch kein
Wert da.

--   **val**   zeigt an, daß das Attribut nur einen (einfachen) Wert besitzt.

Diese drei Metaattribute werden von NPAGGImp automatisch vergeben.
Z.B. erscheint der Indikator val bei einem Attribut, wenn der dem expr
folgende Ausdruck durch "check" (vgl. Unterabschnitt 4.3.6) zu einem
Wert evaluiert werden konnte.

Es gibt noch einen besonderen Indikator, der zwar nicht durch die
Knotentypdefiniton direkt hinzukommt, aber durchaus in diesem Kontext
zu behandeln ist, nämlich "edge". In NPAGGImp werden die Kanten der

verwendeten Graphen in Form von Attributen gespeichert! Die Kantenmarkierungen werden dabei so behandelt, als wären sie Attribute. An eine
Markierung M als Selektor ist eine Liste der Knotenbezeichner ange-
hängt, die vom aktuellen Knoten über eine M-Kante erreichbar sind. Es
wird noch differenziert, ob die Kante eine ein- oder eine auslaufende
ist. Jeder Knoten kennt demnach seine gesamte Nachbarschaft. Somit
wird also auch die Strukturinformation über den Graphen in der LISP--
P-Liste gehalten. Für den angestrebten Zweck ergibt sich so eine 'ho-
mogene' Datenstruktur.

Während der Auswertung der Attribute kommen zwar weitere Indikatoren noch hinzu, die z.B. festlegen, ob der Knoten bereits abgearbeitet
wurde, aber von diesen bemerkt der Entwerfer der attributierten Grammatik nichts.

Zum Einführen von Knotentypdefinitionen und zum Einhängen in die
Liste der Knotentypen stellt NPAGGImp die Funktion makenodetype zur
Verfügung. Dazu ein den Fibonacci-Diagrammen nachempfundenes Beispiel,
was ein Graphgrammatikentwerfer eingeben kann. Die Metaattribute sind
der Übersichtlichkeit halber groß geschrieben.

```
(make-nodetype kasten (höhe        (EXPR 1 TYPE numberp)
                       x_koord_luE ()
                       y_koord_luE ()
                       max_breite  (PRED t EXPR (< breite 50)))))
```

4.3.2 Attributierte Graphoperationen

Eine attributierte Graphoperation ago wird NPAGGImp durch PAGGED geliefert. PAGGED kreiert aus dem als "title" einzugebenden Namen ago eine Datei ago.l, die alle für NPAGGImp relevanten Informationen enthält. Dazu gehört neben dem attributierten Graphen selbst, der der Graphoperation zugrunde liegt, auch die Angabe der Bereiche des X-Konnektors, in denen sich die Knoten befinden. Dies geschieht durch die anschaulichen Indikatoren left, right, above und below. Bei den Kanten, die zwischen Knoten aus detU und indU (also below bzw. above) verlaufen, muß noch der Typ ("+", "-" oder "=") festgehalten werden.

Zu all diesen Informationen kommt eine weitere hinzu, die die Einsatzfähigkeit einer Produktion erweitert. Betrachtet man beispielsweise die Graphoperation PW aus Fig. 11 im Abschnitt 2.3, die einen festen Widerstand in das Netz einfügen soll, sieht man, daß eigentlich für jeden Ohm-Wert eine Graphoperation nötig wäre. Man könnte sich dort helfen, indem der Wert erst eingelesen wird, denn AAA-Programme erlauben einen read-Befehl. Der Sachverhalt kann auch als 'Parametrisierung der Graphoperation' aufgefaßt werden. Bei der Anwendung der Graphoperation muß man nicht nur mitteilen, auf welche Knoten die linke Seite anzuwenden ist, sondern ggf. auch die aktuellen Parameterwerte.

NPAGGImp erwartet eine Graphoperation ago in der allgemeinsten Form wie folgt. Für den konkreten Fall dürfen einzelne Angaben fehlen.

```
( ago
        left         ( <Liste von Knotenbezeichnern> )

        below        ( <Liste von Knotenbezeichnern> )
        above        ( <Liste von Knotenbezeichnern> )

        right        ( <Liste von Knotenbezeichnern> )

        params       ( <Liste von Symbolen, die in  "body verwendet wer-
                       den dürfen, außerdem  noch eine LISP-Funktion für
                       den Typ des Symbols> )
```

nodetypes (<Liste von Knotentypbezeichnern. PAGGED liefert Zahlen als Knotenbezeichner. Dadurch wird implizit eine Reihenfolge festgelegt, in der die korrespondierenden Knotentypbezeichner auftreten müssen.>)

edges (<Liste von Kanten in der Form: Markierung, gefolgt von Quelle, Ziel und ggf. +, - oder = >)

precond (<Der angegebene LISP-Ausdruck wird vor jeder Anwendung der Graphoperation ausgewertet und im Fall "false" (in LISP natürlich "nil") eine Fehlermeldung ausgegeben.>)

body (<Liste von LISP-Anweisungen, die äquivalent sind zu den AAA-Programmen. Man erinnere sich. Bei einer Graphoperationsdefinition werden noch keine AAA--Programme ausgeführt.

Nach der NPAGGImp-Philosophie wird alle Information in den P-Listen der Knotenbezeichner gehalten. Dies gilt auch für die Attributberechnungsvorschriften. Sie werden bei Vereinbarung von ago durch eine Funktion putexpr explizit an das entsprechende Attribut geschrieben und durch das Meta-attribut expr als auszuwertend gekennzeichnet.

Es ist softwaretechnologisch nichts dagegen einzuwenden, wenn komplexere Berechnungen für ein Attribut als eine LISP-Funktion notiert werden, die z.B. in einer Bibliothek vereinbart sein kann.>)

postcond (<Diese Komponente wird nach der Graphoperationsanwendung ausgewertet. Ist das Ergebnis des angegebenen LISP-Ausdrucks nil, erfolgt wie bei precond eine Meldung.>)

Eine der zentralen NPAGGImp-Funktionen ist make-prod (das "prod" ist historisch bedingt), die eine durch PAGGED erstellte attributierte Graphoperation in die Liste der attributierten Graphoperationen einhängt.

Als Beispiel soll hier eine Version der bereits zitierten Graphoperation PW aus Fig. 11 des Abschnitts 2.3 dienen. Daran kann gleich die
Verwendung der params-Angabe deutlich gemacht werden. Vom Benutzer
frei angebbare Symbole sind in Großbuchstaben geschrieben.

```
(make-prod PW (left          (1)
              below          ()
              above          (3 4)
              right          (2)
              params         (CONST)
              nodetypes      (N W LÖTPUNKT LÖTPUNKT)
              body           ( (putval 2 R 'CONST)
                             (putexpr 1 R (2 R) )
                             )
              )
```

Dieser Graphoperationsvereinbarung muß etwa folgende Angabe vorausgegangen sein:

```
(make-nodetype N          (R  ()
                          .........
                          )
              )
```

und

```
(make-nodetype W          (R  ()
                          .........
                          )
              )
```

sowie

```
(make-nodetype  LÖTPUNKT .........)  .
```

4.3.3 Programme

In den großen Anwendungsbeispielen von Kap. 5 wird stets versucht,
die Norm einzuhalten, daß zu jeder ein Diagramm verändernden Benutzerfunktion eine einzige attributierte Graphoperation gehört. Nur wenn
die dafür notwendigen Graphoperationen zu kompliziert werden würden,
ist die Konstruktion eines Programms pro Benutzerfunktion erlaubt, das
aus Kombinationen von Graphoperationen gebildet wird. Dieser Grundsatz
erhöht das Zurechtfinden in der Dokumentation beträchtlich.

Ein weiterer Grund, hier strikte, 'externe', also nicht vom Verfahren her erzwungene Verhaltensregeln vorzuschreiben, liegt z. Zt. immer
noch darin, daß es - anders als für AAA-Programme - für PGA-Programme
keinen Übersetzer nach LISP gibt. Die im Abschnitt 2.4 angegebenen Anweisungen capp, sapp und wapp sind nur Vorschläge für notwendige Pro-
grammkonstrukte, die in NPAGGImp 'per Hand' anzugeben sind. Es steht
somit frei, z.B. wapp über eine if/goto-Konstruktion oder mit repeat,
usw. zu realisieren.

Für die möglichst direkte Korrespondenz zwischen PGA-- und realisierenden LISP-Programmen gibt es allerdings auch NPAGGImp-'Standardfunktionen' wie "while-applicable-do" mit einer zu wapp korrespondierenden Semantik. Wegen der engen Beziehung wird im folgenden der Einfachheit halber von "komplettierten PGA-Programmen" gesprochen, wenn
ihre LISP-Übersetzung gemeint ist. Das "komplett" rührt von Erweiterungen her, die nachfolgend behandelt werden.

Für die Erstellung von komplettierten PGA-Programmen gibt es (noch)
keinen unterstützenden Editor. Bei der Flexibilität von LISP kann man
deshalb leicht in die Gefahr geraten, zuviel Algorithmik in die Programme zu legen, auch den Teil, den man als Nichtprogrammersteller intuitiv in Angaben zu Attributen vermuten würde!

Um die Lesbarkeit durch Einschränkungen zu erhöhen, wurde wie für
Knotentypen und Graphoperationen auch bei Programmen der Versuch ge-
macht, sie durch Indikatoren möglichst übersichtlich zu strukturieren.
Zur Vereinbarung eines Programms dient die dritte zentrale NPAGGImp--
Funktion make-prog, die folgendermaßen verwendet wird:

```
(make-prog  <Benutzerfunktion>  (nodes    (...)
                                 params   (...)
                                 precond  (...)
                                 body     (...)
                                 postcond (...) )  )  .
```

Einige Anmerkungen zu den einzelnen Komponenten, von denen i.a.
auch welche fehlen dürfen:

--   nodes

Dem Indikator folgt eine Liste 'formaler' Graphknoten des
PGA-Programms. Diese Angaben können wie die Elemente in der params-Angabe in body (nicht verwechseln mit "body" aus make--
prod!) verwendet und für die Festlegung der Anwendungsstelle
der Produktionen, also für Θ, eingesetzt werden.

Es ist möglich, die Korrespondenz δ zwischen formalen und
'aktuellen' Knoten, also letztlich die festzulegende Stelle der
Anwendung einer Graphoperation auf einen Graphen, entweder im
Wissen um das Vorhandensein eines zu Gel und detU isomorphen
Teilgraphen selbst vorzugeben oder aber im wesentlichen durch
die NPAGGImp-Funktion "subgraph" eine Stelle bestimmen zu lassen.

--   params

Diese Angabe hat einen analogen Zweck wie params in der Vereinbarung einer attributierten Graphoperation. Die PGA-Programme werden dadurch flexibler.

Als erläuterndes Beispiel sei dazu angenommen, es soll zu
einer Diagrammtechnik die Benutzerfunktion "Schreibe Text ...
in Kasten mit Nummer ..." über ein PGA-Programm realisiert werden. Für ähnlich gelagerte Fälle wird im SADT-Prototyp des Abschnitts 5.2 eine LISPische Benutzerfunktion

```
(schreibe <Text> <Nummer>)
```

bereitgestellt. Das diese Funktion realisierende PGA-Programm
mit gleichem Namen würde für ein ordnungsgemäßes Funktionieren

am besten in seiner precond-Angabe prüfen, ob es erstens überhaupt schon einen der das graphische Objekt 'Kasten' darstellenden Knoten gibt, und zweitens, ob beim (sinnvollerweise vorhandenen) Attribut "nummer" auch der Wert steht, der durch die <Nummer>-Angabe gemacht wurde.

-- precond

Diese Komponente ist wieder HDM-beeinflußt (s.a. Unterabschnitt 3.1.3).

Der angegebene LISP-Ausdruck wird analog zum precond der attributierten Graphoperation bei jeder Anwendung des Programms zuerst ausgewertet und im Fall "false" eine Fehlermeldung ausgegeben.

-- body

Der eigentliche Platz für die Realisierung der PGA-Programme ist diese Komponente. Hier werden die Graphoperationen aufgerufen, koordiniert von LISP-Realisierungen der Kontrollanweisungen. Außerdem findet die 'Verwaltungsarbeit' statt, wie die Definition lokaler LISP-Variablen, die Weitergabe der Information über die Stellen der Graphoperationenanwendung, usw. Auf diese Komponente bezieht sich die Semantikdefinition der PGA-Programme aus Abschnitt 2.4.

-- postcond

Damit kann man einen gewünschten Zustand postulieren, der nach Ausführung des komplettierten PGA-Programms erfüllt sein muß. Die Evaluierung zum Wert "false" wird gemeldet.

Alle Programme werden durch make-prog in die Liste progs der komplettierten PGA-Programme eingetragen.

4.3.4 Anwendung einer einzelnen Graphoperation

Alle Knoten werden in einer Liste namens "nodes" gesammelt. Da sie mittels der "edge"-Komponente Informationen über ihre Kantennachbarschaft halten, wird mit nodes auch über den aktuellen Zustand des abgeleiteten Graphen buchgeführt.

Die Knoten bekommen meist über eine Funktion "gennode" ihren internen Bezeichner, der am Metaattribut node des Knotens durch "make-node" eingetragen wird. Man kann durch die Anwendung einer Graphoperation auch 'eigene' Bezeichner vergeben.

Für einen Zugriff auf die Elemente von nodes hat man prinzipiell drei Möglichkeiten:

--   Man kann über den Wert eines Attributs einen Knoten identifizieren. Dann ist man aber als Entwerfer der Grammatik für den eindeutigen Zugriff verantwortlich, beispielsweise indem man bei den Fibonacci-Diagrammen die Kästchen explizit numeriert. So läßt sich der einen Kasten repräsentierende Knoten durch die Kastennummer auswählen.

        Es wäre ein leichtes, in NPAGGImp den internen Knotenbezeichner als eindeutige Kennung (wie die genannte Kastennummer) auszugeben. Dann hätte er aber eine externe graphische Ausprägung, die von der Systematik her nur den Attributen zusteht.

        Die zur Identifizierung eines Knotens notwendigen Attributwerte werden durch Angaben zu den Parametern eingegeben.

--   Bei der Anwendung einer Graphoperation erlaubt NPAGGImp die Angabe von selbstgewählten Knotenbezeichnern für die Knoten von Erz. Wird eine Benutzerfunktion durch eine Graphoperation mit der Möglichkeit expliziter Bezeichnung im Erz-Teil realisiert, ist erhöhte Vorsicht geboten, damit nicht ein selbstgewählter Bezeichner mit einem bereits von gennode generierten übereinstimmt.

--   Durch die Funktion subgraph kann man Knoten aus nodes selektieren, die zu left bzw. below einer Graphoperation korrespondieren sollen. Im Fibonacci-Diagrammbeispiel etwa wird der Knotentyp "Stift" verwandt und darauf geachtet, daß nur ein einziger von diesem Typ vorhanden ist. Deshalb kann er durch die Funktion subgraph, die u.a. auf Typ/Markierung prüft, eindeutig festgestellt werden.

NPAGGImp ist so flexibel, daß auch Kombinationen aus den o. g. Alternativen möglich sind.

Die Anwendung einer attributierten Graphoperation ago auf einen durch nodes realisierten Graphen g, also die Berechnung effekt(ago,g,δ), erfolgt durch die Angabe des Namens und einer Folge von Paaren. Die erste Komponente eines Paares ist entweder der (formale) Knotenbezeichner oder ein Parameter aus der params-Liste. Die zweite besteht aus einem LISP-Ausdruck, der zu einem aktuellen Knoten ausgewertet werden kann, oder zu einem Wert im Fall der Parameter.

Für die Knoten von Gel(ago) und detU(ago) stehen bei der Realisierung von δ die drei zitierten Möglichkeiten der Knotensuche zur Verfügung.

Für indU(ago) gilt analoges, also entweder explizite Angabe aktueller Knotenbezeichner bzw. ihre Bestimmung durch einen adhoc-LISP-Ausdruck oder aber Kontextsuche durch eine NPAGGImp-Funktion "find-embedding". Dieser Funktion kann auch Information über eine relevante Attributierung von Knoten aus indU mitgegeben werden, d. h. es können auch die Knoten gesucht werden, die einer Translation zu unterwerfen sind, und somit nach detU(ago) kommen. Eine andere Funktion in diesem Zusammenhang ist die Funktion "if-given", die einen Zugriff auf die Metaattributliste von solchen Knoten aus indU zuläßt, die zu höchstens einem Knoten des Restgraphen korrespondieren.

Wie man sieht, ist es ein leichtes, transl(ago) aus ago zu gewinnen. Es müssen nur die Listen hinter den Indikatoren above und below geändert werden.

Bei einem Knotenbezeichner b aus Erz(ago) kann das Paar "b nil" angegeben werden. Dann kreiert gennode einen Bezeichner. Bei einer Zuordnung "b xxx" wird ein Knotenbezeichner xxx eingetragen.

Die Anwendung

```
(ago n1 <LISP-Ausdruck für aktuellen Knoten>
      n2 <LISP-Ausdruck für aktuellen Knoten>
      .....................................)
```

einer Graphoperation ago mit formalen Knotenbezeichnern n1, n2, ...
wird durch einen Makroaufruf "prodcall" abgearbeitet, dessen Aufgabe
u. a. auch ist, die Argumente bzgl. des X-Konnektors zu sortieren.

In NPAGGImp ist das Entfernen des zu Gel(ago) isomorphen Teilgraphen durch die Herausnahme der zu Gel(ago) korrespondierenden Knoten
von nodes durch eine Funktion "rem-nodes" fast schon erledigt. Die
Knoten sind weg und die 'inneren' Kanten auch. Die Kanten (b1,b2,m)
allerdings, die zu Verbindungskanten zwischen Gel(ago) sowie detU(ago)
und indU(ago) isomorph sind, müssen besonders behandelt werden. Die
Information über sie gibt es doppelt, jeweils am Metaattribut edges
von b1 und von b2. Sie muß also noch explizit entfernt werden. Entsprechendes gilt für die Hinzunahme der Knoten von Erz(ago).

Der 'Metaattribut-edges-Trick' ist sicher ein wichtiger Grund für
das wesentlich verbesserte Laufzeitverhalten der Neuimplementierung.

Die Attribute der aus nodes entfernten Knoten werden für die Attributevaluierung i. a. noch gebraucht. Deshalb müssen die zu Gel korrespondierenden in einer Liste aufgehoben werden, die "old-nodes" heißt.

4.3.5 Anwendung eines Programms

Ein mit make-prog vereinbartes Programm prog wird analog zum Mechanismus für Graphoperationen mit seinem Namen aufgerufen, dem Paare folgen, die in der ersten Komponente aus formalen Knoten oder Parametern bestehen und in der zweiten aus auswertbaren LISP-Ausdrücken. Neben der Bindung von aktuellen an formale Größen wird durch

        (progcall prog <Folge von Paaren>)

precond, postcond und die body-Angabe ausgewertet.

Man beachte, daß die angegebenen aktuellen Knotenbezeichner nicht bloß an die erste Graphoperation weitergegeben werden müssen. Der Graphgrammatikentwerfer ist bei progcall völlig frei, auf welche Graphoperation Bezug genommen wird. Damit und mit der Möglichkeit der Vergabe eigener Knotenbezeichner können die im Abschnitt 2.4 eingeführten Θ realisiert werden.

4.3.6 Attributauswertung

In AGGImp mußten die Attributabhängigkeiten wegen der Arbeitsweise der Routine CHECK noch in einer eigenen DATAS-MVS-Struktur gehalten werden, in NPAGGImp stecken sie implizit, aber direkt ausnutzbar in den Knotenlisten nodes und old-nodes. Bei der Steuerung der Attributevaluation brauchen die Elemente dieser Liste nur mit weiteren Metaattributen wie "passed" versehen werden.

Ein Auswerteverfahren für die Attribute mit einer gleichnamigen Funktion "check" ist in NPAGGImp ganz einfach zu realisieren. Alle Knoten b der Listen nodes und old-nodes werden betrachtet und die Angaben hinter dem expr-Metaattribut aller Attribute a und aller Knoten b evaluiert, es sei denn, a wurde schon durch das Metaattribut val als nicht mehr auszuwertend gekennzeichnet. Kann ein Ausdruck zu einem Wert reduziert werden, wird dieser Wert bei b.a zusammen mit der Vergabe des Metaatributs val quasi als 'Erfolgsanzeige' vermerkt. Wurde ein Attribut besucht, wird stets der Indikator "passed" vergeben, unabhängig davon, ob es vollständig evaluiert werden konnte oder nicht.

Trifft check bei der Auswertung eines Attributs b.a mit dem Indikator expr auf ein Attribut d eines Knotens c, wird die Evaluierung von c.d rekursiv angestoßen und bei c.d wieder "passed" vermerkt. Auf diese Weise können zyklische Abhängigkeiten der Attribute erkannt werden, wenn check während des Abstiegs in die Rekursion auf ein bereits besuchtes Attribut stößt, für das noch kein Wert errechnet werden konnte.

Treten Fehler bei der Auswertung eines Attributs auf, vermerkt dies NPAGGImp durch ein Metaattribut "stat" .

Die Routine check ist wieder ein Beispiel dafür, daß viele Probleme, die in AGGImp nur auf umständliche Weise anzugehen waren, durch die Verwendung von LISP recht elegant gelöst werden konnten.

Es soll jedoch nicht verschwiegen werden, daß check derzeit noch nicht optimal arbeitet. Durch das bequeme Ausnutzen der LISP-eval-Mechanismen wurde bislang zu wenig für die Verbesserung seiner Laufzeit getan.

4.3.7 Graphische Ausgabe

NPAGGImp setzt für die graphische Ausgabe voraus, daß ein graphisches Ausgabegerät benutzt wird, das zumindest in einigen Funktionen den Konventionen des "Graphischen Kernsystems" GKS entspricht.

Man will nicht vom Entwerfer einer programmierten attributierten Graphgrammatik für Diagramme verlangen, daß auch für die Darstellung 'konventioneller' graphischer Objekte GKS-Steuerbefehle erzeugt werden. Deshalb hat sich mittlerweile folgender Standard eingebürgert: Bei der Knotentypdefinition wird ein Attribut "gestalt" eingeführt mit einer expr-Angabe, die einen 'Standardfiguraufruf' verwendet. Die näheren Bestimmungsgrößen werden als Attribute berechnet, z.B.

```
(make-nodetype kasten
      (.....................
       pos_links_unten  (...)
       pos_rechts_oben  (...)
       .....................
       gestalt (expr (rectangle  (pos_links_unten)
                                 (pos_rechts_oben)))))
```

Durch die Funktion "showg" wird die Definition von rectangle schließlich zu GKS-Befehlen.

4.3.8 Sonstiges

Ist die programmierte attributierte Graphgrammatik einmal entworfen kann man bequem weiterarbeiten, denn LISP und einige Konventionen sorgen für eine einfache Dialogumgebung. Die Ausführung einer Benutzerfunktion eines Diagrammeditors wird durch den Aufruf des sinnvollerweise gleichnamigen, komplettierten PGA-Programms realisiert.

Die Entwicklung des (Repräsentations)Graphen eines Diagramms wird in einer globalen Variablen "history" mitprotokolliert, deren Wert durch

          (history)

ausgegeben werden kann.

Analoges leisten (nodes), (prods), (progs), (nodetypes).

Neben diesen Informationen stehen für den Graphgrammatikentwerfer noch eine Reihe weiterer Funktionen zur Verfügung, mit denen er das bisher Erreichte testen kann, wie

--   meter, das Ausführungszeiten mißt,

--   print-struct, das alle Kanten und Attribute samt ihrer Abhängigkeiten angibt.

5 Einsatz in der Praxis

Zusammenfassung:

Dieses Kapitel behandelt verschiedene Anwendungen, die
Zeugnis geben sollen, daß man mit der Graphtechnologie und
NAGGImp auch Probleme angehen kann, die den Schwierigkeits-
grad des Fibonacci-Diagramm-Beispiels wesentlich überste-
gen.

Es wird auf graphische Verfahren zur Repräsentierung von
Abläufen in der Fertigungsautomatisierung eingegangen. Weil
bei der Projektierung von Fabrikationsvorgängen Personen mit
unterschiedlichster Ausbildung zusammenarbeiten müssen, ist
es gerade für dieses Einsatzgebiet notwendig, verschieden
hohe Abstraktionsniveaus für die Modelldarstellung auszudrücken, was eine Vielzahl von Beschreibungsmitteln erfordert. Beginnend bei der Steuerung einer einzelnen Bohrma-
schine bis hin zur Organisation der gesamten Fabrik sind
sehr unterschiedliche Detaillierungsgrade zu berücksichtigen.

In einem weiteren Beispiel wird die Diagrammtechnik SADT
behandelt, die geradezu paradigmatisch im Softwareentwick-
lungsbereich ist. Sie wurde vom Entwerfer bewußt als "blueprint language" zur Projektierung entwickelt und berücksichtigt ganz besonders die angesprochene Verschiedenartigkeit
der Personen bei der Erstellung von Datenverarbeitungskon-
zepten, z.B. einen computerunerfahrenen Kaufmann auf der einen Seite und einen Informatiker ohne betriebswirtschaftli-
che Vorkenntnisse auf der anderen. Beide nehmen SADT als
Verständigungsmittel zur Festlegung von zu automatisierenden
Abläufen. Außerdem wird darauf eingegangen, wie ein Diagramm
'semantisch' weiterverarbeitet werden kann.

Bevor aber auf die Editor-Entwicklung für die Diagrammtechniken genauer eingegangen wird, soll noch im folgenden
Abschnitt die gesamte, praktische Vorgehensweise bei der Arbeit mit NPAGGImp und PAGGED zusammengefaßt dargestellt werden.

*"Wer sich nicht selbst helfen
will, dem kann niemand helfen."*

(J. H. Pestalozzi)

5.1 Entwicklungsumgebung

Angenommen, der Erfinder E einer neuen diagrammorientierten Softwareentwicklungsmethode XYZ wünscht sich ein auch bei Fehlbedienung möglichst sicheres Werkzeug, um die Kollegen von XYZs Brauchbarkeit überzeugen zu können, s. Fig. 1. (Die Person E könnte natürlich auch je-
mand sein, der XYZ nur in der Literatur entdeckte.)

E hört von den Vorzügen von PAGGED und NPAGGImp, ist beeindruckt
und wendet sich an V, der für den Einsatz von Graphgrammatiken verantwortlich ist. V schaut sich einzelne Beispiele von XYZ-Diagrammen an.
In Zusammenarbeit mit E entwickelt er eine programmierte attributierte
Graphgrammatik PAG(XYZ). Beide sitzen dabei meist vor dem Bildschirm,
der von PAGGED gesteuert wird, und verwenden Tastatur und Maus.

Für jede spätere Benutzerfunktion F - in XYZ möge es auch "drawbox"
geben, vgl. Fig. 1 - wird eine attributierte Graphoperation oder ein
PGA-Programm entworfen. Der LISP-Code-Generator erzeugt aus den F.b--
und F.p-Dateien die für NPAGGImp erforderliche syntaktische Ausprägung
von F, also F.l .

Nun ist der Softwareentwickler S an der Reihe, der XYZ verwenden
will (und mit E oder V natürlich auch identisch sein kann). S setzt
sich vor den Bildschirm und gibt XYZ-Funktionen ein. Die zugeordneten
PGA-Programme werden interpretiert und die Attribute durch die Funktion check evaluiert. Schließlich ergibt sich eine Datei nodes der Re-

präsentanten für die graphischen Objekte, in denen die gesamte Information über das Diagramm (1) steht. Die Funktion showg selektiert daraus die zum Zeichnen des Diagramms notwendigen Angaben und generiert die vom Bildschirm auszuführenden GKS-Befehle.

Wie mühsam der Weg zur endgültigen PAG(XYZ) ist, hängt stark von der Verflechtung der gewünschten automatischen Positionierung ab. Dementsprechend können Attributabhängikeiten sehr komplex werden. Bei der Entwicklung von PAG(XYZ) werden sicher auch einmal Fehler gemacht. Deshalb ist es nützlich, daß E und V auch 'Zwischenergebnisse' wie (2) ausgeben können. In (2) wird der Inhalt von nodes ausgegeben. Die Knoten werden im Kreis angeordnet und die edge-Komponenten entsprechend ausgewertet. Die die Plazierung realisierenden Attribute sind hier trivial, vorausgesetzt, man hat nicht den Ehrgeiz, die Zahl der Kantenkreuzungen zu minimieren.

nodetype box
F1
1.a
drawbox
2.b
Fn
1.c
LISP-- Code -- Generator
(nodetype box (...))
(F1 (...(...)))
(drawbox (...(...)))
(Fn (...(...)))
GO_1
GO_j
GO_m
nodes
NPAGG lmp
box
circle
poly
showg
PAGGED
F
3.a
3.b
Heureka! XYZ
V
E
S
(drawbox)
1
B
O1
D
A
C
2

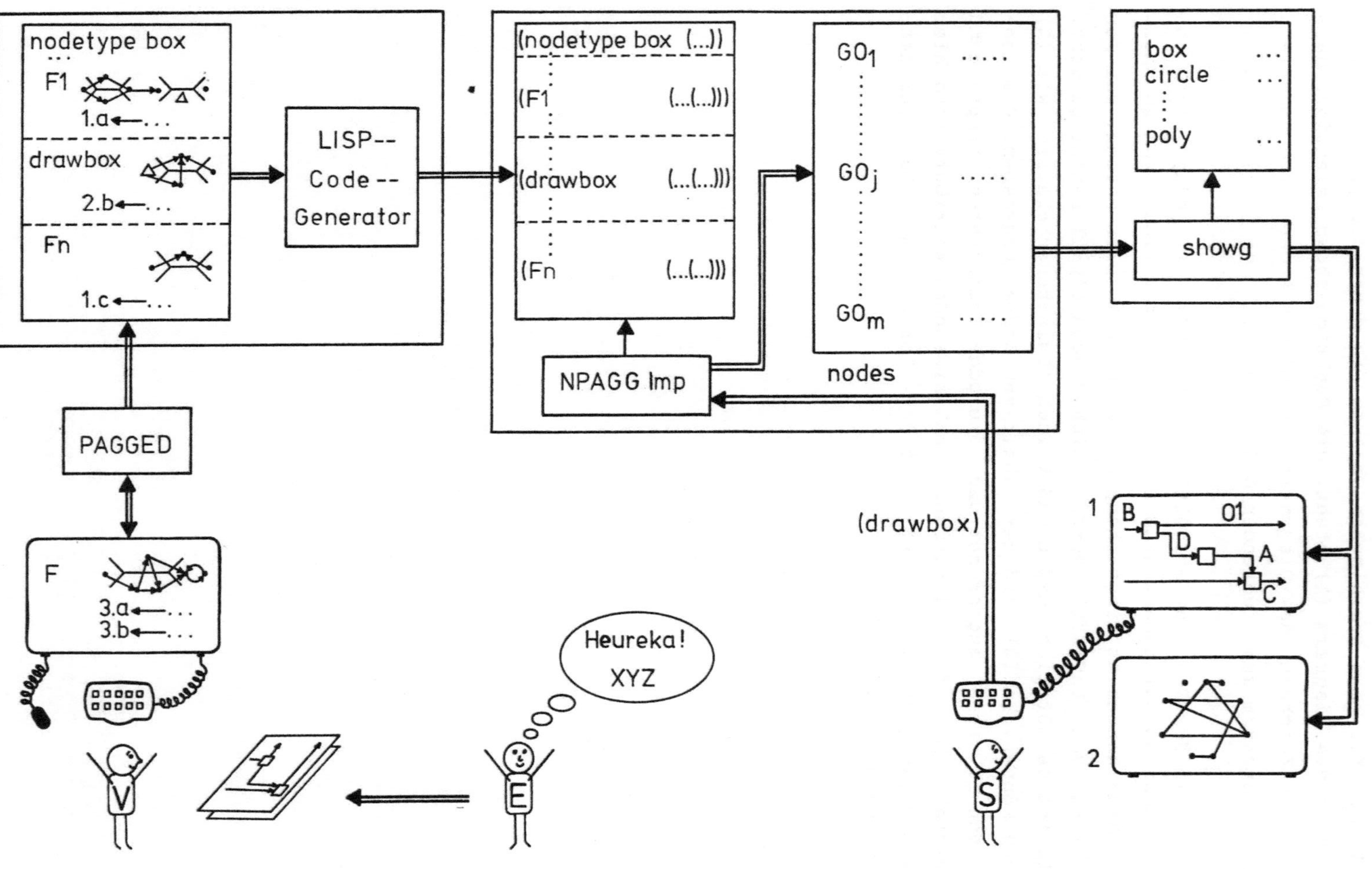

Fig. 1

"Spezifizieren geht über Programmieren"

(alte Programmiererweisheit)

5.2 Diagrammtechniken für speicherprogrammierbare Steuerungen

Diese Anwendungen waren die ersten, um die Tragfähigkeit der Graphtechnologie als Denkzeug zur Lösung praktischer Probleme unter Beweis zu stellen. Die hier durch die Entwicklung von Editoren zu unterstützenden Diagrammsprachen sind Software-Entwicklungsmethoden im gleichen Sinn, wie sie etwa Struktogramme darstellen, nur spezialisiert auf einen begrenzten Anwendungsbereich.

Steuerungen in der Elektrotechnik arbeiten meist digital in dem Sinne, daß sich die Funktionen der einzelnen Komponenten durch den Zustand "ein/aus" charakterisieren lassen. Dies gilt auch für Einstellgrößen, wenn man sie unter dem Aspekt "Vorgabepunkt erreicht / nicht erreicht" betrachtet, ob also z.B. ein Schrittmotor noch weiterlaufen muß oder nicht.

Technisch sind die Zustände "ein" und "aus" bekanntlich leicht durch "Stromkreis geschlossen / offen" nachbildbar. Erste Steuerungen von Geräten wurden durch elektromechanische Bauelemente wie Schalter und Schütze realisiert. Die Bauteile waren fest miteinander verdrahtet. Dies ist auch der Grund, weshalb zur Dokumentation der Bauteilverbindungen Stromlaufpläne verwendet werden.

Ist es nötig, in einem so konstruierten Gerät die Steuerung zu ändern, muß die gesamte Verdrahtung ausgetauscht werden. Mit dem Aufkommen der Mikroprozessoren wurden die schwer änderbaren "verbindungsprogrammierten" (!) Steuerungen durch "speicherprogrammierte" Steuerungen, künftig "SPS" genannt, verdrängt. Letztere haben den ökonomischen Vorteil, daß sie leicht zu kopieren sind und nicht erst zusammengelötet werden müssen.

Bei SPS wird die Verbindungsebene der Bauteile von einem Programm übernommen. Die Befehlsstruktur einer SPS, in einer höheren Sprache ausgedrückt, hat typischerweise folgendes Aussehen:

```
Hauptschalter ein;
Automatik ein;
Öldruckventil ein;
Wenn        Endschalter E aus
       und
            Lichtschranke L3 ein
       dann  Arm_heben;
       ..............................
```

Der Prozessor geht zyklisch über die SPS-Befehle. Die "Sensoren" (klassisch: Eingabe) werden dabei geprüft und die "Aktoren" (Ausgabe) gemäß dem Schaltungszweck nachgestellt. Ein Schalter kann in diesem Zusammenhang sowohl ein Sensor sein (wenn auch ein sehr grober) als auch ein Aktor. In welcher Funktion er steht, ist nur davon abhängig, ob er nach "wenn" oder nach "dann" kommt.

Eine Einführung in die Welt der SPS gibt /V. PUTTKAMER & RISSBERGER/.

5.2.1 Kontaktplan

Allein beim Betrachten des kurzen Pseudoprogrammbeispiels aus Abschnitt 5.2 wird klar, daß es nicht durch einen Stromlaufplan geeignet dargestellt werden kann. Um für SPS ein Dokumentationsmittel in der Hand zu haben, wurde der "Kontaktplan" KOP entwickelt und in DIN 19239 festgelegt.

Fig. 1 enthält ein Beispiel und zeigt, daß ein KOP im wesentlichen nur die 'klassische' Darstellung einer Boolschen Funktion ist. Hintereinanderschaltung von Kontakten wie Tastern entspricht einem UND, Parallelschaltung dem ODER. Ein Kontakt mit Querstrich ist ein Öffner,

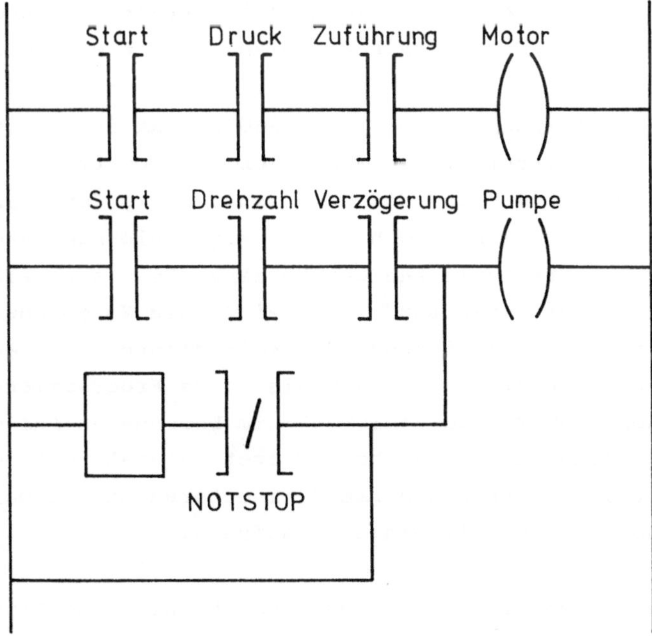

Fig. 1

also eine Negation. Jeder Pfad wird am rechten Ende mit einem "Ver-
knüpfungsergebnis" abgeschlossen, das sowohl ein gewöhnlicher Ausgang
als auch ein "Merker" in Form eines Hilfrelais sein kann. Die unterste
Strombahn in Fig. 1 ist eine Brückenschaltung, bei der offensichtlich
ein Fehler gemacht wurde, denn alle parallelen Schaltelemente zwischen
dem Anfangs- und Endpunkt der Brücke sind wirkungslos. Derartige Kurzschlüsse schleichen sich beim Entwurf komplizierter Schaltungen durchaus ein.

Für den KOP gibt es eine direkte, fast eineindeutige Übersetzung in
die niedere Programmiersprache "Anweisungsliste", kurz AWL genannt,
die aber so unübersichtlich ist, daß in der Praxis möglichst mit KOP
'programmiert' wird.

Das AWL-Programm wird durch ein "Programmiergerät" in ein PROM
("PROgrammable Memory") eingebrannt, welches dann nur noch auf die Mi-
kroprozessorplatine der Gerätesteuerung gesteckt werden muß.

Für Hersteller von Programmiergeräten für SPS wird es immer schwieriger, ihre Produkte zu verkaufen, wenn keine Programmierumgebung für
KOP - also ein graphischer KOP-Editor - mitgeliefert werden kann.

Während der Arbeiten an AGGImp und NPAGGImp kam es zu einer Koope-
ration mit einem Nürnberger Industriebetrieb, die wertvolle Anregungen
für das Konzept von PAGGED und NPAGGImp gab. Da die Implementierungs-
arbeiten für diese Programme noch nicht abgeschlossen waren, wurden
die programmierten attributierten Graphgrammatiken 'nur' als Spezifi-
kationsmittel verwendet. /DISTLER/ beschreibt die Vorgehensweise ausführlich. Die spätere Realisierung des KOP-Editors auf den Programmiergeräten der Firma bestätigte, daß die alte Programmiererweisheit
"Spezifizieren geht über Programmieren" im besonderen für die Graphtechnologie gilt. Sind die Sachverhalte erst einmal mit dem Mittel
programmierte attributierte Graphgrammatik untersucht und beschrieben,
ist die Codierung eine relativ einfache Aufgabe.

Für die Beschreibung von KOP waren zehn Benutzerfunktionen graph-
technologisch zu realisieren. Die entworfenen attributierten Graphoperationen sind von der Layout-Gestaltung bis auf zwei nicht allzu
schwierig, denn die Plazierung der Bausteine auf KOP-Plänen kann von
links nach rechts und von oben nach unten vorgenommen werden, wobei
jedes Steuerungselement in gleicher Größe auf einen Punkt eines gedachten rechteckigen Gitters kommt. Auf eine allzu ausführliche Dar-

stellung der Graphoperationen wird verzichtet; nur die Grundgedanken werden betrachtet.

Die Benutzerfunktionen werden mit den Funktionstasten des Programmiergerätes angestoßen. Nach dem Start des KOP-Editors hat man folgende Alternativen:

1   Eröffne Diagramm und erzeuge ersten (waagrechten) Strompfad!

Die Gestalt des Kontaktes, also ob Öffner oder Schließer, ist ein Parameter. Die x-- und y-Koordinate C_x bzw. C_y des Cursors ist auf 1 zu setzen. (Mit C_x bzw. C_y wird eine abgekürzte Schreibweise und nicht die "."-Notation benutzt.) Der Cursor ist der "Zeichenstift" der vorangegangenen Beispiele.

Ein Prädikat OFFEN, das an dem das Diagramm repräsentierenden Knoten hängt, wird gesetzt, um sicherzustellen, daß der Pfad geschlossen wird, bevor ein weiterer aufgemacht wird. Die Produktion hat eine PRE-Bedingung, die vor ihrer Anwendung auf "OFFEN=false" prüft. (Solche Konsistenzprüfungen waren neben HDM-Erfahrungen, vgl. Unterabschnitt 3.1.3, die Motivation für die Einführung von PRE und POST.)

2   Eröffne Strompfad unterhalb des aktuellen!

```
Cx <- 1; Cy <- Cy+1;
```

Außerdem wird wieder das Prädikat OFFEN zu true gesetzt.

3   Setze neues Schaltelement in Reihe!

Im verwendeten Programmiergerät kann die aktuelle Cursor-Position gelesen werden. Der Strompfad wird durch die Cursorsteuerung ausgewählt und C_y durch "Cy <- read(Cursor)" definiert. Zusätzlich ist C_x <- C_x+1.

4   Verlängere Pfad (ohne Anhängen eines Schaltelementes)!

```
Cx <- Cx+1;
```

5   Füge Schaltelement ein!

Dies wird abgebildet auf eine Hintereinanderausführung von Graphoperation 4 und 3.

6   Schließe Strompfad (nach oben)!

Das ist die schwierigste Operation, wenn man den Benutzer davor schützen will, Kurzschlüsse durch Brückenschaltungen zu erzeugen. Für diese Graphoperation ist in PRE eine umfangreiche Konsistenzprüfung vorzunehmen, in die Gesetze der Elektrotechnik eingehen.

Hier wird die Bemerkung in Abschnitt 3.1 über Graphtechnologie als Problemlöseverfahren unterstrichen: Nicht das Problem 'an sich' wird durch die in diesem Buch behandelte Methode vereinfacht, sondern die Vorgehensweise bei der Lösung. Die Methode drängt den Entwerfer dazu, Brückenschaltungskontrolle genau hier zu behandeln.

7   Eröffne Parallelpfad (innerhalb eines Pfades)!

Der Cursor steht dabei vor einem Kontakt, dessen Position gelesen und den betreffenden Attributen zugewiesen wird. Auch hier wird geprüft, ob OFFEN=false ist.

8   Setze Merker am Ende des Pfades!

Das notwendige Cy ergibt sich aus der Cursorposition.

9   Setze Merker innerhalb eines Pfades!

Cx und Cy werden gelesen.

10   Füge einen Baustein ein!

Dieser Befehl geht über die DIN 19239 hinaus und erlaubt das Einzeichnen von rechteckigen Symbolen für Funktionsbausteine. Es war die zweite schwierige Graphoperation, da Funktionskästen mehr als einen Eingang und Ausgang haben können. Vgl. Fig. 1.

Nach anfänglichem inneren Sträuben wurde die graphtechnologische Methode auch von den Industriepartnern akzeptiert. Sie waren bald in

der Lage, Graphproduktionen zumindest zu lesen bzw. sie als Kommunika-
tionsmittel zu verwenden.

Die Graphtechnologie zeigte beim Entwurf der Entwicklungsumgebung
für KOP außer als Spezifikationsmethode für die Bildschirmgestaltung
ihren Wert auch als Beschreibungsmittel für die Semantik von KOP. Um
KOP nach AWL übersetzen zu können, wurde eine "Zwischensprache" ZWISP
entworfen. Wegen der Eindeutigkeit der Zuordnung von KOP-- zu AWL-Kom-
ponenten wäre es im Prinzip nicht nötig gewesen, aber es ist aufgrund
der Ausweitung des Projektes in Anbetracht der guten Erfahrungen mit
der Spezifikationsmethode sinnvoll geworden. Die Sprache ist - wie
könnte es anders sein - eine graphische, genauer: eine Baumsprache.

Es gab noch einen weiteren Grund für die Einführung einer Zwischensprache: Die zu entwickelnden Editoren sollten einheitlich auf verschiedenen Programmiergeräten laufen, die in unterschiedliche AWL-Ver-
sionen übersetzen.

Für die KOP-Übersetzung nach AWL wird gleichzeitig mit der KOP-Diagrammerstellung der "Syntaxbaum" des KOP-Programms aufgebaut. Bei seiner Abarbeitung werden die AWL-Befehle wie "L", "U" oder "=" (für "la-
de", "und" bzw. "setze Merker") erzeugt. Der Syntaxbaum läßt sich mit
Hilfe einer einfachen attributierten Graphgrammatik generieren, wobei
die Attributberechnungen fast ausschließlich in der Zuweisung von Konstanten, meist den Schaltelementbezeichnern, bestehen.

Die Graphoperationen für den Aufbau des ZWISP-Syntaxbaumes lassen
sich zwanglos in die Spezifikation des KOP-Editors integrieren. Sie
werden einfach neben die Attributberechnungen für das KOP-Layout gestellt.

Die Vorgehensweise bei der Implementierung der KOP-Programmierumge-
bung entspricht völlig der bei einer gewöhnlichen Programmiersprache,
für die mit modernen Mitteln ein syntaxgesteuerter Editor sowie ein
inkrementeller Compiler zu entwickeln sind. Die (gewöhnliche) Programmiersprache wird durch eine attributierte Grammatik definiert, wobei
jeder Syntaxregel ein semantisches Programm zugeordnet ist, vgl. Abschnitt 2.1.

Die gewählte Vorgehensweise läßt sich also so charakterisieren, daß
eine attributierte Graphgrammatik (für KOP-Diagrammerstellung) eine

zweite (für ZWISP) steuert! Das durchaus elegant zu nennende daran ist
die Verwendung einer einheitlichen Methode.

5.2.2 Logikplan

Nachdem sich die Strategie "programmierte attributierte Graphgrammatik für KOP-Editor, attributierte Graphgrammatik für die Übersetzung in ZWISP" als nützlich erwiesen hatte, wurde eine SPS-Programmierumgebungen für eine graphische Sprache höheren Abstraktionsgrades als KOP spezifiziert, nämlich der "Funktions-" oder "Logikplan" LOP. Die Graphoperation 10 für KOP war bereits ein Schritt in diese Richtung.

LOP-Diagramme sind übersichtlicher als KOP. Die Fig. 2 zeigt zwei äquivalente Schaltungen als KOP bzw. LOP.

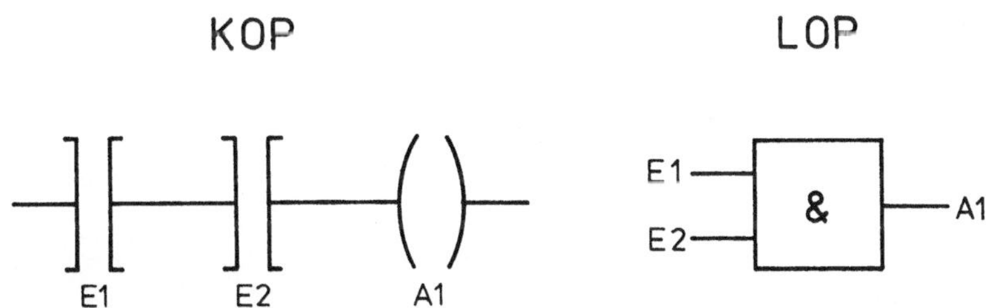

Fig. 2

Der LOP-Editor wurde nach dem mittlerweile festgelegten Schema "Pro Benutzerfunktion eine attributierte Graphoperation (oder Programm)" mit acht Graphoperationen realisiert, genauer: spezifiziert. Auf diese Graphoperationen soll nicht näher eingegangen werden, denn sie sind analog zu denen für KOP. Das Prinzip der Plazierung der Schaltelemente

auf ein Gitter wurde beibehalten, was zur Folge hat, daß die Attributberechnungen für Cx und Cy denen von KOP-Diagrammen ähneln. Die Ver-
meidung von Kurzschlußschaltungen wurde auch realisiert.

LOP-Programme sind nicht mehr auf ganz so triviale Weise wie die
KOP-Darstellungen nach AWL zu compilieren. Die ZWISP Zwischensprache
leistet dafür aber gute Dienste. Was ist dabei zu tun? Die semantische
attributierte Graphgrammatik für den Aufbau eines ZWISP-Baumes muß
auch für LOP erstellt werden, was nicht sehr schwierig ist. Der einzu-
hängende Teilbaum bei der Einfügung eines LOP-Schaltgliedes ist nur
etwas größer als bei einem KOP-Element.

5.2.3 GRAFCET

LOP-Programme sind sicher übersichtlicher als KOP-Programme. Für die Programmierung sehr komplexer Steuerungsaufgaben sind sie jedoch immer noch nicht das Nonplusultra. Es gibt derzeit verschiedene Bestrebungen für die Entwicklung einer geeigneten Diagrammtechnik für SPS, die über LOP hinausgeht.

Eine stark an Petri-Netzen orientierte Diagrammtechnik ist die französische Norm NFC 03-190 über "GRAFCET" ("Graphe de commande Etape/Transition"), die Siemens unter der Bezeichnung ALS ("Ablaufsteuerung") verwendet. Fig. 3 gibt ein GRAFCET-Beispiel.

Die senkrechten "Ablaufketten" zwischen zwei waagrechten, Synchronisationspunkte darstellenden Doppelstrichen können nebenläufig abgearbeitet werden. Es wird erst dann weitergegangen, wenn alle Ketten fertig sind. Einfache waagrechte Striche sind "Alternativen" wo nur einer der Zweige durchlaufen werden muß.

GRAFCET wurde mit 18 attributierten Graphoperationen spezifiziert. Für ein ästhetisches Layout mußten einige nichttriviale Überlegungen angestellt werden.

Der schwierigste Teil der GRAFCET-Programmierumgebung war aber die Entwicklung der semantischen attributierten Baumgraphgrammatik. Der eine Grund ist naheliegend: Um ein GRAFCET-Konstrukt wie eine "Simultanverzweigung" durch die vergleichsweise primitive AWL auszudrücken, bedarf es vielen Codes. Ein zusätzliches Problem dabei ist die ungewohnte Abarbeitung eines SPS-Programms durch ein zyklisches Durchlaufen des gesamten Programmspeichers. Der zweite Grund war die Forderung des Auftraggebers nach Rückübersetzbarkeit des AWL-Programms nach GRAFCET.

Diese Forderung wird verständlich, wenn man die Umstände des Einsatzes von SPS betrachtet. Tritt bei einem Gerät eine Störung auf, die nicht in der Mechanik, sondern in der Steuerung liegt, muß der Wartungstechniker das AWL-Programm untersuchen, was bei komplexen Steuerungen sicher ein sehr schwieriges Unterfangen ist. Wie von Praktikern mitgeteilt wurde, kann er sich dabei oft nicht auf schriftliche Dokumentation verlassen. Ist es dem Techniker aber möglich, das Programmiergerät als Testgerät einzusetzen, indem die AWL-Steuerung rückübersetzt als wesentlich übersichtlicheres GRAFCET-Diagramm erscheint, kann ihm das eine große Hilfe sein.

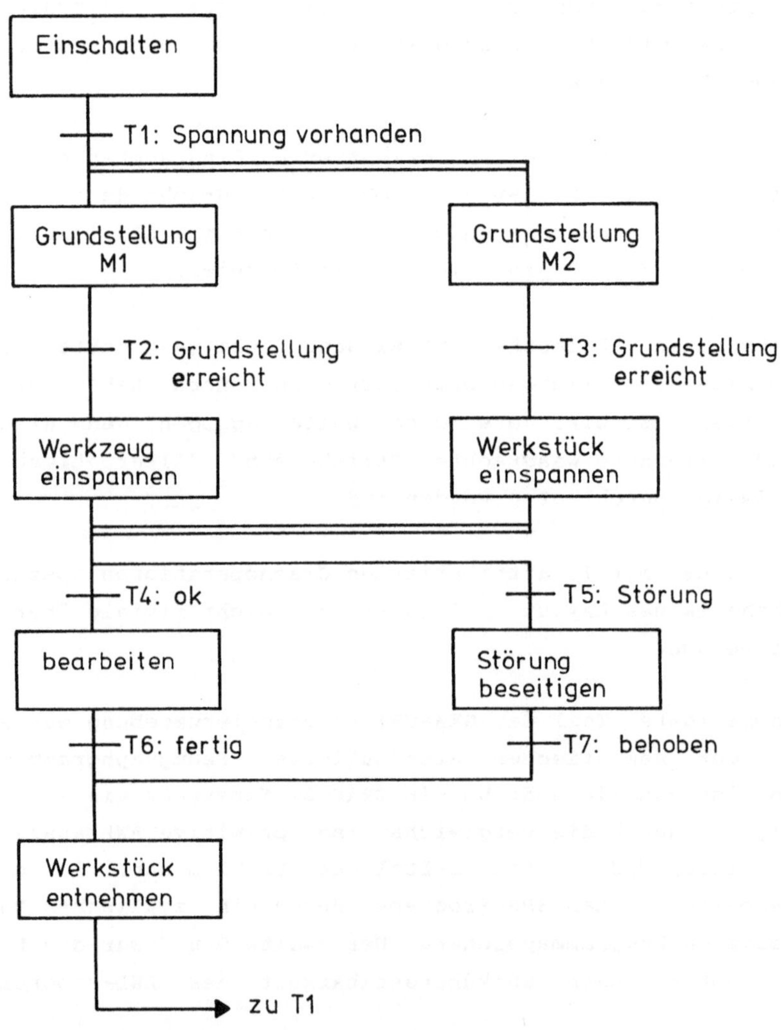

Fig. 3

5.2.4 PBS

Für Personen, die SADT noch nicht kennen, ist es empfehlenswert, sich vor dem Lesen dieses Unterabschnitts erst mit Abschnitt 5.3 zu beschäftigen. Erfahrungen mit der SADT-Diagrammtechnik hatten auf die "Prozeßbeschreibungssprache" PBS einen großen Einfluß.

Selbst GRAFCET ist für manche Anwender noch "viel zu theoretisch". In den graphischen Objekten, wie den Synchronisationsdoppelstrichen, steckt einerseits zu viel Semantik, andererseits kann man nicht ausdrücken, wie Material durch den Produktionsprozeß fließt. Das muß man sich, die genauere (externe) Beschreibung interpretierend, hinzudenken. Für eine Zielgruppe von Anwendern, die völlige Laien auf dem Gebiet der Datenverarbeitung sind, könnte daher eine Diagrammtechnik, die in irgendeiner Form sowohl die Aktionen (Prozesse, Tätigkeiten, usw.) als auch den Datenfluß der Objekte (Material, Teile, Halbfertigzeug, usw.) modellieren läßt, ein sehr anschauliches Darstellungsmittel für eine Fertigungssteuerung sein, insbesondere dann, wenn die inhärente Dynamik des Systems durch Blinken, Farbveränderung, usw. ausgedrückt wird.

Neben der Lösung des rein darstellerischen Problems eines Fertigungssystems wäre es von hohem Nutzen, wenn die Diagrammtechnik gestatten würde, den beschriebenen Prozeß analytisch oder zumindest simulierend zu untersuchen (also eine typische CAM-Fragestellung), z.B. um Montagefolgen abzutakten (das sog. "Bandabgleichungsproblem"). Dazu ist es notwendig, daß ein "Verfeinerungsmechanismus" erlaubt, eine fortschreitende Präzisierung der zur Untersuchung notwendigen Angaben einzuarbeiten.

Nach allem bisher Gesagten würde gerade NPAGGImp eine modulare, bausteinartige Integration von Simulationstechniken in die Attribute ermöglichen. Da in LISP ein objektorientiertes Programmieren möglich ist, vgl. /STOYAN&GÖRZ/, gäbe es sogar ein gutes Implementierungs/Simulations-Modell ab, wenn die Prozesse durch Botschaften (ihre ausgetauschten Materialien und Halbfertigteile) miteinander kommunizierten.

Ein Objekt der Fertigung kann wie ein graphisches Objekt durch Attribute beschrieben werden, die sich beim Durchlaufen eines Arbeitspro-
zesses verändern. Das getaktete Verhalten der Anlage ist durch Graphoperationen beschreibbar.

Einige Hersteller bieten noch weit von der Perfektion entfernte
Programmsysteme an, die in Richtung "Darstellung + Simulation" aller
Arten von Prozessen, insbesondere auch für Fertigungssteuerung, gehen.
Innerhalb der im Unterabschnitt 5.2.1 zitierten Zusammenarbeit mit dem
Industriepartner sollte auch eine Strategie für die Entwicklung eines
solchen Produktes mit dem Arbeitstitel PBS erstellt werden.

Die Aufgabe bestand nicht nur darin, PBS selbst zu entwickeln, sondern auch in der Ausarbeitung von Schnittstellen zwischen PBS und einer bereits handhabbaren, niederen Ebene wie GRAFCET. Das (noch uner-
reichte Traum-) Ziel ist die Entwicklung einer Übersetzungsautomatik

$$PBS \vdash GRAFCET \vdash ZWISP \vdash AWL \ .$$

Die Erfahrungen aus den Semantikbeschreibungen von KOP, LOP und
GRAFCET ließen erkennen, daß mit der Graphtechnologie auch eine Realisierung dieses ambitionierten Projekts mit Aussicht auf Erfolg in Angriff genommen werden kann. Ein erster Schritt war der PBS-Sprachent-
wurf in Form programmierter attributierter Graphgrammatiken, der in
/MUSTAFA/ genauer behandelt wird. Die wichtigsten Gedanken sind im
folgenden zusammengestellt.

Die aktiven Objekte eines Fertigungssystems sind die "Prozesse".
Ihr Verhalten wird charakterisiert durch die "Eingangs-" und "Aus-
gangsgrößen", durch eine "Kontrollinformation" für die Synchronisation
und durch eine "Verarbeitungszeit", die sich an einer vorgebbaren
Taktfrequenz orientiert.

Die Eingangsgrößen sind Materialien, Teile, usw., allgemein Objekte
genannt, die durch Attribute beschrieben werden. Ein Prozeß kann die
Attributwerte eines Eingangsobjektes ändern, ein Attribut hinzufügen
oder überhaupt ein neues Objekt mit einem Satz von Attributen kreie-
ren. Beispielsweise kann sich beim Attribut "gebohrt" der Wert false
in true verwandeln, oder es kann durch Zusammenfügen von Teilen ein
Objekt "Motorblock" entstehen.

Fig. 1 zeigt einen Prozeßkasten. Für die "Verfeinerung des Prozesses nach innen" ist es von Vorteil, die Eingangs- und Ausgangsobjekte durch "Kanäle", hier (willkürlich) 1 bis 5, zu kennzeichnen. Die untere Leiste steht für Synchronisation zur Verfügung, links sind die eingehenden Informationen, rechts die auslaufenden. Zu jedem Kanal kann angegeben werden, wie viele Teile der Prozeß aus diesem Eingang verbraucht bzw. wie viele Teile erzeugt werden. In die mittlere Säule wird die Zahl der benötigten Zeittakte geschrieben.

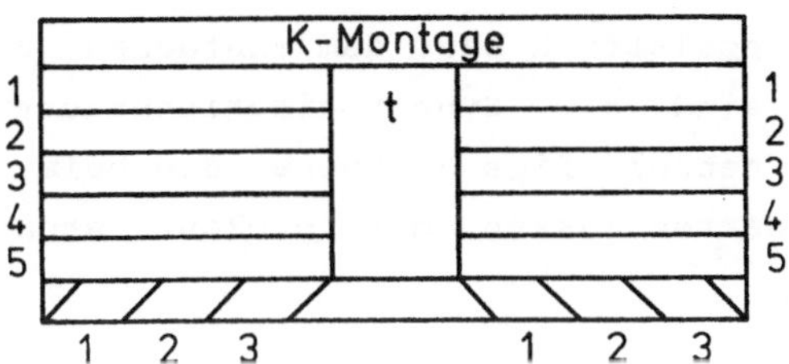

Fig. 1

Zu verarbeitende Objekte entstammen "Quellen", produzierte gehen in "Senken". Die Fig. 2 zeigt das graphische Symbol, das beiden Zwecken dient. Quellen und Senken sind quasi die Schnittstellen zur Umwelt, die nicht mehr weiter spezifiziert werden. Ggf. ist eine Quelle ein Sack von Teilen, die in eine Zuführung geschüttet werden. In Quellen steht t für die Erzeugungsrate, in Senken für den Verbrauch. Der Parameter k legt die Größe der Quelle/Senke als Puffer interpretiert fest.

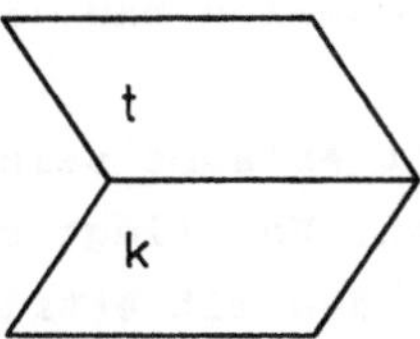

Fig. 2

In einem Diagramm werden von einem Prozeß zum andern die Halbfertigobjekte transportiert. Dies wird durch Fließbänder mit einer Kapazität k und einer Durchlaufzeit t pro Stück veranschaulicht. Die Fig. 3 zeigt eines, das künftig auch mit dem klassischen Prozeßvermittlungsbegriff "Puffer" benannt werden soll.

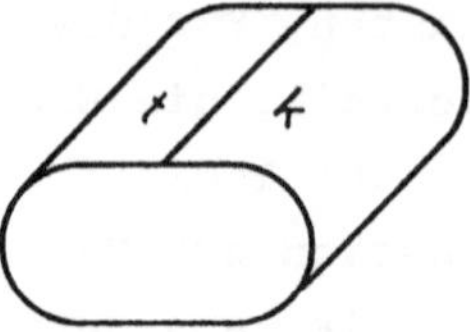

Fig. 3

Dem waagrechten Doppelstrich bzw. dem einfachen Strich von GRAFCET semantisch ähnlich sind die Synchronisationsrauten von Fig. 4. Die "+"-Raute bezeichnet nebenläufige Prozesse, die beim Abschluß des einen auf den andern warten müssen; die "o"-Raute steht für "exklusives oder".

Fig. 4

Mit den genannten graphischen Sprachkonstrukten läßt sich "Kontrollfluß" darstellen, wenn man Prozesse über Kontrollrauten mit Pfeilen verbindet.

Der Fluß der Teile wird durch Pfeile veranschaulicht. Sie verbinden Prozesse mit Puffern oder mit Quellen bzw. Senken.

Man sieht, daß es z.B. nicht erlaubt sein sollte, Quellen mit Quellen durch Pfeile zu verbinden. Es liegt somit wieder ein typisches graphisches Syntaxproblem vor, das mit attributierten Graphgrammatiken und ihrem PRE-Mechanismus angegangen werden kann.

PBS ist ein SADT-Derivat, das um die Darstellung eines Kontrollflusses erweitert wurde. Es gibt ähnliche Ansätze, diesen Mangel an Ausdruckskraft bei SADT zu überwinden, vgl. etwa /KERNER&PITRIK&MOTSCHNIG&TRATTNIG/.

Analog zu SADT erlaubt PBS Verfeinerungen der Prozesse, Quellen, Senken, Puffer und Kontrollinformation.

Die Wünsche der Industriepartner führten dazu, daß für den PBS-Editor 30 Benutzerfunktionen in Form attributierter Graphoperationen oder PGA-Programmen spezifiziert wurden, je eine für die Inserierung der fünf verfeinerbaren graphischen Objekte, je eine zu ihrem Löschen, je eine zum Einfügen bzw. Löschen von Pfeilen, die differenziert werden etwa als "Quelle/ProzeßPfeil", usw.

Nach 'klassicher' Vorgehensweise wurden erst die Knotentypen des Repräsentationsgraphen definiert, für Diagramm, Prozeß Quelle, Senke, Puffer, Kontrollknoten, Pfeil und Stift. Dann folgten die attributier-ten Graphoperationen.

Die Fig. 5a zeigt ein kleines PBS-Beispiel, Fig. 5b den zugehörigen Repräsentationsgraphen. Die Markierungen sind selbsterklärend.

Auto-Beispiel
t = 2
k = 5
1
t = 2
k = 5
2
t = 2
k = 5
3
t = 2
k = 5
4
t = 2
k = 5
5
t = 5
k = 3
6
Montieren_1
2
1
t=
10
k=
5
1
Montieren_2
5
2
t = 5
k = 10
1

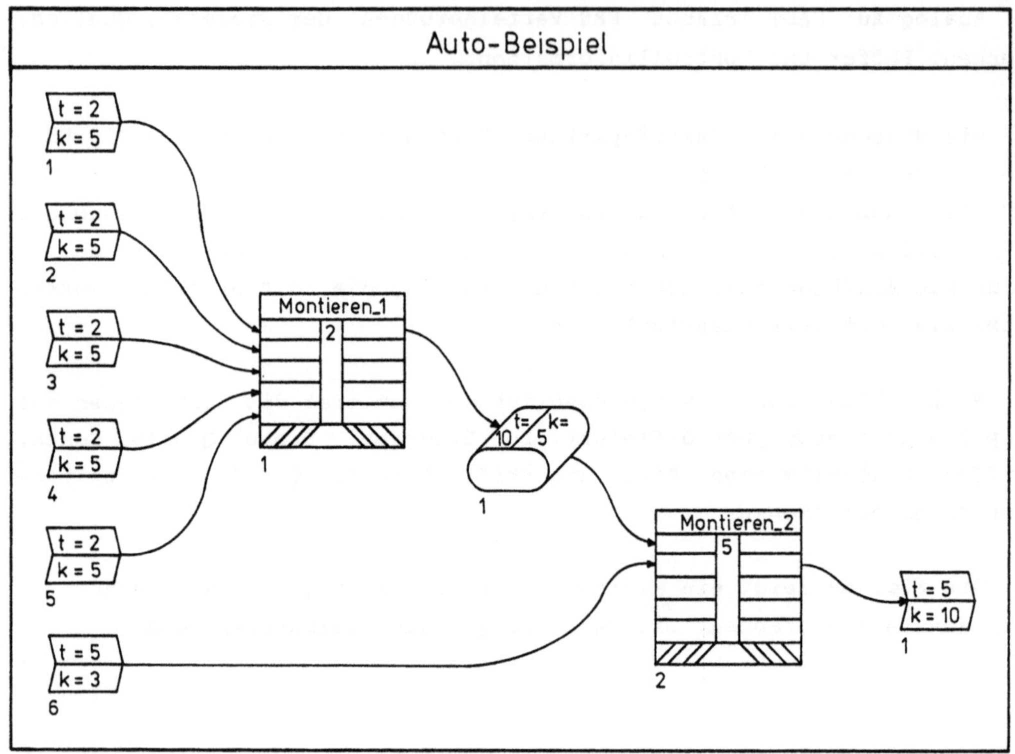

Fig. 5a

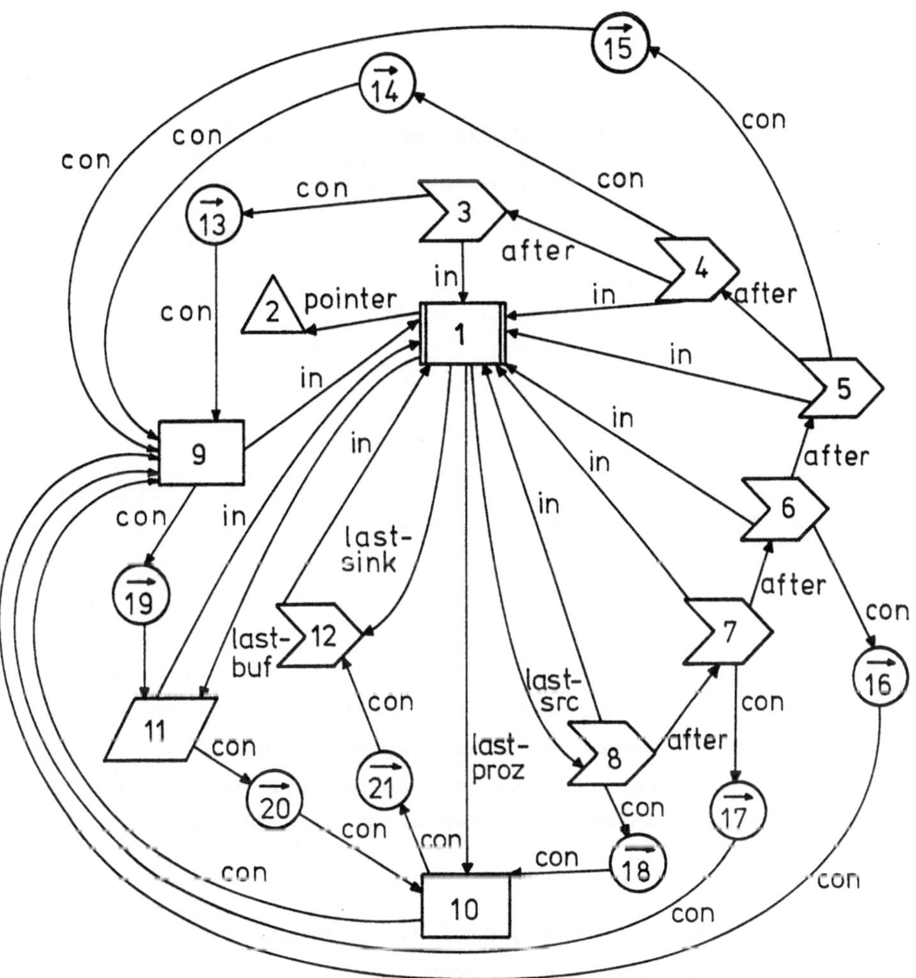

Fig. 5b

> *"Kluge Leute suchen die*
> *Erfahrungen aus, die sie*
> *zu machen wünschen."*
>
> *(A. Huxley)*

5.3 SADT, ein Paradigma für Systemanalyse

Die Ausführungen über KOP, LOP, GRAFCET und PBS haben gezeigt, daß programmierte attributierte Graphgrammatiken auch als reines Denkzeug bei der Programmentwicklung von Bedeutung sind. Mit SADT ging die Entwicklung weiter. Es wurde ein Editor methodisch nach den Prinzipien der Graphtechnologie entwickelt, der unter der Kontrolle von NPAGGImp abläuft!

Das bereits mehrfach erwähnte SADT (vgl. /ROSS/) ist eine Methode, die nicht nur bei der Entwicklung von Software, sondern zur Beschreibung von Interaktionen jeder Art eingesetzt werden kann. SADT hat sich im letzten Jahrzehnt geradezu als Paradigma der Systemanalyse herausgebildet.

Die Grundlage für dieses Werkzeug ist das Dogma, daß sich eine Problemwelt in Aktionen und Daten zergliedern läßt. Die Daten 'fließen' zwischen den Aktionen. Dementsprechend ergeben sich Diagramme der Art, wie sie Fig. 1 zeigt. (Hier wurde SADT verwendet, um Bürogeschehen mit Publikumsverkehr zu modellieren. Mehr darüber findet man in /GÖTTLER-85/.)

Jedes Diagramm bildet einen Ausschnitt aus dem zu modellierenden System. Das "oberste" Diagramm besteht nur aus einem einzigen Kasten und repräsentiert das System als Ganzes. In die Kästen werden die Aktionen des Systems geschrieben. Ein Diagramm besteht aus mindestens

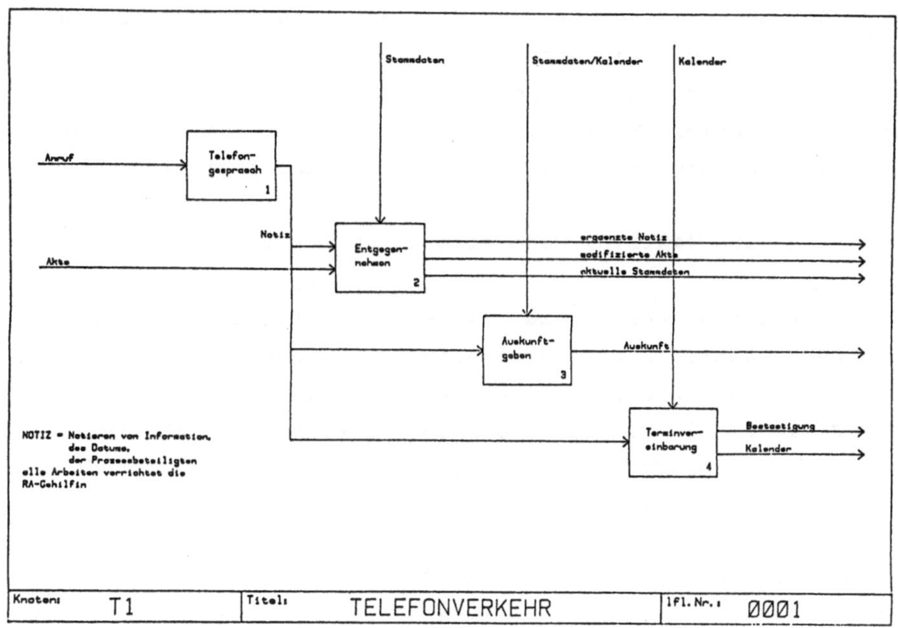

Fig. 1

drei bis maximal sechs Kästen (manchmal liest man auch sieben), vgl.
dazu Abschnitt 1.2.

Pfeile stehen für die Daten und ihre Flußrichtung. Die Daten werden
genauer differenziert. An die Pfeile, deren Spitzen am linken Rand eines Kastens enden, werden Eingabedaten ("I"nput) geschrieben. Die
Pfeile am oberen Kästchenrand gehören zu Kontrollinformationen ("C"on-
trol). Diese wird nicht transformiert wie I-Information und stellt
einschränkende Bedingungen dar. Ergebnisse ("O"utput) einer Aktion
werden an den aus einem rechten Kästchenrand herausgehenden Pfeilen
notiert. Der vierte Pfeiltyp kennzeichnet die Mechanismen ("M"eans),
die für Hilfsmittel stehen, mit denen die im Kasten stehende Aktion
ausgeführt wird, z.B. spezielle Hardware, Betriebssysteme, usw.

Bzgl. der Syntax sind die Verwender von SADT also gewissen Einschränkungen unterworfen. Ansonsten aber haben sie aufgrund recht va-
ger Richlinien wie "omit the obvious" große Freiheiten, was bei vorge-
gebenem, zu modellierendem Problem alles in ein Diagramm aufgenommen
werden muß. Getreu diesem Motto ist etwa in der Fig. 1 weggelassen

worden, daß beim Kasten 4 der Kalender auch an der I-Seite stehen
könnte, denn er wird ja an sich durch eine Termineintragung verändert.
Durch Trivialinformationen würde man die Diagramme jedoch nur unnötig
überladen. Daß "Kalender" an einem C-Pfeil steht, ist akzeptabel, denn
mit dem Kalender wird "kontrolliert", ob Termine frei sind.

Ein Kasten wird 'aktiv', wenn alle Daten zur Verfügung stehen.

Im Analyseprozeß werden die einzelnen Kästen eines Diagramms verfeinert. Jeder Kasten K wird gleichsam mit einer Lupe unabhängig von
seiner Umwelt, den anderen Kästen, betrachtet. Dabei sieht man innerhalb von K wieder ein Diagramm, das den gleichen syntaktischen Regeln
wie das "Vaterdiagramm" gehorcht, in dem K liegt. Es entsteht so eine
Hierarchie von Diagrammen.

Die ICOM-Pfeile von K durchdringen die Berandung. Ein einzelner
Pfeil kann sich dabei in mehrere aufspalten. Um eine eindeutige Zuordnung zwischen den "äußeren" ICOM-Pfeilen von K und seinen verfeinerten
"inneren" herzustellen, gibt es den sog. ICOM-Code. Man kann Konsi-
stenzbedingungen formulieren wie: Kein Pfeil im Unterdiagramm darf aus
dem Nichts auftauchen, und jeder Pfeil im Vaterdiagramm muß eine Ent-
sprechung im Sohndiagramm haben.

Alles in allem, SADT ist eine gut durchdachte "blueprint language",
die auch Nichtinformatiker schnell erlernen können. Eine andere, im
kommerziellen Bereich weit verbreitete Softwareentwicklungsmethode ist
HIPO ("Hierarchy plus Input-Process-Output"). Auch sie gestattet es,
den Datenfluß recht übersichtlich darzustellen. Für diese Methode wurde - auf den Erfahrungen mit SADT aufbauend - ebenfalls ein syntaxgesteuerter Diagrammeditor erstellt. Näheres findet man in /ANSCHÜTZ/.

SADT-Diagramme entstehen meist im Rahmen von Diskussionen. Die beteiligten Personen befinden sich dabei nicht vor einem Bildschirm,
sondern vor einer Tafel oder großen Papierbögen. Ständig werden die
Diagramme geändert, es wird gelöscht und hinzugefügt. Um für Dokumen-
tationszwecke saubere Unterlagen schnell erstellen zu können, wurde
schon vor längerer Zeit ein SADT-Editor von /SAUBER/ entwickelt.

Es lagen also schon Erkenntnisse über einen 'konventionell' erstellten Editor für SADT vor. Deshalb war es reizvoll, noch einmal,
aber diesmal auf 'unkonventionelle' NPAGGImp-Weise, ein solches Produkt zu entwickeln, um dann Vergleiche ziehen zu können.

In /BARTHELMANN/ ist den Erfahrungen bei der Entwicklung eines SADT-Editors ein ganzer Abschnitt gewidmet, S. 35ff. Außerdem sind in dieser Arbeit die folgenden Graphoperationen sowie die AAA-- bzw. PGA-Programme in LISP-Form genauer beschrieben.

Die Auflistung der NPAGGImp-spezifischen Angaben sollen einen Eindruck vom implementierten Funktionsumfang geben.

Es gibt die Knotentypen:

-- arrow   für die Pfeile. Ihre Funktion bzgl. der ICOM-Klassifikation wird nicht durch einen besonderen Typ, sondern durch Attributbelegungen festgelegt.

-- text   Der Text in einem Kasten ist kein Attribut des Kastens!

-- box   klar.

-- demon   ist der Zeichenstift. Jedes Diagramm hat einen eigenen. ("Dämon" hat sich während der laufenden in Kap. 4 und 5 beschriebenen Projekte als die Bezeichnung eines 'universellen' Knotens eingebürgert, der in den meisten Graphoperationen auftaucht und graphische Objekte 'aus dem Nichts zaubert'.)

-- diagram   besitzt die meisten Attribute. Diese Knoten müssen die 'Übersicht' über ihren Inhalt haben und z.B. die Größe der zu zeichnenden Kästen kontrollieren.

Für das Festlegen der logisch/topologischen Beziehungen der Knoten zueinander dienen die Kantenmarkierungen:

-- in   klar.

-- pointer   identifiziert den einem Kasten zugeordneten Dämon.

-- last-box   zeichnet den letzten Kasten in einem Diagramm aus.

-- from   klar.

--   to   klar.

--   last-x   kennzeichnet den letzten Pfeil an einer Kastensei-
te. Es gibt vier Markierungen; x steht für m, c, i,
o.

--   name-at   zeigt auf die Beschriftung des Objektes.

--   DRE-at   nimmt Bezug auf die "detailed reference expression"
(SADT-Besonderheit).

--   at   Beschriftung eines Pfeils.

--   is   korreliert einen Kastenknoten mit dem ihn verfei-
nernden Diagrammknoten.

--   after   Nachfolgerrelation zwischen Kästen.

--   from-after Relation zwischen den Pfeilen an der O-Seite.

--   to-after   Relation für die Zielseite.

--   comment   Kommentar im Diagramm.

Es wurden 32 attributierte Graphoperationen entworfen, um den Editor zu spezifizieren:

--   start   erzeugt die notwendigen Knoten.

--   open   eröffnet ein Diagramm zur Verfeinerung eines Kastens.

--   protect   entfernt den Zeichenstift Dämon,
um Änderungen zu verhindern.

--   unprotect   erlaubt das Weiterzeichnen.

--   append-box   fügt einen Kasten hinten an.

--   insert-box   inseriert einen Kasten vor einem
vorhandenen.

--	give-name	beschriftet einen Kasten.
--	change-name	verändert Beschriftungen.
--	give-identification	versieht einen Kasten mit DRE.
--	append-boundary	hängt einen Pfeil als untersten an.
--	insert-boundary	hängt einen Pfeil in mittlerer Position ein.
--	one-more-boundary	merkt sich die Einfügung eines neuen externen Pfeils für ICOM--Test. ('Extern' heißt: 'durch die Berandung kommend')
--	make-interface-last-last	fügt einen (ersten) Pfeil zwischen zwei Kästen ein.
--	make-interface-last-inner	fügt einen (ersten) Pfeil zu einem Kasten ein, der schon welche hat.
--	make-interface-inner-last	analog.
--	make-interface-inner-inner	analog.
--	make-comment	schreibt Kommentar in das Diagramm.
--	name-arrow	beschriftet einen Pfeil.
--	remove-last-box	entfernt den letzten Kasten.
--	remove-inner-box	entfernt einen inneren Kasten.
--	remove-last-boundary	entfernt den untersten externen Pfeil.
--	remove-inner-boundary	entfernt einen mittleren externen Pfeil.

```
--      one-less-boundary              merkt sich die Löschung für ICOM--
                                       Test.

--      remove-interface-last-last     ist die Umkehrung zu  den analogen
                                       make-Funktionen.

--      remove-interface-last-inner    analog.

--      remove-interface-inner-last    analog.

--      remove-interface-inner-inner   analog.

--      remove-box-name                löscht die  Beschriftung eines Ka-
                                       stens.

--      remove-name                    entfernt einen Kommentar, eine DRE
                                       oder die  Beschriftung eines Pfei-
                                       les.

--      transpose-neighbours1          tauscht die Nummern zweier benach-
                                       barter Kästen.

--      transpose-neighbours2          tauscht die Reihenfolge zweier be-
                                       nachbarter Kästen.

--      transpose-boxes                tauscht zwei nicht benachbarte Kä-
                                       sten.
```

Mit den obigen attributierten Graphoperationen werden die Benutzerfunktionen des SADT-Editors realisiert. Die im folgenden aufgeführten Pseudocodeprogramme stehen so nicht in /BARTHELMANN/, sondern sind die abgeleiteten PGA-Versionen (vgl. Abschnitt 2.4). Zu den meisten Befehlen muß man noch Angaben machen, z.B. die Kastennummern. Diese Größen gehen als Parameter in die AAA-- oder PGA-Programme ein.

```
--      initialize          eröffnet die Konstruktion eines Diagramms:

                            sapp start;
                                open;
                            end.
```

--   refine   verfeinert einen Kasten, realisiert durch:

                            open.

--   finish   beendet das Zeichnen eines Diagramms und
                            prüft dabei ICOM-Code-Konsistenz, realisiert
                            durch:

                            protect.

--   up   führt ins übergeordnete Diagramm. Es ist kei-
                            ne Graphoperation nötig, da es eine reine
                            Verwaltungsfunktion ist und nur δ betrifft.

--   down   analog.

--   add-box   erzeugt einen Kasten:

                            capp insert-box;
                                 append-box;
                            end.

--   name-box   beschrifte Kasten:

                            capp change-name;
                                 give-name;
                            end.

--   identify-box   erlaubt, einen Kasten mit einer Abkürzung zu
                            versehen, um ihn in einem Text referieren zu
                            können:

                            capp change-name;
                                 give-identification;
                            end.

--   comment   schreibt Kommentar:

                            sapp remove-name;
                                 make-comment;
                            end.

```
--    add-interface       erzeugt einen inneren Pfeil:

                          capp  make-interface-inner-inner;
                                make-interface-inner-last;
                                make-interface-last-inner;
                                make-interface-last-last;
                          end.


--    name-interface      läßt Kantenbeschriftungen zu:

                          capp  change-name;
                                name-arrow;
                          end.


--    delete-interface    entfernt Pfeile:

                          sapp  remove-name;
                                capp  remove-interface-inner-inner;
                                      remove-interface-inner-last;
                                      remove-interface-last-inner;
                                      remove-interface-last-last;
                                end;
                          end.



--    change-places       vertauscht Kästen:

                          capp sapp  transpose-neighbours1;
                                     transpose-neighbours2;
                               end;
                               transpose-boxes:
                          end.


--    add-boundary        erzeugt externe Pfeile. Die 'Verdopplung' der
                          PAG-Befehle rührt von der notwendigen Vertau-
                          schung der Parameter her:

                          capp sapp capp insert-boundary;
                                         append-boundary;
                                    end;
                                    one-more-boundary;
                               end;
```

```
                  sapp capp insert-boundary;
                            append-boundary;
                       end;
                       one-more-boundary;
                  end;
              end.


--      name-boundary      beschriftet einen Pfeil:

                  capp capp   change-name;
                              name-arrow;
                         end;
                         capp   change-name;
                                name-arrow;
                         end;
                  end.


                  (Die PGA-Code-Wiederholung hat analoge Gründe
                  wie in add-boundary.)
```

--   delete-boundary   entfernt einen Pfeil, wobei der PGA-Code im
                             ersten sapp/end für M--, I-- oder C-Pfeile
                             steht, im zweiten für O-Pfeile:

```
                  capp sapp   remove-name;
                              one-less-boundary;
                              capp remove-inner-boundary;
                                   remove-last-boundary;
                              end;
                         end;
                         sapp remove-name;
                              one-less-boundary;
                              capp remove-inner-boundary;
                                   remove-last-boundary;
                              end;
                         end;
                  end.
```

--   delete-box   entfernt einen Kasten. Da mit einem Kasten auch
                        die angrenzenden Pfeile entfernt werden, ist im
                        folgenden das PGA-Codestück "wapp/end" für jede
                        Seite zu wiederholen:

```
            sapp remove-box-name;
                remove-name;
                wapp sapp remove-name;
                        capp sapp one-less-boundary;
                                remove-last-boundary;
                            end;
                            remove-interface-inner-last;
                            remove-interface-last-last;
                        end;
                    end;
                end; /* M-Seite */
                wapp
                    .... I-Seite ....
                end;
                wapp
                    .... C-Seite ....
                end;
                wapp
                    .... O-Seite ....
                end;
                capp remove-inner-box;
                    remove-last-box;
                end;
            end.
```

Dies dürfte für einen Eindruck über die systematische, graphtechnologische Implementierung eines SADT-Editors genügen, der alle wün-
schenswerten Anforderungen erfüllt, wie z.B. die automatische Plazierung der Kästen und Pfeile.

> *"Präzision ist oft der Feind*
> *der Klarheit"*
>
> *(ein Systemanalytiker)*

5.4 ESADT und die semantische Weiterverarbeitung von Diagrammen

Besonders in den Abschnitten 1.1, 1.3 und 3.1 wurde auf die Bedeutung von Graphen als zentrale Datenstruktur hingewiesen. Diese Erkenntnis kann sehr hilfreich für die Erstellung von Softwareentwicklungsumgebungen sein.

Der Wunsch eines Programmierers ist, aufeinander abgestimmte Werkzeuge für jede Phase der Softwareentwicklung zur Verfügung zu haben. Von "aufeinander abgestimmt" kann aber nur die Rede sein, wenn die Werkzeuge erlauben, die Informationen, die in einer Phase erarbeitet wurden, in eine nächste zu übernehmen. Die Wirklichkeit eines Programmierers ist meist anders: wenn es überhaupt unterstützende Werkzeuge gibt, sind sie meist nicht kompatibel. Der im letzten Abschnitt behandelte SADT-Editor ist zwar brauchbar, um die Zeichenarbeit zu ersparen; wie lassen sich aber die Informationen, also quasi die "Semantik der Diagramme", zumindest teilweise in die Entwurfs- oder in die Implementierungsphase einbringen, ohne daß sie vom Programmierer selbst wieder herausgelesen werden müssen?

In /PISARSKI/ wird z. B. beschrieben, wie sich SADT und Struktogramme zu solch einer (einfachen) Softwareentwicklungsumgebung koppeln ließen (Der Konjunktiv ist notwendig, denn die SADT-Editoren existierten bei der Anfertigung dieser Arbeit noch nicht. Eine fiktive SADT-Editor-Ausgabe mußte also angenommen werden.). Der dort behandelten Vorgehensweise liegt die Annahme zugrunde, daß aus den Kästen eines SADT-Diagramms (Fortran)Prozeduraufrufe generiert werden können. Die

I-- und C-Pfeile werden Eingabeparameter, die O-Pfeile zu Ausgangspa-
rametern. Die Verwaltung der Fortran-spezifisch nur sechs Buchstaben
langen Identifikatoren z. B. geschieht über Listen.

Da sich nun - wie hinreichend behandelt wurde - die SADT-Diagramme
durch attributierte Graphen repräsentieren lassen und die Struktogramme selbstverständlich auch, läßt sich der Übergang vom SADT-Diagramm
zum Struktogramm als Transformation ihrer Repräsentationsgraphen beschreiben, also letztlich wieder durch programmierte attributierte
Graphgrammatiken. Dies gilt natürlich nicht nur bei den beiden genannten Softwarediagrammtechniken, es ist ein allgemeines Prinzip: im Repräsentationsgraphen steckt die Information, die im analogen Fall bei
gewöhnlichen Programmiersprachen von der lexikalischen und syntaktischen Analyse erzeugt wurde, und von der Codegenerierung - also der
semantischen Phase - benutzt wird.

Am Institut für Physiologie und Biokybernetik der Friedrich-Alexander-Universität Erlangen-Nürnberg wird an einem "Algorithmus zur Latenzkorrektur akustisch evozierter Potentiale im Elektroenzephalo-
gramm" (Originalton!) gearbeitet. Hinter diesem eindrucksvollen Pro-
jekttitel steckt das Bestreben, Gehörmessungen objektiver zu machen.
Besonders bei Säuglingen und Kleinkindern mit Hörschäden ist es kaum
möglich, ihnen bei audiometrischen Untersuchungen zu erklären, sie
müßten z. B. einen Knopf drücken, sobald sie Töne wahrnehmen, die ihnen mit wechselnder Frequenz und Amplitude über Kopfhörer zugespielt
werden. Nur aus der Beobachtung heraus, bei welcher Lautstärke ein
Säugling zusammenzuckt, wenn er beschallt wird, läßt sich keine siche-
re Einstellung von Hörgeräten ableiten. Es besteht die Gefahr, daß der
Arzt das vorhandene Resthörvermögen durch Übersteuerung schädigt.

Durch die Auswertung des bei der Audiometrie gleichzeitig aufgenom-
menen EEGs besteht die Möglichkeit zu einer objektiven Feststellung.
Als Reaktion auf einen Hörreiz gibt es im EEG ein charakteristisches
Muster, das zu finden aber einen enormen Rechenaufwand kostet. Der zu
diesem Zweck eingesetzte recht komplexe Latenzkorrekturalgorithmus
läuft auf einem verteilten Rechnersystem. Um ihn zu verbessern, ist er
ständigen Änderungen unterworfen. Es gibt eine Reihe von eigenen Programmen, die sein Verhalten überwachen.

Zur Darstellung des Algorithmus hinsichtlich Funktionalität und
Verteilung auf die verschiedenen Rechner wurde von der aus Elektro-
technikern, Informatikern und Physiologen bestehenden Gruppe eine Dia-

grammsprache entworfen, die in ihrem äußeren Erscheinungsbild SADT ähnelt und deshalb ESADT (das "E" stammt von "*erweitert*") genannt wird.

In /BENKER/ wird der ESADT-Editor beschrieben, der auf der Basis programmierter attributierter Graphgrammatiken entwickelt wurde. Außerdem wird dort gezeigt, wie der attributierte Repräsentationsgraph quasi als 'Kommunikationsstruktur' zwischen dem ESADT-Editor und den Algorithmen dient, die das Verhalten des Latenzkorrekturalgorithmus analysieren.

Schlußbemerkungen

Das war's also, obwohl es noch viel zu dem Thema "Graphgrammatiken in der Softwaretechnik" zu sagen gäbe. Aber irgendwann einmal muß man aufhören.

Sehr knapp wurde z.B. die Semiotik graphischer Zeichen im Kap. 1 behandelt, insbesondere die Sigmatik. Auch der Abschnitt 1.3 über Softwaretechnologie mußte kurz gefaßt werden. Was es für Möglichkeiten gibt, mit Graphgrammatiken wie im Kap. 3 problemorientiert zu arbeiten, könnte ebenfalls noch weiter ausgeführt werden.

Außer diesen Aspekten, über die man schon jetzt reden kann, gibt es weitere, über die man aber schweigen muß, weil sie noch nicht hinreichend untersucht worden sind.

Beispielsweise ist das gesamte Feld noch nicht erforscht, wie man den Umgang mit Graphgrammatiken weiter erleichtern könnte. PAGGED und NPAGGImp sind nur erste Schritte. Die gesamte Erstellung von programmierten attributierten Graphgrammatiken ist verbesserungsfähig. Allein für die Knotentypdefinitionen wäre es hilfreich, einen Maskeneditor zu haben. Allerdings kann man jetzt nach der Strategie des 'bootstrapping' vorgehen und die Vervollkommnung der Arbeitsumgebung für Graphgrammatiken durch die im Kap. 4 vorgestellten Werkzeuge realisieren. In /SEITZ/ z. B. wird der Graphoperations-Editor aus Abschnitt 4.2 mittels programmierter attributierter Graphgrammatiken implementiert.

In das Gebiet der Softwareentwicklung ziehen immer stärker Expertensysteme ein. Wie kann man in diesem Sinn Unterstützung für die Arbeit mit Graphgrammatiken schaffen? Man könnte dabei auch die Arbeiten von /BARTSCH/ wieder aufgreifen, die zeigen, wie aus Beispielmustern Graphgrammatiken inferierbar sind.

Wenn jetzt schon mit den programmierten attributierten Graphgrammatiken ein neues Implementierungswerkzeug geschaffen wurde, sollte man es ausnützen und sich neue Visualisierungskonzepte überlegen. Besonderes Augenmerk sollte auf die Darstellung von Dynamik mittels Film gelegt werden. Wie lassen sich diese Forderungen in Graphgrammatiken integrieren, wie im Attributierungsmechanismus? In diesem Zusammenhang wäre auch eine Kopplung von PAGGED und NPAGGImp mit graphischen Systemen interessant, wie sie etwa in /PURGATHOFER/ beschrieben werden. Dann wird das Denken mit Begriffen aus dem Gebiet der Graphgrammatiken erledigt und das Zeichnen ggf. durch ein mächtiges Graphiksystem.

Offen sind auch optimale Strategien für Attributauswertungen.

Man könnte weitere Beispiele anführen, welche Aktivitäten sich an diese Arbeit anschließen müßten. Alles in allem hat man den Eindruck (und das ist eigentlich deprimierend), daß wieder einmal mehr Fragestellungen eröffnet worden sind, als bislang befriedigend beantwortet werden konnten.

Menschheitsgeschichte ist auch immer die Geschichte des Verschiebens von Grenzen (selbst wenn man das Verschieben von Ländergrenzen durch Kriege und das von sozialen Grenzen durch Revolutionen außer acht läßt). Menschlicher Forschungs- und Innovationsdrang versuchte immer wieder, Grenzen der körperlichen Kraft, des Geistes und des Wissens hinauszuschieben, indem er Kraftmaschinen für die Überwindung der Grenzen körperlicher und Computer für das Meistern geistiger Schwächen konstruierte, sowie Entdeckungsfahrten durchführte, um den geographischen Horizont zu erweitern.

Die vorliegende Arbeit ist ein Plädoyer für Graphik. Eingedenk des Wittgenstein-Zitats "Die Grenze meiner Sprache ist die Grenze meiner Welt" werden Vorschläge gemacht, wie die Grenze des überhaupt Erfaßbaren durch neue, graphische Darstellungsmittel hinausgeschoben werden kann. Diejenigen, meint /NEES/, die sich auf (un)steter Suche nach neuen, besseren Ausdrucksformen befinden, sind die Künstler.

Daß ein guter Informatiker auch das sein kann, steht nicht im Widerspruch zu Abschnitt 1.3 !

Es gibt noch viel zu tun ...

Literatur

Zu den Literaturstellen wurden für Interessenten noch einige Angaben zum Inhalt gemacht, die nicht unbedingt aus den Titeln hervorgehen. Die Zusatzbemerkungen sollen den Lesern Orientierung geben, ob es
für sie nützlich sein kann, diese Arbeit selbst einmal zu lesen. Die
Annotationen sind meine persönlicher Meinung und können bei sehr umfangreichen Büchern, bei denen nur Teile inhaltlich für die vorliegende Arbeit von Bedeutung waren, schon deshalb falsch sein, weil diese
Werke von mir nicht in jedem Fall vollständig durchgearbeitet wurden.

Es gelten die folgenden Abkürzungen:

CACM :: Communications of the ACM

IMMD :: Institut für Mathematische Maschinen und Datenverarbeitung

FAU :: Friedrich-Alexander-Universität Erlangen-Nürnberg

LNCS :: Lecture Notes in Computer Science

ANSCHÜTZ, H.: "Ein syntaxgesteuerter Editor für HIPO", Studienarbeit
am IMMD der FAU, 1987. In der Arbeit ging es u. a. auch darum, die
Wiederverwendbarkeit der für SADT-Editoren entworfenen attributierten
Graphoperationen nachzuweisen.

ASAM, R. & DRENKARD, N. & MAIER, H.-H.: "Qualitätsprüfung von Soft-
wareprodukten", Siemens Verlag, München, 1986. Die Autoren beschreiben
nicht nur Qualitätskriterien, sondern geben auch sehr konkrete Rat-
schläge für deren Überprüfung.

AZRA, J.-P. & JAULIN, B.: "Recursivité", Gauthier-Villars, Paris,
1973. Die zitierte Konstruktion stammt von Trachtenbrot.

BAUER, F.L. & GOOS G.: "Informatik - Eine einführende Übersicht", Hei-
delberger Taschenbücher, Bd. 80 und 91, Springer Verlag, Berlin, 1971.
Aus der Sicht des Jahres 1987 sind zwar schon 16 Jahre vergangen, aber
die Bücher sind wegen ihrer systematischen Darstellungsweise immer
noch lesenswert.

BAUER, F.L. et al.: "The Munich Project CIP", Springer LNCS, Bd. 183,
Berlin, 1985. Die anderen Autoren sind: M. Broy, W. Dosch, F. Geisel-
brechtinger, W. Hesse, R. Gnatz, B. Krieg-Brückner, A. Laut, T. Matz-
ner, B. Möller, F. Nickl, H. Partsch, P. Pepper, K. Samelson, M. Wir-
sing, H. Wössner.

BARTHELMANN, K.: "Implementierung programmierter attributierter Graphgrammatiken in LISP und ihre Anwendung bei der Entwicklung eines Programms zur interaktiven Erstellung von SADT-Diagrammen", Diplomarbeit
am IMMD der FAU, 1986. Diese Arbeit baut auf Ergebnissen von /SCHIE-
DERMEIER/ auf.

BARTSCH, B.: "Inferenz und Analyse spezieller Graphgrammatiken für
syntaktische Mustererkennung", Arbeitsbericht Bd. 13, Nr. 6 des IMMD
der FAU. Die Arbeit ist die Dissertation der Autorin.

BATINI, C. & NARDELLI, E. & TALAMO, M. & TAMASSIA, R.: "A Graph Theoretic Approach to Aesthetic Layout of Information Systems Diagrams", in Proc. WG'84 'Graphtheoretic Concepts in Computer Science', PAPE, U. (Ed.), Trauner Verlag, Linz, 1984.

BENKER, B.: "Ein syntaxgesteuerter Graphikeditor für eine Programmierumgebung zur Darstellung und Analyse von Algorithmen zur Latenzkorrektur akustisch evozierter Potentiale", Studienarbeit am IMMD der FAU, 1988. Die Arbeit entstand im Rahmen des Sonderforschungsbereichs 182 "Multiprozessor- und Netzwerkkonfigurationen".

BENTLEY, J.: "Bumper-Sticker Computer Science", CACM, Vol. 9 (Sept.), 1985. (In der Reihe "programming pearls").

BERGE, C.: "Graphs and Hypergraphs", North Holland, Amsterdam 1973. Ein sehr umfängliches Buch, das insbesondere die Graphen behandelt, bei denen eine Kante mehr als zwei Knoten miteinander 'verbindet'.

BLEY, H.: "Vorverarbeitung und Segmentierung von Stromlaufplänen unter Verwendung von Bildgraphen", Arbeitsbericht Bd. 15, Nr. 6 des IMMD der FAU, 1982. Die Arbeit ist die Dissertation des Autors.

BRENDEL76, W.: "Implementierung von Graph-Grammatiken", Studienarbeit, in: 'Graph Rewriting Systems II, Three Papers on Theory, Application, and Implementation', Arbeitsbericht Bd. 9, Nr. 1 des IMMD der FAU, 1976.

BRENDEL79, W.: "Formale Beschreibung von Programmiersprachen", in 'Tagungsband der 9. GI-Jahrestagung', BÖHLING, K.H. & SPIES P.P (Ed.), Informatik-Fachberichte Nr. 19, Springer Verlag, Berlin, 1979. Die dort zu findende 'Ableitbarkeitsdefinition' hat Fehler und ist so nicht auf das Beispiel anwendbar.

BUDDE, R. & KULENKAMP, K. & SYLLA, K.H. & ZÜLLIGHOVEN, H.: "Prototypenbau bei der Systemkonstruktion – Konzepte der Systementwicklung", Angewandte Informatik, Nr. 5 (Mai), S. 198ff, 1986.

BUNKE79, H.: "Sequentielle und parallele programmierte Graph-Grammatiken", Arbeitsbericht Bd. 12, Nr. 3 des IMMD der FAU, 1979. Die Arbeit ist die Dissertation des Autors.

BUNKE85, H.: "Modellgesteuerte Bildanalyse", Teubner, Stuttgart, 1985. Das Buch ist die Habilitationsschrift des Autors und gibt eine breite Übersicht über verschiedene Methoden im Bereich der Mustererkennung anhand eines Systems zur automatischen Auswertung von Sequenzszintigrammen des menschlichen Herzens. Graphgrammatiken werden nur kurz gestreift.

CAJORI, F.: "History of Mathematical Notation", The Open Court Publishing C., Chicago, 1928. Dieses Buch gilt als das umfassendste auf diesem Gebiet und geht u. a. der Metamorphose mancher heute gebräuchlicher Zeichen nach.

CHANG, S.-K. & ICHIKAWA, T. & LIGOMENIDES, P.A.: "Visual Languages", Plenum Press, New York, 1986. Das Buch gibt einen guten Überblick.

CHOMSKY, N.: "Three Models for the Description of Language", IRE Transactions on Information Theory IT-2, 3 (1956), S. 113ff. Es gibt allerdings schon Arbeiten aus dem Jahr 1953, die nicht zugänglich waren. Die 'abgerundete' Theorie findet man 1959 in 'Information and Control'.

CHRISTENSEN, C.: "An Example of the Manipulation of Directed Graphs in the AMBIT/G Programming Language", in KLERER, M. & REINFELS, J. (Eds.): "Interactive Systems for Experimental Applied Mathematics", Academic Press, New York, 1968. Aus dem Inhalt: "The data on which an AMBIT/G program operates is displayed as an actual diagrammatic representation of a directed graph... Furthermore, AMBIT/G statements are themselves written as directed graphs." Ganz klar wird allerdings nie, ob die 'Absichtserklärungen' auch so implementiert wurden und ob eine akzeptable Benutzerschnittstelle vorhanden war. Über spätere Arbeiten war nichts auffindbar.

CLAUS, V. & EHRIG, H. & ROZENBERG, G. (Ed.): "Graph-Grammars and Their Application to Computer Science and Biology", Proc., Springer LNCS Nr. 73, Heidelberg, 1978.

COURCELLE, B. & FRANCHI-ZANNETTACCI, P: "Attribute Grammars and Recursive Program Schemes", Theoretical Computer Science 17 (1982). Der Beitrag diskutiert Bedingungen, die eine Grammatik erfüllen muß, um 'strongly noncircular' zu sein. Dabei wird die Problematik in der Sprechart von Termalgebren behandelt.

DAVIS, P.J. & HERSH, R.: "The Mathematical Experience", Birkhäuser Verlag, Boston, 1980. Viele Aspekte der Mathematik werden diskutiert, besonders die Problematik, ob mathematische Kalküle im Sinne Platons 'nur' entdeckt werden, oder ob sie das Ergebnis der Anwendung von Axiomen und Ableitungsregeln sind.

DENERT, E.: "PLAN2D - Konzept und Syntax einer zweidimensionalen Programmiersprache", TU Berlin, 1975. Die Arbeit ist die Dissertation des Autors.

DENNERLEIN, C.: "Implementierung von Zusicherungen für ein schlüsselwortgesteuertes Eingabesystem", Studienarbeit am IMMD der FAU, 1982. Dieses Programm verwendet für seine Eingabe das Programmsystem SCHLÜMPFFE, s. a. /GÖTTLER&MORITZ/.

DISTLER, L.: "Softwareumgebung für speicherprogrammierbare Steuerungen", Diplomarbeit am IMMD der FAU, 1985. Vielleicht ist es als ein positives Indiz für die Brauchbarkeit der Methode anzusehen, daß so viele Diagrammtechniken in einer einzigen Arbeit zufriedenstellend behandelt werden konnten.

EHRIG H. & NAGL, M. & ROZENBERG, G. (Ed.)83: "Graph-Grammars and Their Application to Computer Science", Proc. Springer LNCS, Nr. 153, Heidelberg, 1983. Dieser Band gibt geballt den Stand der Graphgrammtik-- Forschung bis 1983 wieder.

EHRIG H. & NAGL, M. & ROZENBERG, G. (Ed.)87: "Graph-Grammars and Their Application to Computer Science", Proc. Springer LNCS, Nr. 291, Heidelberg, 1987. Dieser Band gibt geballt den Stand der Graphgrammtik-- Forschung bis 1986 wieder. (Die Tagung fand im Dez. 1986 statt.)

EHRIG, H. & PFENDER, H. & SCHNEIDER H.J.: "Graph Grammars: An Algebraic Approach", Proc. 14th Annual Conf. on Switching and Automata Theory, S. 177ff, 1973. Dieser Ansatz wirkt durch die Verwendung kategorientheoretischer Methoden bei der Definition der Produktionen recht kompliziert.

ENGELS, G.: "Graphen als zentrale Datenstrukturen in einer Software--

Entwicklungsumgebung", Universität Osnabrück, 1986. Die Arbeit ist die
Dissertation des Autors.

ENCARNAÇAO, J. & WECK, G.: "Eine Implementierung von DATAS", Bericht
Nr. A74-1 d. Inst. f. Angewandte Mathematik und Informatik der Univ.
des Saarlandes, 1974. Wie Verwender von DATAS berichten, klafft eine
breite Lücke zwischen Programm und dieser Dokumentation.

FISCHER, A.: "Wo greifen graphisch-orientierte Verfahren? Erfahrungen
mit SADT und DSA" in /MORGENBROD&REMMELE/. Mit "wir" im Abschnitt 1.3
ist die Fa. SCS, Hamburg, gemeint.

FLOYD, C. & PASCH, J: "Methoden für den Entwurf großer Softwaresysteme", in /MORGENBROD&REMMELE/. Die Arbeit berichtet auch über die an
der TU Berlin entwickelten Werkzeuge SPEZI und MODEST.

FRANCK, R.: "PLAN2D - Syntaxanalyse von Präzedenz-Graphgrammatiken",
TU Berlin, 1975. Die Arbeit ist die Dissertation des Autors.

FREGE, G.: "Grundgesetze der Arithmetik", Jena, 1893. Das Werk ist als
reprographischer Druck in der Georg Olms Verlagsbuchhandlung, Hildes-
heim, 1962 erhältlich. Aus heutiger Sicht müßte es besser 'Grundlagen
der formalen Logik' heißen.

FREUDENTHAL, H.: "Mathematics as an Educational Task", D. Reidel Publishing Company, Dordrecht, 1973. Anzustreben ist eine Weitergabe von
mathematischem Wissen durch entdeckendes Lernen, wie etwa Piaget es
auch favorisiert.

FURST, B. & FURST, L: "Der Weg zum guten Gedächtnis", Forum-Verlag,
Wien, 1964. Die dort vorgestellte Methode ist recht pfiffig. Sie be-
ruht auf dem Prinzip, stets Assoziationen zwischen Begriffen zu bilden, um von einem zum anderen gelangen zu können. So werden Ziffern
mit bestimmten Buchstaben assoziiert. Folgen von Ziffern ergeben dann
Buchstabenfolgen, aus denen Wörter gebildet werden. Diese Wörter kann
man als Code für Zahlen auffassen. Will man sich eine Liste von i Begriffen merken, verbindet man die ersten i Code-Wörter mit diesen Begriffen durch möglichst einprägsame Assoziationen.

GALL78, R.: "Umstrukturierung des assoziativen Datenspeichersystems
DATAS auf eine 32-Bit-Maschine", Diplomarbeit am IMMD der FAU, 1978.
Auch mit dieser Arbeit waren noch nicht alle DATAS-Fehler beseitigt
(vgl. a. /ENCARNAÇAO&WECK/).

GALL83, R.: "Formale Beschreibung des inkrementellen Programmierens--
im-Großen mit Graph-Grammatiken", Arbeitsbericht Bd. 16, Nr. 1 des
IMMD der FAU, 1983. Die Arbeit ist die Dissertation des Autors.

GORNY, P. & TAUBER, M.J. (Eds.): "Visualization in Programming", Proc.
Springer LNCS, Nr. 282, Heidelberg, 1987. Die Tagung fand im Mai 1986
in Schärndig, Österreich, statt.

GÖTTLER77, H.: "Zweistufige Graphmanipulationssysteme für die Semantik
von Programmiersprachen", Arbeitsbericht Bd. 10, Nr. 12 des IMMD der
FAU, 1977. Die Arbeit ist die Dissertation des Autors. Eine Zusammenfassung der wichtigsten Ideen dieser Dissertation findet man in /GÖTT-
LER78/.

GÖTTLER78, H.: "Semantical Description by Two-Level Graph-Grammars for
Quasihierarchical Graphs", in Proc. WG78 'Graphs, Data Structures, Al-

228

gorithms', NAGL, M. & SCHNEIDER H.-J. (Eds.), Serie 'Applied Computer
Science' Nr. 13, Hanser Verlag, München, 1979.

GÖTTLER82, H.: "Attributed Graph Grammars for Graphics", in /EHRIG&-
NAGL&ROZENBERG83/. Es wird anhand von Beispielen dargestellt, wie konkrete Diagramme auf ihre Morphologie hin untersucht und durch attributierte Graphgrammatiken erzeugt werden können.

GÖTTLER84, H.: "Implementation of Attributed Graph-Grammars", in Proc.
WG84 'Graphtheoretic Concepts in Computer Science', PAPE, U. (Ed.),
Trauner Verlag, Linz, 1984.

GÖTTLER85, H.: "Automatisierung einer Rechtsanwaltskanzlei (Konzepte,
Methoden, Erfahrungen)", Proc. der GI/OCG/ÖGI-Jahrestagung 1985, Informatik-Fachberichte 108, HANSEN, H.R. (Ed.), Springer, Berlin, 1985.
Es wird über die beim Requirements-Engineering eingesetzten Methoden
berichtet. Außerdem wird darauf eingegangen, wie die Resultate aus der
Analysephase in spätere Phasen der Softwareentwicklung weitergegeben
werden können, wie man also Methodenverbunde schaffen kann.

GÖTTLER, H. & MORITZ, H.: "SCHLÜMPFFE (Teil I: RECO, Teil II: REDA)",
Arbeitsberichte R11/2222/79 und R11/2356/79 der Fa. Kraftwerk Union,
Erlangen, 1979. Mit diesem "SCHLÜsselwortManipulierten Programmsystem
für FormatFreie Eingabe" können Benutzer die Nachteile der spaltenori-
entierten, formatgebundenen Eingaberoutinen von FORTRAN 66 ausgleichen
und Daten entweder über Schlüsselwörter oder positionsorientiert einlesen, ähnlich wie es die Parameterversorgung von ADA auch erlaubt.
Die Angaben in den gelesenen Dateien können dabei beliebig verstreut
sein.

GRABSKA, E.: "Pattern Synthesis by Means of Graph Theory", Uniwersitet
Jagiellonski (Instytut Informatyki), Krakau, 1982. Die Arbeit ist die
Dissertation der Autorin.

GRESKA, W. : "Eine graphische Schnittstelle für programmierte attributierte Graphgrammatiken", Studienarbeit am IMMD der FAU, 1986. Die Arbeit beschreibt auch eine C-Version des GKS.

HAAS, O.: "Spezifikation von Kommunikationsprotokollen auf der Basis
attributierter Grammatiken", Arbeitsbericht I8522 der TU München,
1985. Die eingeführten "Protokollgrammatiken" könnten auch als programmierte, attributierte Grammatiken bezeichnet werden.

HADAMARD, J. zitiert nach einem Aufsatz von A. KAY: "Software", Spek-
trum der Wissenschaft, November 11/1984. Diese Ausgabe ist eine Spezi-
alausgabe über die Entwicklung auf dem Informatiksektor.

HALLMANN, M.: "Klassifizierung von Prototypingansätzen in der Softwareentwicklung", Forschungsbericht Nr. 209 der Universität Dortmund,
1985. In dem Bericht wird klar, daß wie so vieles in der Softwaretechnologie auch dieser Begriff in recht verschiedener Bedeutung auftritt.

HEINDEL, A.: "Implementierung attributierter Graphgrammatiken", Diplomarbeit am IMMD der FAU, 1983. Diese Arbeit ist ein Musterbeispiel
an Programmdokumentation. Der Autor ist besonders zu loben, da er einen heroischen Kampf gegen die Fehler in der Software zu bestehen hatte, auf der seine eigene aufbauen sollte.

HOARE, C.A.R.: "An Axiomatic Basis for Computer Programming", CACM 12,
10 (Okt.) 1969. Semantik wird in Form formallogischer Ausdrücke definiert, die vor bzw. nach Ausführung einer einzelnen Anweisung gelten

müssen. Die Semantik des gesamten Programms ergibt sich aus der Transformation des Anfangsprädikats.

HOMMEL, G. (Ed.): "Vergleich veschiedener Spezifikationsverfahren am
Beispiel einer Paketverteilungsanlage", PDV-Berichte, Kernforschungs-
zentrum Karlsruhe, 1980. Eine verdienstvolle Arbeit, bei der von verschiedenen (!) Autoren je eine Methode des Requirements-Engineering
zur Untersuchung einer Paketverteilungsanlage unter der Annahme einer
Reihe vereinfachender Bedingungen eingesetzt wurde.

IRONS, E.T.: "A Syntax Directed Compiler for ALGOL 60", CACM, Vol. 4,
S. 51ff, (Januar) 1961. "The translation specifications consist of a
series of sentences (Anm.: Gemeint sind Produktionen einer Grammatik,
obwohl nicht von solchen gesprochen wird.), each consisting of a syntax formula followed by a string of symbols designating the semantics
of that syntax formula."

IVERSON, K.E.: "Notation as a Tool of Thought", 1979 ACM Turing Award
Lecture, CACM, Vol. 23, (August) 1980. Die von vielen als sehr kryp-
tisch empfundene Notation der Programmiersprache APL wird anhand von
Beispielen dargestellt und in einen allgemeinen Zusammenhang gebracht.

JACKSON, M.A.: "Grundsätze des Programmentwurfs", Toeche-Mittler Verlag, Darmstadt, 1979. In diesem Buch wird beschrieben, wie man systematisch aus der gegebenen Eingabe- und gewünschten Ausgabedatenstruk-
tur die Programmstruktur ableiten kann.

JAZAYERI, M. & OGDEN, W.F. & ROUNDS, W.C.: "The intrinsically Exponen-
tial Complexity of the Circularity Problem for Attributed Grammars",
CACM 12, 1975, S. 697ff. Das Zirkularitätsproblem wird auf ein Problem
bei speziellen Kellerautomaten für die Akzeptierung von Zeichenketten
zurückgeführt, von dem bekannt ist, daß die unteren Schranken aller
Lösungsalgorithmen notwendigerweise exponentiell sind.

KAUL, M.: "Syntaxanalyse von Graphen bei Präzedenz-Graph-Grammatiken",
Bericht MIP-8610 der Universität Passau, 1986. Die Arbeit ist die Dissertation des Autors.

KAMLAH, W. & LORENZEN, P.: "Logische Propädeutik (Vorschule des ver-
nünftigen Redens)", Bibliographisches Institut, Mannheim, 1967. Das
Werk ist u. a. eine konstruktivistische Einführung in die Formale Logik.

KERNER, H. & PITRIK, R. & MOTSCHNIG, H. & TRATTNIG, W.: "EDDA-S, eine
graphische, strukturierte Datenflußsprache für den Software-Entwurf",
Proc. der GI/OCG/ÖGI-Jahrestagung 1985, Informatik-Fachberichte 108,
HANSEN, H.R. (Ed.), Springer, Berlin, 1985. EDDA ist noch wesentlich
differenzierter als PBS und erlaubt u. a. die Spezifikation von An-
schlüssen an Datenbanken.

KNUTH68a, D.: "The Art of Computer Programming", Addison Wesley Publishing Company, Reading, 1968-1981. Das mehrbändige Werk ist eine
wahre Fundgrube für Algorithmen (numerische sowie nichtnumerische) und
Datenstrukturen.

KNUTH68b, D.: "Semantics of Context-Free Languages", Math. Syst. Theory 2 (1968), S. 127ff. Eine Fehlerverbesserung wurde 1971, S. 95ff,
nachgeliefert.

LEXIKON DER INFORMATIK UND DATENVERARBEITUNG, SCHNEIDER, H.J. (Ed.),
Oldenbourg Verlag, München, 1986. Das Schlagwort "Datenstruktur" wurde

von FALKENBERG, E., University of Queensland, Australien, und CZAP, H., Universität Göttingen, bearbeitet.

LINDSAY, C.H. & VAN DER MEULEN, S. G.: "Informal Introduction to ALGOL 68", North-Holland Publishing Company, Amsterdam, 1971. Dieses Werk ist gleichsam eine Interpretation des von vielen für nicht lesbar gehaltenen "Report on the Algorithmic Language ALGOL 68", der formalen Beschreibung dieser Programmiersprache.

LUFT, A.L.: "Der Modellierungs-Schritt bei der Spezifikation, Konstruktion und Verifikation großer Software-Systeme", in /MORGENBROD&REMMELE/. Die Arbeit beschäftigt sich auch mit der Besonderheit der Modellierungsschritte beim Datenbankentwurf.

MAYER, R.E.: "Denken und Problemlösen", Springer Verlag, Berlin, 1979. Dieses Buch gibt einen Überblick, wie Menschen denken und Probleme lösen. Es erklärt auch für Nichtpsychologen die wichtigsten Begriffe und Forschungsergebnisse auf diesem Gebiet.

MILLER, G.A.: "The Magical Number Seven, Plus or Minus Two: Some Limits on our Capacity for Processing Information", Psychol. Rev., Vol 63, S. 81ff, 1956. Man kann stets nur mit etwa sieben "chunks" umgehen, sich z. B. nur eine Reihe von sieben Dualziffern merken. 'Superzeichenbildung', etwa der Übergang zu Dezimalzahlen, ändert nichts an der chunk-Zahl. Allerdings arbeitet man dann indirekt mit ca. 25 Dualzahlen!

MOLZBERGER, E.: "Kreative Software-Tools", in /MOLZBERGER&ZEMANEK/. Die geschilderten Untersuchungen lassen sich in zwei Kernsätzen zusammenfassen: "Neurotische Programmierer schreiben neurotische Programme" und "Software-Entwickler mit einer positiven Haltung zum Menschen und seinen kreativen Fähigkeiten sind in der Lage, Tools zu entwickeln, die Raum schaffen zur Freisetzung der kreativen Fähigkeiten von Software-Entwicklern".

MOLZBERGER, P. & ZEMANEK, G.V. (Ed).: "Software-Entwicklung: Kreativer Prozeß oder formales Problem", Seminar des German Chapter of the ACM, Teubner-Verlag, Stuttgart, 1985. Besonders interessant in diesem Zusammenhang sind die Beiträge von F. Peschanel und P. Molzberger; es gibt aber in diesem Band noch weitere lesenswerte.

MORGENBROD, H. & REMMELE, W. (Eds.): "Entwurf großer Software-Systeme", Bericht des German Chapter of the ACM Nr. 19, Teubner Verlag, Stuttgart, 1984.

MUSTAFA, E.: "Untersuchungen zu einer graphischen Prozeßbeschreibungssprache für SPS-Anwender", Diplomarbeit am IMMD der FAU, 1986. In der Arbeit werden die Attributberechnungen zwar in einer LISPischen Notation ausgedrückt, aber für die NPAGGImp-ungeübten Leser wird mit Struktogrammdarstellungen der PGA-Programme experimentiert.

NAGL74, M.: "Formale Sprachen von markierten Graphen", Arbeitsbericht Bd. 7, Nr. 4 des IMMD der FAU, 1974. Die Arbeit ist die Dissertation des Autors.

NAGL79, M.: "Graph-Grammatiken (Theorie, Implementierung, Anwendungen)", Vieweg, Braunschweig, 1979. Die Arbeit ist die Habilitationsschrift des Autors, der sich die Mühe gemacht hat, die vielfältigen Ansätze und unterschiedlichen Definitionen vergleichend darzustellen.

NAGL85, M.: "Graph Technology Applied to a Software Projekt", in: "The Book of L", ROZENBERG, G. & SALOMAA, A. (Eds.), Springer, Berlin, 1985. Das Buch ist anläßlich des 60. Geburtstags von A. Lindenmayer erschienen, dem Entdecker der "Lindenmayer-Systeme", bei denen versucht wird, biologisches Wachsen durch Formale Sprachen zu beschreiben.

NAGL, M. & ZISCHLER, H.: "A Dialog System for the Graphical Representation of Graphs", Proc. WG78 'Graphs, Data Structures, Algorithms', NAGL, M. & SCHNEIDER, H.J. (Eds.), Serie 'Applied Computer Science', Nr. 13, Hanser Verlag, München, 1978.

NEES, G.: "Die Orchidee nimmt wahr", in: "Polaris 6", Suhrkamp Verlag, Frankfurt. Diese Edition ist Herbert W. Franke gewidmet, einem Pionier der Computer-Kunst.

NIESKENS, G.: "Benutzerhandbuch für die TLC-Implementierung programmierter attributierter Graphgrammatiken auf einem MSDOS-Rechner", FAU, 1988. Diese Arbeit wurde mit Mitteln aus dem Sonderforschungsbereich 182, "Multiprozessor- und Netzwerkkonfigurationen" gefördert.

PARNAS, D.L.: "A Technique for Module Specification with Examples", CACM 15, 5 (Mai), 1973, S. 401ff. Die Spezifikationsfunktionen werden in O-- und V-Funktionen eingeteilt.

PARTSCH, H. & STEINBRÜGGEN, R.: " A Comprehensive Survey on Program Transformation Systems", Arbeitsbericht Nr. TUM I8108 der Technischen Universität München, 1981. Die Literaturzusammenstellung erscheint wichtiger als der Bericht selbst.

PESCHANEL, F.D.: "Software-Entwicklung: Kreativer Prozeß oder formales Problem", in /MOLZBERGER&ZEMANEK/. Der Autor plädiert für ein bewußtes Trainieren der kreativen rechten Hirnhälfte, um "Exzellenz" beim Programmieren zu erreichen.

PFALTZ, J.L. & ROSENFELD, A.: "Web Grammars", Proc. Intern. Joint Conf. Artificial Intelligence, Washington, 1969, S. 609ff. Die definierten 'Einbettungsvorschriften' sind recht informal gehalten.

PISARSKI, G.: "Die Kombination der Software-Methoden SADT und Struktogramme beim Entwurf eines Management-Graphik-Systems", Diplomarbeit am IMMD der FAU, 1981.

POLYA, G.: "How to Solve it", Princeton University Press, Princeton N.J. 2nd ed., 1973. Der Autor will anhand vieler Beispiele zeigen, daß man durch Anwendung heuristischer Methoden in der Mathematik Probleme lösen kann. Man hat den Eindruck, daß er dabei weniger von allgemeinen psychologischen Erfahrungen ausgeht, sondern eher die Phänomene aus seiner reichhaltigen, persönlichen Erfahrung als hervorragender Forscher und Lehrer der Mathematik schildern will.

PURGATHOFER, W.: "Ein allgemeiner graphischer Editor", Angewandte Informatik 2, 1985. Der Autor vertritt - auch wenn er es nicht explizit anspricht - ein anderes Konzept als in der vorliegenden Arbeit, wo eine Entwicklungsumgebung vorgestellt wird, um sich bei Bedarf einen *speziellen* graphischen Editor *rasch* bauen zu können. In diesem Aufsatz wird das Heil in einem *allgemeinen* graphischen Editor gesehen, bei dem es sich aber um eine Programmiersprache handelt, die um Graphikfähigkeiten erweitert wurde.

V. PUTTKAMER , E. & RISSBERGER, A.: "Informatik für technische Beru-
fe", Teubner-Verlag, Stuttgart, 1984. Das Buch enthält viele schöne
Beispiele zum Thema "Speicherprogrammierbare Steuerungen".

RANDELL, B.: "Software Engineering in 1968", Proc. 4th Intern. Conference on Software Engineering, München, 1979, IEEE Catalog No.
79CH1479-5C. Der Aufsatz ist hauptsächlich eine Sammlung von Stellung-
nahmen und Kommentaren der Tagungsteilnehmer zum damaligen Stand der
Softwareentwicklung.

RECHENBERG, P. & MÖSSENBÖCK, H.: "Ein Compiler-Generator für Mikrocom-
puter", Carl Hanser Verlag, München, 1985. Auf sehr übersichtliche
Weise zeigt das Buch, welche Werkzeuge man einsetzen kann, um Compiler
automatisch zu generieren.

ROBINSON, L. & LEVITT, K.N.: "Proof Techniques for Hierarchically
Structured Programs", in "Current Trends in Programming Methodology",
Vol. 2, YEH, R.T. (Ed.), Prentice-Hall, Englewood Cliffs, N.J., 1977.
Der Band behandelt die Validation von Programmen.

ROSENKRANTZ, D.J.: "Programmed Grammars and Classes of Formal Languages", Journal of the ACM, Vol. 16, No. 1 (Jan.) 1969. Die Arbeit ist
die Kurzversion der Dissertation des Autors.

ROSS, D.T.: "Structured Analysis (SA): A Language for Communicating
Ideas", IEEE Transactions on Software Engineering, Vol. SE-3, No. 1,
(Jan.) 1977. Im selben Heft gibt es noch einen weiteren Artikel über
dieses Thema ('Structured Analysis for Requirements Definitions').

SAMMET, J.: "Roster of Programming Languages for 1976-77", ACM-SIGPLAN
Notices, Nr. 11, 1978. Seither ist keine Aufstellung unter dieser Ru-
brik mehr erschienen.

SAUBER, R.: "Implementierung eines Dialogsystems zur Unterstützung von
SADT", Studienarbeit am IMMD der FAU, 1983. Der SADT-Editor ist in
FORTRAN geschrieben und gibt die Diagramme über einen Plotter aus.

SCHÄFER, W.: "Eine integrierte Softwareentwicklungsumgebung: Konzepte,
Entwurf und Implementierung", VDI-Verlag, Reihe 10: Informatik/Kommu-
nikationstechnik, Düsseldorf, 1986. Die Arbeit ist die Dissertation
des Autors.

SCHIEDERMEIER, C.: "LISP-Implementierung attributierter Graphgrammatiken", Diplomarbeit am IMMD der FAU, 1985. Die Arbeit ist ein überzeu-
gendes Beispiel für die Flexibilität von LISP.

SCHNEIDER70, H.J.: "Chomsky-Systeme für partielle Ordnungen", Arbeitsbericht Bd. 3, Nr. 3 des IMMD der FAU, 1970. Die Arbeit enthält
gleichzeitig die ersten Anwendungen von Graphgrammatiken, z. B. ein
Erzeugendensystem für Flußdiagramme.

SCHNEIDER74, H.J.: "Syntax-directed Description of Incremental Compilers", 4. GI-Jahrestagung, Springer LNCS Bd. 26, Heidelberg, 1974. In
diesem Artikel wird der algebraische Ansatz verwendet.

SCHNEIDER81, H.J.: "Problemorientierte Programmiersprachen", Teubner
Verlag, Stuttgart, 1981. Ein einführendes Lehrbuch in das Gebiet der
problemorientierten Programmiersprachen für Informatiker und Anwender
mit Grundlagenkenntnissen in Datenverarbeitung.

SCHOENFELD, A.H.: "Teaching Mathematical Problem Solving Skills", The American Mathematical Monthly, Vol. 87, Nr. 10, 1980. Die Fähigkeit, Probleme im mathematischen Bereich zu lösen, ist lehrbar, zumindest übbar. Nach Meinung des Autors kann man dabei sogar eine Art Algorithmus angeben, welche heuristische Methode zu welchem Zeitpunkt eingesetzt werden soll.

SCHULTZE, W.: "Ein Übersetzer von AAA-Programmen nach LISP", Studienarbeit am IMMD der FAU, 1987. Bei dieser Gelegenheit wurde AAA um recht flexible Datenstrukturen nebst ihren Zugriffsfunktionen (im Sinne abstrakter Datentypen) angereichert, die in LISP-Listen übersetzt werden.

SCHÜTTE, A.: "Spezifikation und Generierung von Übersetzern für Graph-Sprachen durch attributierte Graph-Grammatiken", EWH Koblenz, 1986. Die Arbeit ist die Dissertation des Autors.

SEITZ, S.: "Implementierung eines Graphproduktionseditors durch PAGG und Untersuchungen zur Implementierung von PAGG durch Prolog sowie das Verhältnis von PAGG zur objektorientierten Programmierung", Studienarbeit am IMMD der FAU, 1988. Die Arbeit steht kurz vor dem Abschluß.

SENGLER, H.E.: "Programmieren mit graphischen Mitteln: Die Überwachung der Ausführung von GRADE-Programmen am graphischen Bildschirm", Proc. 'Programmiersprachen und Programmentwicklung', AMMAN, U. (Ed.), Informatik-Fachberichte 77, Springer Verlag, Heidelberg, 1984. Die Arbeit will die Möglichkeiten von GRADE aufzeigen, die Implementierung ist ad hoc.

SOMMERVILLE, I. & WELLAND, R. & BEER, S.: "Describing Software Design Methodologies", The Computer Journal, Vol. 30, No. 2, 1987. Die Autoren versuchen das Problem mit einem tafelgesteuerten Verfahren zu lösen.

STAUFER, M.: "Piktogramme für Bürocomputer", Diplomarbeit, Psychologisches Institut der FAU, 1984.

STOYAN, H. & GÖRZ, G.: "LISP", Springer Verlag, Heidelberg, 1984. Es wird nicht nur auf LISP und seine Dialekte eingegangen, sondern auch gezeigt, wie verschiedene Programmierstile in dieser Sprache ausgedrückt werden können.

STRENG, W.: "PLAN2D - Semantik einer zweidimensionalen Programmiersprache", TU Berlin, 1975. Die Arbeit ist die Dissertation des Autors.

SUPOWIT, K.J. & REINGOLD, E.M.: "The Complexity of Drawing Trees Nicely", Acta Informatica Vol. 18, Fasc. 4, S. 377ff, 1983. Die Probleme treten besonders dann auf, wenn binäre Bäume "eumorph" auf einem diskreten Gitter plaziert werden sollen.

SZWILLIUS, G.: "GEGS - A System for Generating Graphical Editors", Proc. INTERACT'87 (Human-Computer Interaction), BULLINGER, H.-J. & SHACKEL, B. (Eds.), Elsevier Science Publishers B. V. (North Holland), Amsterdam, 1987. Es wird auch das Modell des attributierten Repräsentationsgraphen eingeführt. Die Veränderungen werden durch eine "graphics grammar" beschrieben, die allerdings eine 'konventionelle' Grammatik ist.

TEITELBAUM, T. & REPS, T.: "The Cornell Program Synthesizer: A syntax-directed programming environment", CACM 24, 9 (Sept.) 1981, S. 563ff. Der Titel ist etwas irreführend. Es werden keine Programme 'au-

tomatisch erzeugt'. Ziel des Projektes ist vielmehr, dem Programmierer
zu helfen, nur syntaktisch korrekte Programme zu generieren, ohne daß
das Programm wiederholt im ganzen durch den Compiler analysiert werden
muß. (Semantische Korrektheit kann durch partielles Ausführen des Programms getestet werden.)

TICHY, W.F. & NEWBERY, F.J.: "Knowledge-Based Editors for Directed
Graphs", Proc. ESEC'87 (1st European Software Engineering Conference),
NICHOLS, H.K. & SIMPSON, D. (Eds.), LNCS 289, Springer Verlag, Heidel-
berg, 1987.

WAITE, W.M. & GOOS, G.: "Compiler Construction", Springer-Verlag, New
York, 1984. Das Buch enthält u. a. ein ausführliches Kapitel über
(klassische) attributierte Grammatiken.

WEBER, D.: "Datengraphen und deren Transformation: Ein Konzept zur
Spezifikation von Datentypen", Arbeitsbericht Bd. 11, Nr. 8 des IMMD
der FAU, 1978. Graphgrammatiken werden benutzt, um die komplexen In-
formationsstrukturen einer Datenbank zu manipulieren. Um Konsistenz zu
wahren, dürfen Produktionen nur beim Erfülltsein gewisser Bedingungen
angewandt werden. Die Arbeit ist die Dissertation des Autors.

WEINBERG, G.: "The Psychology of Computer Programming", Van Nostrand
Reinhold Company, New York, N.Y., 1971. Man beachte das Erscheinungs-
jahr!

WICKELGREN, W.A.: "How to Solve Problems", Freeman and Co., San Fran-
cisco, 1974. Ein Buch, das wie POLYA bzw. SCHOENFELD (allerdings anhand einfacherer Beispiele) ein allgemeines Problemlöseverhalten bei
der Bearbeitung mathematischer Fragestellungen vorschlägt.

WILHELM, R.: "Attributierte Grammatiken", Informatik-Spektrum, Band 2
(1979), Heft 3 (Juli), S.123ff. An einem immer differenzierter werden-
den Beispiel wird der Einsatz von gewöhnlichen attributierten Grammatiken im Übersetzerbau demonstriert.

WIRTH, N.: "Algorithms + Data_Structures = Programs", Prentice Hall,
'Series in Automatic Computation', Englewood Cliffs N.J., 1976. Das
Buch gibt es auch in einer deutschen Übersetzung. Es hält, was es ver-
spricht, und behandelt die wichtigsten Datenstrukturen zusammen mit
den relevanten Operationen auf ihnen.

????????, ?.?.: "???????????", ???????????, ??????, ????. Dieses Literaturverzeichnis erhebt nicht den Anspruch auf Vollständigkeit. Es
wird sicher noch weitere Untersuchungen geben, die vom Thema her im
Rahmen der vorliegenden Arbeit interessant gewesen wären, mir aber
trotz eifrigen Bemühens leider unbekannt geblieben sind. Diese Stelle
ist somit allen von mir übersehenen Autoren gewidmet, die mir meine
Unkenntnis verzeihen mögen.

Stichwörterverzeichnis und Abkürzungen

Die Zahlen bei einem Begriff beziehen sich nicht nur auf die Seiten, wo eine exakte Definition zu finden ist, sondern auch auf Stellen, an denen die Bedeutung des Begriffs besonders erhellt wird.

#	76	undefinierte Auswertevorschrift für ein Attribut
.	29,74	Punktnotation für Attribute
"..."	5	Zitat
'...'	5	heuristischer Begriff; wird ggf. an späterer Stelle definiert
|	27	Ableitungsalternative
–»	27	direkte Ableitung
–›	27	wird abgeleitet zu
–»*	27	ableitbar
–»⁺	27	Es erfolgt mindestens ein Ableitungsschritt.
ε	26	die leere Kette
a^+	26	nichtleere Kette aus a's
a^*	26	Kette aus a's
‹–	30	Wertzuweisung an ein Attribut
––›	43	Funktion
$\leq$	46	Teilgraphrelation
$\sqsubseteq$	46	Untergraphrelation
$\approx$	46	Isomorphierelation
==›	51	Implikationspfeil
'+'-Kanten	58	hinzukommende Kanten
'-'-Kanten	57	wegzunehmende Kanten
δ	51	Funktion, die die Stelle in einem Graphen festlegt, an der eine Graphoperation angewendet wird
θ	102	Stellen der Anwendung bei PGA-Programmen
A(k)	49	Anschlußknoten der Kante k